L'Artillerie de Campagne

L'Artillerie de Campagne

Son Histoire
Son Évolution — Son État actuel

PAR

E. BUAT

Chef d'escadron au 25e régiment d'artillerie
de campagne.

Avec 75 figures dans le texte.

LIBRAIRIE FÉLIX ALCAN

108, BOULEVARD SAINT-GERMAIN, PARIS

1911

AVANT-PROPOS

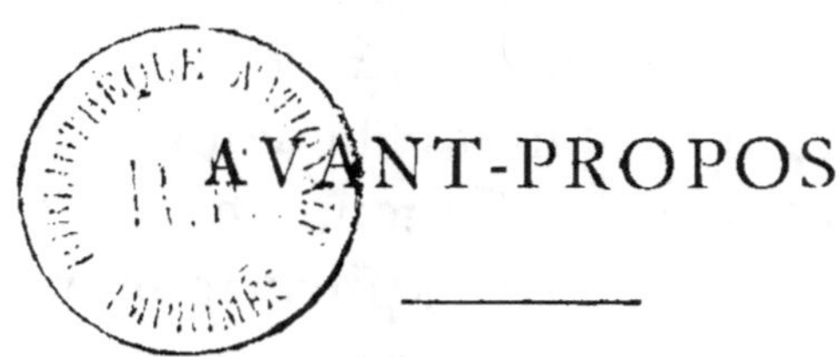

Les progrès de l'artillerie ont toujours marché de pair avec ceux d'un certain nombre de sciences pures et appliquées. Les officiers de l'arme, dans leurs travaux, sont sans cesse amenés à faire appel à leurs connaissances scientifiques. La balistique ne se conçoit pas sans le secours du calcul infinitésimal et des géométries ; l'étude des pressions dans les bouches à feu et dans les freins ressortit à la physique ; les problèmes soulevés par la résistance des diverses parties du matériel sous l'effort du recul, aussi bien que ceux relatifs à la traction et à la stabilité des voitures, se solutionnent par les lois de la mécanique ; la composition des poudres, et notamment des poudres sans fumée ou colloïdales, celle des explosifs, relèvent du domaine de la chimie ; il n'est si mince question de réglage ou d'efficacité du tir qui ne touche à la théorie des probabilités ; et cette brève énumération est encore bien incomplète !

Il n'apparaît donc pas qu'un livre sur l'artillerie, en entrant dans une *Collection scientifique*, y tienne une place usurpée. Sans doute, pour rester fidèle à ce titre, eût-il été préférable d'en confier la composition à un artilleur plus scientifiquement qualifié que nous ne saurions l'être ; explications et justifications théoriques n'eussent point manqué. Tout au contraire, nous nous sommes efforcé d'en donner le moins possible, car le public auquel nous nous adressons n'éprouve aucun besoin, nous semble-t-il, de posséder un livre d'études, son intention n'étant ni d'apporter des perfectionnements au sujet, ni même de l'approfondir. Il ne recherche pas davantage un ouvrage technique dont l'intérêt serait moindre encore. Ce qu'il désire, à notre appréciation, c'est une vue d'ensemble sur l'artillerie, une sorte de synthèse des progrès accomplis dans cette branche spéciale de l'activité militaire ; peu lui importe de savoir par quels procédés les problèmes ont été résolus, pourvu qu'il en puisse embrasser la suite, connaître la série des solutions adoptées et apprécier leur degré de perfection. En d'autres termes, il n'est pas indispensable que la forme du discours se ressente outre mesure de l'essence scientifique du fond. Nous avons entendu faire une œuvre de vulgarisation — au profit de lecteurs avertis, il est vrai

— et non un traité de la science de l'artillerie.

Si donc le matériel actuellement en service — sans parler de l'organisation générale et des procédés de combat du personnel qui doit l'utiliser — fait naturellement le sujet principal d'un tel ouvrage, il convient de ne considérer l'invention finale que comme le couronnement de longues recherches, l'aboutissement d'inventions antérieures. Il n'est pas possible, par suite, de négliger complètement les ancêtres du canon à tir rapide pour ne prendre intérêt qu'au dernier représentant d'une longue filiation. C'est d'ailleurs faire ressortir l'importance du dernier-né que de révéler l'humilité de ses origines, de décrire les efforts déployés pendant des siècles pour aboutir au type de quasi-perfection qu'il réalise ; c'est encore contribuer à faire connaître sa puissance que de montrer comment il soutient la comparaison avec ses concurrents étrangers.

Dans cet ordre d'idées, les pages qui suivent ont été divisées en deux parties :

1º Les ancêtres et les aînés du canon à tir rapide ; aperçu historique sur le matériel et l'organisation de l'artillerie ;

2º Les canons de campagne à tir rapide et leur emploi sur le champ de bataille.

Châlons-sur-Marne, le 1er janvier 1911.

L'ARTILLERIE DE CAMPAGNE

PREMIÈRE PARTIE

LES ANCÊTRES ET LES AINÉS DU CANON A TIR RAPIDE. APERÇU HISTORIQUE SUR LE MATÉRIEL ET L'ORGANISATION DE L'ARTILLERIE.

CHAPITRE PREMIER
DU XIVᵉ AU XVIIIᵉ SIÈCLE

§ 1. — Matériel, pointage et tir.

XIVᵉ SIÈCLE. — Les armes à feu datent du XIVᵉ siècle, mais le mélange de salpêtre, soufre et charbon qui, convenablement dosé, constitue la « poudre à canon », était connu bien avant cette époque. Nous le tînmes des Chinois, par l'intermédiaire des Arabes. En l'an 969 de notre ère, l'empereur Taï-Tsou, fondateur de la dynastie des Song, put fêter le deuxième anniversaire de son avènement au trône, en offrant à son peuple un spectacle assez analogue au bouquet de nos feux d'artifices ; les fusées y furent, sans doute, moins abondantes, mais il est certain qu'elles figurèrent au programme de la cérémonie. Il semble en revanche, que plusieurs siècles se soient écoulés avant que les hommes

aient réussi à se servir de la poudre autrement
que pour lancer des « feux volants » (fusées), ou
pour amorcer quelques projectiles renfermant
des compositions incendiaires. Vers 1290, un
auteur arabe écrivit un véritable traité de pyro-
technie qui nous est parvenu [1] : il n'y décrit, ni
ne mentionne rien qui puisse faire croire à l'existence, en son temps, d'autres engins que des
fusées munies de flèches en place de baguettes.
Certains de ces traits étaient d'ailleurs de dimensions considérables, creux et remplis de matières
inflammables : le canon toutefois n'était pas né.
Au début du xive siècle, au contraire, les Arabes
songèrent à fixer la flèche creuse au lieu de la
lancer, à remplir de poudre sa cavité intérieure,
à mettre le feu « par un petit trou percé sur le
côté », et à profiter de la force de l'explosion pour
propulser une flèche plus petite [2]. Ce fut le
premier fusil, et en même temps, le premier
canon. L'invention ne tarda pas à passer en
Europe.

Longtemps avant son apparition, les instruments balistiques étaient d'usage courant en cette
partie du monde. Leur force de projection était
ordinairement empruntée à des câbles en nerfs
soumis à la torsion et subitement détendus. Ils
lançaient des pierres, des flèches de grande taille
appelées « quarreaux » ou « garrots », des blocs
de matières enflammées. La nouvelle invention

---

1. *Traité de combattre à cheval et des machines de guerre.* Biblio-
thèque nationale. Cité par Favé : *Études sur le passé et l'avenir de
l'artillerie*, III, p. 20.

2. *Recueil réunissant les diverses branches de l'art.* Manuscrit
arabe du musée de Saint-Pétersbourg. Cité par Favé. *Loc. cit.* III,
p. 35.

s'efforça tout d'abord d'imiter ses devancières en empruntant leurs projectiles, flèches et pierres rondes, mais en les réduisant à sa taille. Une lutte s'engagea : ce n'est qu'après bien des années que le canon devait en sortir victorieux, supplanter les anciennes armes de jet, et acquérir assez de puissance pour provoquer de notables changements dans les procédés de guerre établis.

Le xive siècle vit s'éclipser la splendeur de la chevalerie : les superbes hommes d'armes, tout bardés de fer, durent souvent céder la place aux simples hommes de pied, porteurs d'arcs et grands lanceurs de flèches. L'artillerie ne fut pour rien dans cette révolution, car les premiers canons dont l'histoire fasse mention étaient de bien petit calibre et leur maniement offrait souvent plus de danger pour les amis que pour les adversaires. Leur construction était, en outre, si grossière qu'il était plus commode de les transporter sur charrettes, sur roues ou sur chevalets, que de les tirer à la main. Aussi songea-t-on bientôt à faire porter plusieurs de ces petits canons par une même voiture, et l'on eût le « ribaudequin », ainsi appelé du nom de certaines arbalètes à tour, encore existantes, et qui jouaient un rôle analogue. On lit même dans l'*Histoire de la domination des seigneurs de Carrare*, par Giovanni Citadella, que Scaliger fit fabriquer, en 1387, « trois chariots qui portaient chacun 144 petites bombardes, disposées sur trois rangs. Chaque rang (de 48 bombardes) était divisé en quatre compartiments et les 12 bombardelles de chaque compartiment faisaient feu à la fois. Un homme, affecté à chaque rang, les tirait par salves de 12 en 12, de sorte que, lorsque les trois charrettes faisaient feu ensemble, 36 balles partaient à la fois [1] ». Il est probable que les trois canons qui figurèrent dans les rangs anglais à la bataille de Crécy (1346), et qui, dit-on, jetèrent l'épouvante dans l'armée française, n'étaient qu'un ribaudequin à trois coups, bien incapable de faire feu autrement qu'à de rares intervalles. Il est donc vraisemblable qu'ils n'ont pas, à eux seuls, provoqué la fuite d'une armée de cinquante mille hommes et que les Anglais s'en servirent « plutôt pour parade que pour aucun notable effet [2] ». En revanche, inaugurant la loi historique que viendront confirmer toutes les artilleries à venir, cette artillerie rudimentaire ne manqua pas d'exercer sur les Français une certaine influence démoralisatrice. Le ribeaudequin a tenté les artilleurs de tous les temps, et notre canon à balles de 1870 ne fut qu'un ribeaudequin perfectionné. A ce titre, il peut prétendre à des origines fort anciennes.

Les premières pièces, au demeurant, étaient très petites et d'efficacité bien inférieure à celle des engins névrobalistiques. En 1356, l'une d'elles, orgueilleusement dénommée « grand canon », lançait des quarreaux dont le cent n'était pas payé plus d'un écu, alors que le prix montait jusqu'à trois écus et demi pour certaines machines de jet. Leur fabrication, d'autre part, était très diverse : bois cerclé de fer, lames de métal accolées, soudées et cerclées ; plus tard, bronze ou fonte coulés autour d'un noyau de fer. Avant

1. Favé. *Loc. cit.* I, p. 40.
2. Mézeray. *Histoire de France*, IV, p. 389.

d'en arriver à ce dernier procédé — vers 1400 — un certain nombre des pièces faites de lames juxtaposées, étaient ouvertes par les deux bouts et se chargeaient par la culasse. Une partie mobile, maintenue en place, une fois le chargement effectué, par un étrier ou par tout autre moyen, assurait tant bien que mal l'obturation. Il est à peine besoin d'insister sur l'imperfection d'un pareil système de fermeture — les fuites de gaz détraquaient promptement la machine et brûlaient les servants, — mais il n'est pas sans intérêt de faire remarquer que près de cinq cents ans s'écoulèrent avant que l'artillerie ait de nouveau pratiquement résolu le problème du canon se chargeant par la culasse[1].

Les bouches à feu construites avec des barres de fer brasées et cerclées s'appelaient « bombardes ». Elles tiraient sous de grands angles et lançaient des blocs de pierre plus ou moins grossièrement arrondis ; leur âme était généralement conique afin d'utiliser des boulets de divers diamètres et d'en pouvoir projeter plusieurs à la fois. Bien qu'on s'appliquât à augmenter toujours le poids des projectiles pour les rendre plus efficaces, le danger et la lenteur de la manœuvre, la faiblesse des portées, l'amplitude des déviations occasionnées par la forme évasée des bouches à feu, contribuèrent à rendre l'usage de l'artillerie fort restreint. Lorsqu'on sut, au contraire, employer les métaux coulés pour la fabrication des pièces, et bientôt pour celle des boulets, l'artillerie se répandit davantage. Sachant

---

1. Le chargement par la culasse n'en subsista pas moins, pour certaines pièces, jusqu'au XVI° siècle.

faire des boulets de même diamètre, on put sans inconvénients donner aux âmes des bouches à feu la forme cylindrique : ce furent les vrais « canons » ; le nom leur est resté.

Les affûts étaient inconnus. Pour tirer, on

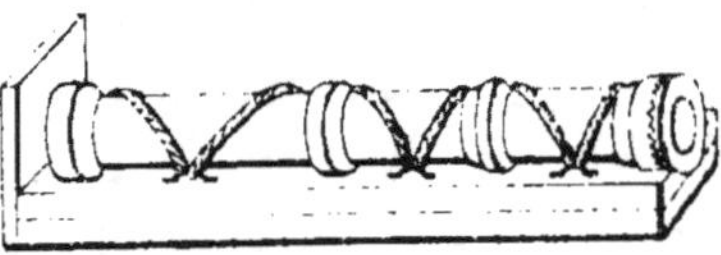

Fig. 1.

relevait la bouche de la pièce au moyen d'un chantier. Quelquefois, le canon était placé à l'intérieur d'une lambourde évidée à laquelle on l'attachait par des cordes (fig. 1). En fait de projectiles, des quarreaux et des balles de plomb de plus ou moins forte taille. Il fallait s'établir très près du but, car les portées étaient faibles, moins étendues certainement que celles de la plupart des anciennes machines de guerre. Aussi, l'usage des « pavois » ou « mantelets à portière » était-il général [1]. Une naïve image du temps nous représente toute la manœuvre. Un canonnier, accompagné de sa femme, est venu

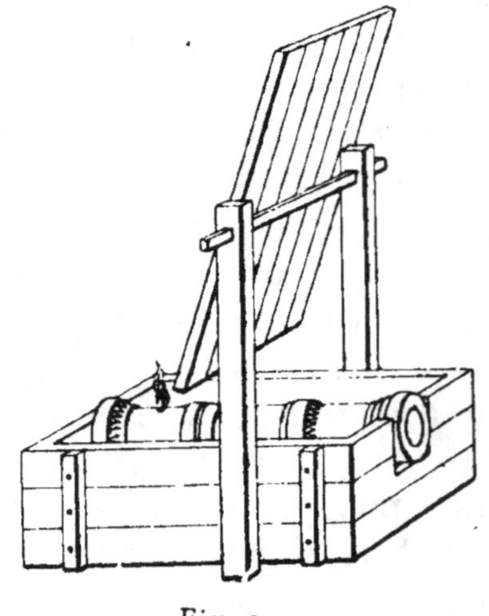

Fig. 2.

s'établir, avec son matériel, au pied d'une muraille garnie d'archers qui le visent. Il a commencé par

---

1. Pan de bois épais, à l'épreuve de la flèche, maintenu incliné par des contreforts. Une portière mobile s'ouvrait pour le tir et se refermait aussitôt. Les mantelets sont les ancêtres de nos boucliers actuels. La figure 2 en montre un modèle.

poser son mantelet, à la façon d'un cantonnier qui s'abrite du vent ou du soleil pour casser des pierres à son aise. Derrière son mantelet, bravant la flèche de l'archer, il creuse un trou profond dont on verra tout à l'heure l'utilité. La femme, de son côté, s'est accroupie à l'abri du mantelet, et souffle avec énergie sur un fourneau portatif qui va fournir bientôt la broche de fer rougie, ou le charbon allumé, nécessaire pour mettre le feu à la pièce. Le trou fait à sa fantaisie, le canonnier pose, au bas de la portière du mantelet, le bloc de bois qui va relever la volée du canon ; il y arrange celui-ci, lui donne une direction, le charge, verse de la poudre dans la lumière, saisit le bout de ficelle qui, par un mode de transmission des plus primitifs, va lui servir à relever la portière, fait signe à sa compagne de lui passer le boute-feu et de se garer, et plonge lui-même dans son trou[1]. Son geste est curieux de sournoiserie. De la main gauche, il tire lentement sa ficelle, souffle sur son charbon qu'il tient de la main droite, allume l'amorce, et pendant qu'elle brûle, sans lâcher la ficelle qui maintient la portière ouverte, il disparaît au fond de l'antre protecteur qu'il s'est préparé. Quant à la femme, je n'ai pu deviner où elle se cache. J'ignore aussi combien de temps il fallait pour tirer un de ces coups de canon. Il devait être fort long, car l'approvisionnement dépassait rarement une dizaine de quarreaux et une livre de poudre[2]. On peut s'en faire une idée en

---

1. Les canonniers russes de Mandchourie, dépourvus de matériel à boucliers, et désireux d'échapper aux balles des shrapnels japonais, n'agissaient pas d'autre manière, une fois leur salve lancée.

2. Général SUSANE. *Histoire de l'artillerie*, p. 63.

songeant que cent cinquante ans plus tard, en 1499, les Suisses, enthousiasmés à la vue de l'artillerie de Louis XII, s'écrièrent qu'avec des pièces et des affûts d'une telle perfection, on ne devait pas être en peine pour tirer trente coups par jour !

L'artillerie était donc loin de détrôner les arcs, balistes, catapultes et autres armes de jet. En plein XVIe siècle, alors qu'elle aura sensiblement progressé, Montaigne en parlera encore sur ce ton dédaigneux : « Sauf l'étonnement des aureilles, à quoy chascun est apprivoisé, je crois que c'est une arme de fort peu d'effet, et espère que nous en quitterons un jour l'usage ». Encore deux cents ans après, le chevalier de Folard ne craignait point de se déclarer pour les balistes et catapultes contre les mortiers et les canons, et d'appeler la pique, la reine des armes ; il est juste de dire que si l'opinion de Montaigne était soutenable au XVIe siècle, celle du chevalier de Folard sembla paradoxale au XVIIIe.

XVe SIÈCLE. — Néanmoins, dès avant l'an 1400, l'usage des armes à feu se répandit toujours davantage ; les constructeurs rivalisèrent de zèle pour atteindre les résultats des engins à cordes ; les calibres se multiplièrent et s'accrurent en importance ; on fabriqua depuis des tubes lançant des balles de plomb de trente-deux à la livre jusqu'à des bombardes tirant des boulets de pierre de plusieurs centaines de livres[1]. L'engouement pour les gros calibres conduisit bientôt aux abus les plus caractérisés ; on coula des pièces d'une grosseur prodigieuse et, comme leur cons-

---

1. Favé. *Loc. cit.*, I. p. 43.

truction ne reposait sur aucune base scientifique, les explosions se multiplièrent. Au siège de Karlstein, en 1422, trois grosses bombardes sur cinq éclatèrent et l'on fut obligé de recourir aux anciennes machines de jet ; en 1453, une des bombardes dont les Turcs se servirent au siège de Constantinople, éclata au premier coup ; elle exigeait, pour être traînée, deux cents hommes et soixante-dix paires de bœufs ; en 1460, Jacques II, roi d'Ecosse, fut tué aux épreuves d'une bombarde monstrueuse ; en 1478, une bombarde, fondue à Tours, et chargée de 330 livres de poudre, était capable de porter un boulet de 500 livres de la Bastille à Charenton ; il est vrai qu'au deuxième coup elle fit exploison en tuant celui qui l'avait fabriquée [1].

Les grosses pièces étaient dépourvues de toute mobilité ; aussi les utilisait-on surtout pour la défense des places ou châteaux, et rarement en campagne. Cependant elles y parurent et Christine de Pisan raconte qu'à la bataille de Tongres, en 1408, l'artillerie française mit en ligne plusieurs de ces formidables bombardes, « la première gettant de quatre à cinq cents livres pesant, la seconde gettant environ trois cents livres, et autres deux gettant deux cents livres au plus... [2]»

On pensa, vers la même époque, à substituer le fer à la pierre pour la fabrication des boulets [3]. Ce fut un important progrès, à divers points de vue : pour un poids donné, le boulet de fer avait plus de densité, subissait moins la résistance de

1. *Chronologie des machines de guerre*, pp. 13 et 14.

2. *Livre des faits d'armes et de chevalerie*. Cité par Favé. *Loc. cit*, I, p. 44.

3. On commença par faire des boulets de pierre, cerclés de fer.

l'air, portait plus loin, possédait une force de pénétration supérieure ; moins volumineux,. il permettait d'employer des pièces plus petites ; la solution de la fonte des canons en fut simplifiée ; le nombre des moyens calibres augmenta. Vers 1450, le matériel d'artillerie comprit :

Des « bombardes » ou « grands canons », qui pouvaient atteindre des poids colossaux. Le duc de Bourgogne en possédait une de 36.000 livres dont les boulets de pierre pesaient 900 livres et qu'on était obligé de transporter fractionnée en plusieurs parties ;

Des « veuglaires » appelées aussi « grands canons », mais de moindres dimensions que les bombardes. Celles de Charles le Téméraire oscillaient entre 9.000 et 300 livres. Cette espèce de pièce se chargeait par la culasse et possédait deux ou trois chambres à poudre, mobiles, de telle sorte qu'on pouvait emplir l'une tandis qu'on tirait avec une autre ;

Des « crapaudeaux » ou « petites veuglaires », de poids compris entre 250 et 200 livres, dont les balles pesaient moins d'une livre, mais qu'on entourait quelquefois d'une chape de plomb ;

Des « couleuvrines » ou « serpentines », bouches à feu très longues, mais de petit calibre, du poids de 60 à 12 livres ;

Des « couleuvrines à main », portatives, lançant des balles de plomb de huit, douze, seize et même davantage, à la livre.

Chaque genre comportait une infinie variété, car aucune autorité supérieure ne réfrénait les fantaisies des constructeurs. Cette diversité même conduisit à faire un choix entre les pièces qui ne pouvaient servir qu'à la défense des places et celles qu'il était possible de traîner en campagne[1]. Pour rendre ces dernières plus mobiles et plus faciles à mettre en position, on imagina de les monter sur des affûts[2].

Les figures 3 et 4 représentent deux des modèles

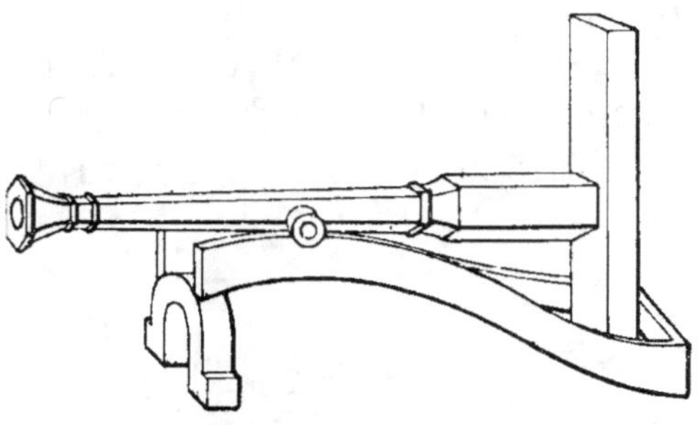

Fig. 3.

adoptés : ils sont encore bien rudimentaires ! Dans le premier, l'impossibilité de limiter le recul a conduit à le supprimer ; le canon est

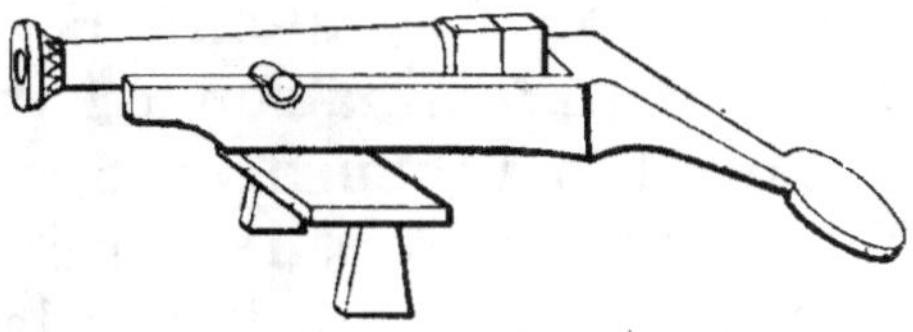

Fig. 4.

acculé à un butoir. Dès lors, la charge ne peut être que très faible, et la portée minime. Les tourillons apparaissent, mais ils n'ont point pour but de favoriser le pointage en permettant de donner

---

1. Cette distinction n'eût, d'ailleurs, rien d'officiel, et c'est seulement Gribeauval, au XVIIIe siècle, qui distingua nettement l'artillerie de campagne de l'artillerie de siège.

2. Jusque-là, canon et lambourde de support étaient transportés sur charrettes, et montés, au moment du besoin, par des moyens de fortune.

diverses inclinaisons à la pièce ; ils ne servent qu'à relier plus fortement le canon à son affût, en vue d'atténuer la force de recul. Les tubes de fer ou de cuivre, au contraire, se perfectionnent et l'art de couler des bouches à feu devance celui de construire des affûts.

Il y eut néanmoins quelques timides tentatives pour améliorer les conditions du pointage, en se passant du secours du chantier de bois

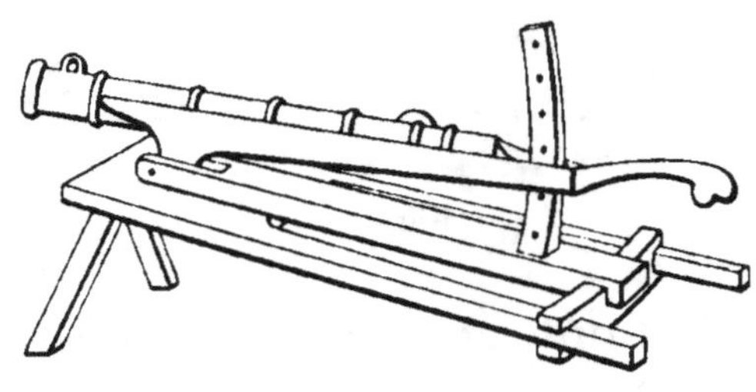

Fig. 5.

employé jusque-là pour soutenir la volée du canon et lui donner l'inclinaison désirable. On imagina de rendre la lambourde-support mobile autour d'un axe horizontal et de munir la queue de l'affût d'une ou deux bandes circulaires percées de trous se faisant face, et permettant, par le moyen d'une cheville, d'élever ou d'abaisser la culasse (fig. 5). D'autres affûts permirent, en outre, de modifier légèrement la direction, sans remuer tout le système. Tous ces perfectionnements ne survécurent que peu de temps : aucune notion de balistique extérieure n'avait encore vu le jour et l'on ne connaissait, par conséquent, aucun moyen de placer le canon sur la cheville qui convenait à la distance du but à atteindre. Peu après, on résolut la question de la direction en montant l'axe antérieur sur deux roues qui rendirent commode le déplacement latéral et donnèrent, par surcroît, de plus grandes facilités pour le transport sur routes.

Entre 1450 et 1500, un éminent serviteur de Louis XI, Gaspard Bureau, frappé des accidents fàcheux par quoi l'artillerie se signalait, attira les réflexions des artilleurs du temps sur la force expansive des gaz de la poudre, sur les épaisseurs à donner aux pièces et sur les formes les plus propres à éviter les explosions sans surcharger inutilement la bouche à feu de métal. Il fit fondre douze pièces en bronze lançant un boulet de 45 livres, qu'il nomma les douze pairs de France [1] et qui servirent de modèle à tous les fondeurs de l'Europe.

L'emploi généralisé du bronze contribua effectivement à l'extension de l'artillerie. Sous le règne de Louis XI, le nombre des bouches à feu, en même temps que celui des voitures portant les outils, agrès et poudres, s'accrut si bien qu'en 1494, Charles VIII put envahir l'Italie avec une armée qui ne comptait pas moins de 140 bouches à feu, montées sur affûts et sur roues, et qui fit l'admiration des Italiens. « Ce qui inspirait surtout l'épouvante, dit Paul Jove en parlant de l'armée française de passage à Rome, c'était plus de 36 canons sur des charrettes, lesquels, avec une célérité incroyable, étaient tirés par des chevaux en lieux plats et inégaux. Les plus grands avaient huit pieds de longueur, pesaient 6.000 livres de bronze et s'appelaient canons ; ils lançaient une boule de fer grande comme la

---

1. Cotty. *Dictionnaire de l'artillerie*, p. 18.

tête d'un homme. Après les canons venaient les couleuvrines, plus longues de moitié que les canons, mais de plus petit calibre. Ensuite venaient les faucons de différentes proportions, mais dont le plus petit lançait un boulet gros comme une orange. Toutes ces pièces étaient encastrées entre deux flasques retenues par des chevilles (entretoises), et elles étaient suspendues, au milieu de leur axe, par des tourillons, afin qu'on pût diriger les coups. Les petits canons avaient deux roues et les plus gros, quatre, et celles de derrière pouvaient s'ôter pour accélérer ou retarder la marche, et les maîtres et les charretiers les faisaient courir avec une telle vitesse, que les chevaux de trait, excités par la voix et les coups, allaient en plaine aussi vite que la cavalerie[1] ». Il n'en faudrait pas cependant conclure que cette artillerie, certainement plus perfectionnée et plus légère que ses aînées, eût encore atteint l'extrême degré de mobilité que la dernière phrase de Paul Jove pourrait faire supposer. Il convient de se rappeler que les charretiers ne marchaient qu'à pied, que la cavalerie de l'époque ne chargeait qu'au trot, et qu'enfin certaines des fameuses pièces légères de Charles VIII n'exigèrent pas moins de 100 à 120 hommes pour être traînées dans les chemins difficiles des Apennins[2].

L'artillerie du xve siècle demeure néanmoins caractérisée par sa mobilité relative. Elle dut cette qualité, essentielle pour un matériel de campagne, à la meilleure organisation de ses affûts, et notamment au montage de leur bâti

1. Cité par Favé. *Loc. cit.*, I, p. 100.
2. Susane. *Loc. cit.*, p. 95.

sur essieu et sur roues. Mais ces affûts étaient encore bien imparfaits ; ils limitaient tellement la puissance des bouches à feu en interdisant l'emploi de charges un peu fortes que les canons de Charles VIII et de Louis XII nous paraîtraient aujourd'hui — leur poids mis à part — de véritables jouets d'enfants.

Sur d'autres points, quelques progrès avaient été réalisés ; on avait appris à mieux allier et couler le bronze, lequel se substitua peu à peu au fer forgé ; on put, dès lors, donner plus d'épaisseur aux pièces et les munir de tourillons assez bien liés à la masse du métal pour supporter l'action du recul. Louis XI qui avait favorisé l'extension des armes à feu en instituant dans son royaume la recherche et la préparation officielles du salpêtre, fut suivi dans cette voie par ses successeurs : la fabrication de la poudre s'améliora, on sut lui donner plus d'homogénéité, en sorte que la déflagration qui allait naguère du long feu à l'explosion foudroyante, devint plus régulière ; le métier resta toujours dangereux, mais l'ère des longues et terribles expériences fut à peu près close.

L'artillerie du xve siècle fit, en Italie et ailleurs, d'assez bonne besogne contre les forteresses, mais assez piteuse mine dans les batailles. Commines dit, et Guichardin confirme, qu'à Fornoue, elle ne tua pas dix hommes[1]. Ils ont certainement raison, car, à cette époque, l'adoption de la pique et des formations profondes fut presque générale dans toutes les armées. C'est

____

1. COMMINES. *Mémoires.* Livre III, p. 235. GUICHARDIN. Livre II. p. 135.

la meilleure preuve que l'on puisse fournir du manque d'efficacité de l'artillerie, car il est clair que piquiers, mêlés d'archers, ne se seraient pas exposés au feu des canons, en masses compactes, profondes de 17 à 80 files, si les boulets avaient été réellement dangereux. A la vérité, si l'action morale du canon était considérable — un coup heureux pouvant enlever une file d'hommes —, son rôle matériel restait encore fort modeste, car les coups heureux étaient rares : placé aux ailes, là où il pouvait le mieux et le plus longtemps tirer, il risquait d'être enlevé par la cavalerie ennemie ; dans les intervalles de l'infanterie, il gênait à la fois les mouvements de cette arme et ceux de ses propres cavaliers ; devant le front, il ne servait plus à rien aussitôt que la ligne se mettait en mouvement. Aussi, certains auteurs prétendaient-ils que « l'artillerie devait se borner à faire une seule décharge avant d'en venir (qu'on en vienne) aux mains[1] ».

XVIe SIÈCLE. — Les artilleurs de François Ier et de Henri II (1515-1559) travaillèrent à rendre leur outil plus digne de meilleurs résultats, et il apparaît qu'ils y réussirent en partie, car à Marignan déjà, ils surent rendre des services appréciés. Toutefois, leurs efforts ne devaient prendre une forme pratique que plus tard, sous Charles IX, et la grande innovation de la première moitié du siècle ne s'appliqua pas au canon, mais aux armes portatives[2]. Ce fut l'in-

---

1. MACHIAVEL. *Art de la guerre*, livre II, p. 365. Joachim DU BELLAY. *Discipline militaire*, ch. XXI, p. 72.

2. Il n'y avait, d'ailleurs, à cette époque, aucune distinction entre gens faisant usage d'armes portatives et canonniers ; tous faisaient partie de l'infanterie.

vention du « bassinet » qui nous vint d'Espagne.

Le bassinet était une sorte de petite boîte à couvercle renfermant la poudre de l'amorce ; un serpentin, enserrant une mèche allumée, permettait de mettre le feu quand on voulait faire partir le coup ; en dehors de ce cas, le couvercle garantissait l'amorce contre les accidents. La nouvelle arme prit le nom de « mousquet ». L'armée française avait appris à ses dépens à en apprécier la valeur, et elle s'efforça de réparer la défaite de Pavie en introduisant le mousquet dans l'armement de son infanterie, où il remplaça la couleuvrine à main.

On trouva bientôt le moyen de se dispenser du serpentin et de la mèche allumée, en calant, à l'intérieur du bassinet, une roue dentée et une pierre dure. La pression sur un chien à ressort déterminait la rotation de la roue et son frottement sur la pierre ; les étincelles communiquaient le feu à l'amorce. Ce mécanisme, appelé « rouet », donna son nom à l'arme elle-même : « arquebuse à rouet ». C'est d'un engin de ce genre dont se servit, dit-on, Charles IX dans la nuit de la Saint-Barthélemy. Pour le tir, le mousquet s'appuyait sur un chevalet, l'arquebuse, au contraire, se tirait à la main ; aussi la cavalerie eut-elle le privilège de posséder des arquebusiers.

Les campagnes d'Italie avaient surabondamment démontré les graves inconvénients que présentaient, au point de vue des approvisionnements en munitions, l'infinie diversité des calibres, et, dans les marches, le poids exagéré de certaines pièces. L'expérience des artilleurs du temps se concréta en un édit que publia

Charles IX, en 1552, et qui peut être regardé comme un premier essai d'établissement d'un matériel national. Cet édit fixa le type de six calibres de canons dont l'artillerie française devait dorénavant et exclusivement se composer.

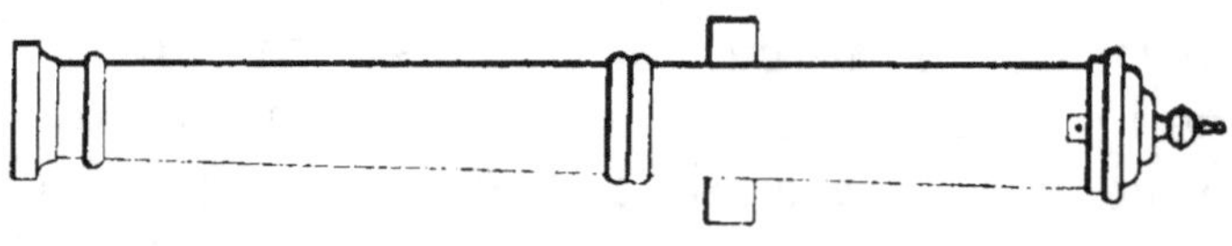

Fig. 6.

Ce furent, dans l'ordre d'importance : le « canon » (fig. 6), les « couleuvrines, grande, bâtarde et moyenne », le « faucon » et le « fauconneau » (fig. 7), tirant respectivement des boulets de fer de 33, 15, 7, 2 livres et 14 onces. Les anciennes machines de jet disparurent pour toujours.

Fig. 7.

Le même édit entreprit d'uniformiser les canons d'un même calibre, en émettant le principe du privilège royal « pour la fonte des artilleries et boulets, et façons de poudre », et en imposant des dimensions relatives aux diverses parties du matériel. Mais le roi n'était pas plus en état de se conformer à des données numériques rigoureuses que les constructeurs privés ; il lui fallut accorder des tolérances « suivant les exigences des matériaux dont on disposait », et s'en remettre « à la discrétion des bons fondeurs et autres personnes bien expérimentées ». Deux canons, coulés en deux points du territoire, continuèrent donc à différer sensiblement quant au poids, et quelque peu quant au calibre ; ce fut un progrès cependant que les six calibres de France constituassent une série continue en puissance et en effets ; leurs affûts, d'autre part, se rapprochèrent d'une forme générale unique dont la figure 8 donne une idée.

La mobilité n'était pas encore la qualité dominante de ce nouveau matériel. Sans parler des affûts, la plus lourde de ces six pièces ne pesait

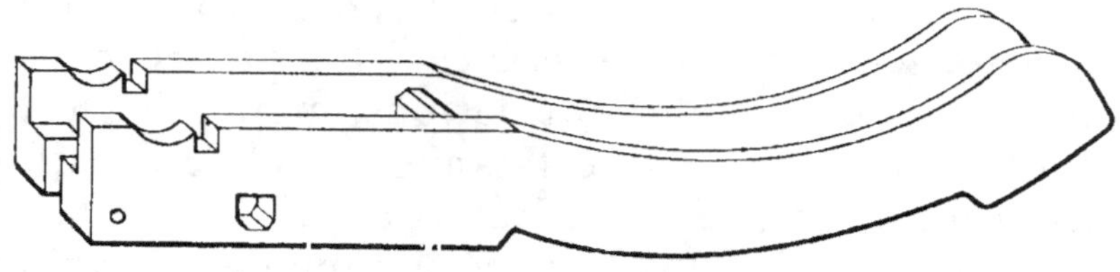

Fig. 8.

pas moins de 5.400 livres, la plus légère 450 livres ; il fallait 21 chevaux pour traîner la première, de 4 à 6 chevaux pour tirer les plus petits modèles. Sur les longs parcours, les gros calibres étaient portés sur des chariots ; pour de courts trajets, une fois le canon hissé sur son affût, on attachait directement les traits des chevaux à un fort anneau scellé à la crosse, laquelle frottait sur le sol. En tout temps, les petits calibres voyageaient de cette façon, mais l'anneau de crosse était remplacé par une limonière où prenait place le cheval de derrière. Au demeurant, l'artillerie restait toujours une arme coûteuse, encombrante et lourde. Pendant les guerres de religion, on apprécia fort ses services parce que le but des opérations consista généralement à défendre ou prendre quelque ville ; en rase campagne, faute de mobilité, son concours resta de moindre prix. Il est vrai qu'aux journées d'Arques, Henri IV réussit à tirer grand parti de deux canons dont il protégea et masqua le mouvement par des cavaliers, mais ce fut pour l'époque une manœuvre aussi hardie que hasardeuse. La véritable artillerie mobile du xvie siècle, ce fut le mousquet qui, avec un peu de bonheur, tuait son cheval à 500 pas. L'heure approchait où les bataillons de piquiers, massifs et profonds, atteints à des distances où toute riposte leur était impossible, allaient être contraints d'adopter des formations moins denses, sous peine de voler en éclats avant le choc décisif. La diminution de l'ordre profond constitue le symptôme le plus caractéristique des progrès accomplis par les armes à feu.

xviie SIÈCLE. — Sully prit à l'état de l'artillerie un intérêt particulier, mais on peut dire « que son rôle fut surtout une mission d'ordre, de régularité, d'économie, pour laquelle sa grande intelligence, son honnêteté, la fermeté de son caractère, et jusqu'à son orgueil et son avarice, semblaient l'avoir fait naître[1] ». Durant le règne d'Henri IV (1589-1610), les caractères essentiels de l'artillerie du xvie siècle ne reçurent donc aucune modification. Sous Louis XIII (1610-1643), les grandes affaires consistèrent surtout en sièges de villes qu'on attaqua et défendit avec acharnement. Le caractère tout spécial de cette guerre de forteresse ne manqua pas d'exercer sa répercussion sur le matériel, et elle ne

---

1. SUSANE. *Loc. cit.*, p. 117.

fut pas toujours heureuse, car la notion de mobilité resta confinée au second plan.

Aussi longtemps que les villes ou châteaux fortifiés avaient exposé aux coups directs les larges surfaces de leurs murailles et de leurs tours, le canon avait suffi pour y provoquer des brèches utilisables par les colonnes d'assaut. Les ingénieurs en matière de fortification, se sentant en état d'infériorité, s'efforcèrent de rétablir la balance ; ils imaginèrent d'enfoncer les murs de leurs remparts et de les couvrir par des ouvrages avancés en remuant de la terre : désormais, le canon bouleversa des talus mais n'éventra plus les maçonneries. Les artilleurs répondirent en essayant de canons plus puissants, mais cet expédient n'obtint d'autre résultat que de ramener l'engouement pour les lourds matériels et la confusion des calibres, sans justifier l'espoir qu'on avait mis en son application. Force fut de trouver d'autres moyens et l'on adopta le « mortier ».

Le mortier était une pièce courte (fig. 9), tirant à faible charge, sur une trajectoire courbe, une bombe sphérique remplie de poudre et munie d'une « fusée », simple tube de bois bourré de

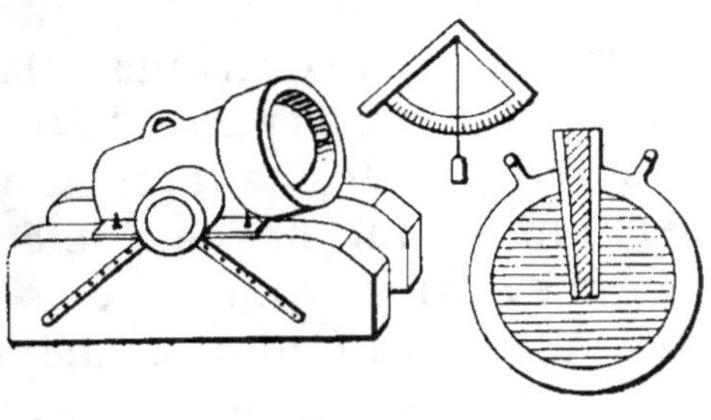

Fig. 9.

pulvérin dont on allumait l'extrémité avant de faire partir le coup. La bombe allait éclater aux environs de son point de chute, dispersait le personnel de la défense et permettait aux assaillants de s'avancer à courte distance des murs pour les attaquer par le canon, ou les saper par la mine. Pour pointer le mortier, on se servait d'un quart de cercle muni d'un pendule, qu'on appliquait sur la génératrice inférieure de l'âme : un coin de bois maintenait la pièce dans la position voulue. Si le coup tombait trop loin (était trop long), on augmentait l'inclinaison ; s'il était trop court, même sous l'angle de 45 degrés qui donnait la portée maxima, on renforçait la charge.

Trop rempli de sièges et de batailles fut le long règne de Louis XIV pour qu'on ait trouvé le temps de modifier profondément le système d'artillerie instauré avant lui. A une époque de crise presque continue, alors que « la fabrication la plus étendue était à peine suffisante, on ne pouvait pas ralentir ses produits par les difficultés toujours inséparables des innovations même les plus heureuses[1] ». D'autre part, le caractère mixte des guerres du grand roi fit encore obstacle à la scission nécessaire entre les matériels de siège et de campagne, et contribua à la conservation des calibres trop lourds parce qu'ils étaient puissants, à la surcharge des calibres moyens qu'on voulut assez longs pour ne pas détériorer les embrasures des fortifications, à l'évincement du faucon et du fauconneau dont on méprisa la faible efficacité. Hormis quelques progrès dans les détails de construction des canons et des affûts[2], dans

1. *Mémorial de l'artillerie*, I, p. 11.
2. Tous les affûts reçurent des avant-trains, sorte de limonière montée sur deux roues basses, à mi-distance desquelles s'élevait une cheville correspondant à un trou ménagé dans l'entretoise de queue d'affût.

les moyens de vérification et les épreuves de réception des poudres [1], la période de 1643 à 1715 ne se signalerait donc à notre attention par aucune innovation importante, si elle n'avait vu naître le fusil et la baïonnette d'une part, le corps de l'artillerie d'autre part. Nous aurons à revenir sur cette dernière création et ne parlerons ici que des armes portatives [2].

Le mousquet à mèche, lourd à porter, difficile à manier, exigeant pour le tir l'emploi d'un chevalet, fut remplacé par le fusil à pierre dont il serait oiseux de rappeler le mécanisme. En moins de vingt années, les fusiliers qui n'avaient été tout d'abord que trois par compagnie, passèrent à six, puis remplacèrent la moitié des mousquetaires qui finirent par disparaître entièrement. Le fusil n'avait pas tardé à recevoir une baïonnette qui n'était encore qu'un poignard, à manche de bois et de forme ronde, qu'on enfonçait dans le canon de l'arme. Ce fut le coup de grâce porté à l'institution des piquiers. Cependant cette baïonnette primitive était incompatible avec le tir : or, il fallait l'ajuster à quelque distance de l'ennemi, avant le corps à corps, en un moment où il était fort désirable de pouvoir faire encore quelques décharges : Vauban résolut le problème en imaginant la douille creuse dont nous faisons encore usage aujourd'hui.

L'arquebuse de la cavalerie subit aussi des transformations qui en firent la « carabine ». Son mécanisme resta le rouet, mais un rouet perfectionné, moins fragile et plus sûr que

---

1. La fabrication de la poudre avait été affermée en 1634.

2. Il n'y avait encore, à cette époque, aucune distinction entre infanterie et artillerie.

l'ancien. Il exista même, à cette époque, des carabines rayées dont on entourait la balle d'une peau de mouton, dite « canepin », pour assurer son forcement dans les rayures. Avec une telle arme, le coup « pouvait porter à mille pas ou environ, seulement avec autant de poudre qu'il en fallait pour charger un fusil parce qu'elle était rayée et cannelée, c'est-à-dire travaillée et creusée en dedans, depuis la bouche jusqu'à la culasse, en manière de visse [1] ». Le pistolet à pierre fit également son apparition dans l'armement de la cavalerie.

Les armes à feu, portatives ou non, avaient donc, à cette époque, considérablement augmenté quant au nombre, sinon quant à l'efficacité intrinsèque. Le résultat de cet accroissement n'avait pas tardé à se manifester. Faute de place, les canons, autrefois employés isolément, se trouvèrent souvent dans l'obligation de se juxtaposer ; dans la masse, il y en eut dont les coups portèrent sur les objectifs visés ; les balles des fusils, également plus nombreuses, s'égarèrent proportionnellement tout autant que naguère, mais il y en eut davantage pour atteindre le but, et, pour balles ou boulets, plus le but était profond, plus les ravages étaient grands. A l'ordre épais de jadis, l'infanterie fut contrainte de substituer un dispositif plus mince ; à la fin du XVIIe siècle déjà, la profondeur de l'ordre de bataille n'était plus que de six rangs ; il tomba bientôt à cinq, et dans la guerre de succession d'Espagne, il fut réduit à quatre. Dans tous les

---

1. *Traité des armes* de GAYA. Cité par FAVÉ. *Loc. cit.*, IV, p. 20.

temps, l'amincissement de l'ordre de bataille est le symptôme le plus significatif de la puissance des armes en service.

Au moment où nous sommes parvenus, près de quatre cents ans se sont écoulés depuis l'invention des armes à feu. Lorsqu'ils considéraient le chemin parcouru depuis le moyen âge, les artilleurs du commencement du XVIII° siècle s'enorgueillissaient, sans doute, de la longueur des étapes déjà franchies ; elles nous paraissent, à nous, de bien faible étendue, en comparaison de ce qu'ont su faire, en deux siècles, nos aînés et nos contemporains, et volontiers nous nous étonnons de la lente progression de nos aïeux. Ce faisant, nous commettons une erreur doublée d'une injustice. Tout se tient dans le savoir humain et les inventions de génie restent sans utilisation pratique aussi longtemps que le niveau des connaissances générales n'est pas parvenu à les atteindre. Nous avons pour auxiliaires les lois de la mécanique, de la physique, de la chimie, de la balistique, de la résistance des matériaux ; nos anciens, eux, ne possédaient pas l'indispensable appui que procure la science. Il convient de toujours se remémorer cette circonstance pour apprécier leur œuvre à sa juste valeur[1].

1. Dans la première moitié du XVII° siècle, Galilée avait découvert les lois de la pesanteur et son *Dialogue sur le mouvement*, imprimé en 1638, avait fait connaître aux savants de tous les pays les lois de la production et de la composition du mouvement. Il avait, en outre, démontré par le calcul que la trajectoire des projectiles dans le vide est parabolique, quelle que soit la direction initiale.

Torricelli avait expliqué comment, pour connaître les différentes portées d'une pièce d'artillerie, il suffisait de faire une épreuve de tir sous un angle bien déterminé en mesurant avec exactitude l'éten-

§ 2. — Personnel et organisation.

A son début, l'artillerie fut une branche de l'activité militaire réservée à de rares initiés. Les « artillers » et « enginers » avaient « des recettes, des tours de main, des secrets dont ils faisaient grand mystère, et, en général, ils n'avaient point de patrie : ils vendaient leurs services au plus offrant ». On ne pouvait se passer de leur intermédiaire lorsqu'il fallait organiser une expédition; ils fournissaient à forfait tout le matériel nécessaire et embauchaient « les compagnons de divers

due de toute la portée obtenue : il avait établi qu'une seule expérience, bien exécutée sur un seul projectile, devait conduire à la connaissance de tous les autres effets du tir.

Ainsi la science, ayant déterminé la nature de la trajectoire dans le vide, en avait pu déduire la loi des portées, P, qui, dans une bouche à feu, tirant avec la même charge afin d'imprimer toujours la même vitesse initiale, V_0, sont dans le rapport des sinus des doubles angles faits par l'axe de la pièce avec l'horizontale.

$$P = \frac{V_0^2 \sin 2}{g} \varphi .$$

Ces notions, si importantes pour l'artilleur, n'étaient pas sorties du cercle des savants quand, en France, Blondel, maréchal de camp et membre de l'Académie des sciences, entreprit de les rendre pratiquement applicables à l'artillerie. En 1699, il publia l'*Art de jeter les bombes*. Grâce à des tables, il permit, connaissant une seule portée, de déduire, par simple proportion, la portée correspondant à une autre inclinaison du mortier. Il s'efforça de donner la solution de tous les problèmes relatifs à la trajectoire dans le vide, et construisit plusieurs instruments destinés à donner directement et sans calculs les quatrièmes termes des proportions auxquelles tous ces problèmes étaient ramenés. Le bombardier ne devait plus avoir à faire qu'une lecture ou une simple mesure de longueur.

Blondel n'eut aucun succès, parce que ses théories, établies pour la trajectoire dans le vide n'étaient plus vraies dans l'air, notamment pour les boulets des canons dont la vitesse initiale plus grande provoque une résistance plus considérable. Ce n'est qu'en 1710 que Newton devait jeter un premier rayon de lumière sur la question en émettant la loi de la proportionnalité de la résistance de l'air au carré de la vitesse du projectile.

états, charbonniers ou poudriers, charpentiers, charrons, forgerons, artificiers [1] ».

Un tel monopole ne pouvait longtemps subsister en un siècle où tous, grands et petits, ayant toujours à redouter quelque agression, avaient intérêt à ne négliger aucun moyen de défense et à ne pas rester à la merci de gens dont l'appât du gain assurait seul la fidélité. A la vérité, le canon était une arme plus terrifiante que dangereuse, mais elle était apte à rendre d'autant plus de services qu'on la pouvait mieux maintenir en même place, et c'était le cas lorsqu'il ne s'agissait que d'interdire à l'assaillant l'accès d'une porte, d'un pont-levis, ou d'un chemin de ronde. C'était aussi une arme coûteuse. Ces deux raisons en firent d'abord un instrument défensif dont les possesseurs de villes ou de châteaux se pourvurent les premiers : le roi, les grands vassaux, les communes [2]. Les abbayes et les corporations suivirent, et il n'est pas jusqu'au collège des notaires qui n'ait voulu posséder son artillerie. Des professionnels furent soldés par chacune de ces catégories de propriétaires pour construire, entretenir et servir leur matériel. Les amateurs furent nombreux, sans doute, car dès 1411, sous Charles VI, des lettres royales réglementèrent les épreuves de réception dans la corporation des artilleurs ; il y eut des maîtres-ouvriers, admis par des visiteurs jurés, et des compagnons. Pour une campagne, le roi faisait appel à l'artillerie de ses vassaux et de ses bonnes villes, comme à

---

1. SUSANE. *Loc. cit.*, p. 68.

2. Même en campagne, on ne considérait l'artillerie que comme un obstacle et on la disposait sur tous les abords de l'armée, au milieu des charrettes et autres impedimenta.

la sienne propre. Le tout était placé sous les ordres d'un « maître de l'artillerie » qui servait d'intermédiaire entre les maîtres-ouvriers et le « grand maître des arbalétriers », supérieur général de tous les hommes d'armes faisant usage de machines à lancer des projectiles.

Les bons artilleurs étant rares, et leur concours difficile à obtenir dans les circonstances inopinées, Louis XI éprouva le besoin de se les attacher plus intimement. Outre les privilèges qu'il leur octroya et les brevets qu'il leur délivra, il créa des « maîtres et visiteurs de l'artillerie », qu'il chargea de veiller à la répartition judicieuse du matériel existant sur les divers points du territoire, de sa garde, et de son entretien[1] ». Commis au commandement du personnel et à l'emploi du matériel en temps de guerre, ils prirent bientôt le titre de « commissaires ». Le royaume fut partagé en départements d'artillerie, possédant chacun son arsenal et ses magasins. Le dépôt du matériel royal était au Louvre, et le « maître de l'artillerie du Louvre » prit le titre de « maître de toutes les artilleries de France », en même temps que les fonctions jusque-là dévolues au grand maître des arbalétriers[2].

On voit donc que, dès le xvᵉ siècle, sans être encore une arme spéciale, — l'infanterie et la cavalerie elles-mêmes, recrutées selon le système féodal, commençaient à peine à prendre une

---

1. Susane. *Loc. cit.*, p. 70.

2. Le siège de son commandement, transporté d'abord à l'Arsenal, fut ensuite transféré au couvent de Saint-Thomas d'Aquin. Le Comité de l'artillerie, supprimé d'hier, y demeura jusqu'à son dernier jour. C'était peut-être le plus ancien établissement militaire de la France.

forme permanente — l'artillerie était cependant dirigée, construite et entretenue par des spécialistes. Les « canonniers ordinaires » qui remplissaient les postes principaux dans le service des pièces devaient être gens précieux, car on les payait cher pour l'époque (4 livres par mois) et les habillait richement de hocquetons brodés. Pour la guerre, ils s'adjoignaient des « canonniers extraordinaires », hommes ayant participé aux travaux de l'arme en temps de construction intensive, et des « pionniers ». Ces derniers, quoiqu'exerçant les différents métiers compatibles avec le service et le réapprovisionnement des bouches à feu, n'étaient que des auxiliaires.

Au début du XVIe siècle, à défaut de troupes spécialement affectées à son service, l'artillerie vit du moins ses attributions nettement définies. La lettre de nomination d'un de ses grands maîtres, en 1504, s'exprime ainsi : « Avoir le regard et superintendance tant sur les canonniers, aydes de canonniers, maçons, charpentiers, forgeurs, chargeurs, déchargeurs, et autres officiers d'icelle artillerie, et l'entretainement des bastons, pouldres, boulets de fer et autres provisions et munitions de ladite artillerie, avec pouvoir de distribution et délivrance d'iceux et aussy de mener, ou faire mener, conduire et exploiter pour notre service, et en nos armées et sièges, ladite artillerie, et faire faire la délivrance de matières comme de salpètre, souffre, plomb, pouldres et boulets, picqs, pelles, tranches, piques, hallebardes, hallecrets, cerveliers, avec trousses de toutes autres munitions servant aux faits de ladite artillerie... ; pareillement de ordonner ou disposer des gaiges et salaires des chartiers, chevaux, conducteurs, pionniers, ou de tous autres frais et dépenses extraordinaires d'icelle artillerie ». La constitution générale de l'arme était donc arrêtée dans ses principes. Elle était singulièrement en avance sur celles de l'infanterie, et surtout de la cavalerie, qui continuèrent longtemps encore à se débattre au milieu des préjugés chevaleresques. L'artillerie a dû certainement cette avance aux difficultés d'un service compliqué, qui ne s'improvise pas, et à ce fait que la force des choses l'a fait tomber, dès son origine, dans les mains d'une classe intermédiaire, désireuse de se faire jour, et qui, à défaut des avantages de la naissance, ne pouvait arriver à percer que par le travail [1].

Sous Charles IX, l'état de l'artillerie se précisa davantage encore : le grand maître, auquel on adjoignit un lieutenant général (d'artillerie) [2], représenta le commandement; un contrôleur général disposant de 11 commis directeurs répartis dans les onze provinces, assuma la tâche administrative ; un garde général et 11 commis furent chargés de l'emmagasinement et de l'entretien du matériel des 11 arsenaux provinciaux ; 24 commissaires ordinaires et 200 canonniers appointés remplirent les fonctions de commandants de batteries et de chefs de pièces ; des capitaines de chevaux furent nommés dans chaque province, et payés, à charge de fournir

---

1. Susane. *Loc. cit.*, p. 83. Les gentishommes ne prenaient de charges dans l'artillerie qu'avec répugnance. L'un d'eux qu'un de ses amis disait avoir vu sous la casaque rouge de l'artilleur, s'en excusait en disant qu'il n'avait revêtu cet habit que par « boutade et par caprice, par fantaisie, mais pas autrement ».

2. Il n'y avait aucune correspondance entre les grades dans l'artillerie et dans les « armées du roi ».

au premier appel 200 chevaux, 50 charretiers et 25 charrettes ; des dispositions furent ordonnées pour qu'en cas de campagne, chevaux et charrettes pussent rejoindre un point indiqué ; des instructions précisèrent comment devait s'opérer la levée des pionniers ; outre le personnel « ordinaire », on en voulut un autre « extraordinaire », savoir : « des commissaires, canonniers, charpentiers, charrons, forgeurs, déchargeurs, tonneliers et tentiers » ; on régularisa l'incorporation et l'appel de cette sorte de réserve, et Sully rendit même permanentes les charges de commissaires extraordinaires[1].

Un équipage, ou parc de siège et de campagne, de 30 bouches à feu, répondant à une armée de 30.000 hommes et comprenant 10 canons, 4 grandes couleuvrines, 8 bâtardes et 8 moyennes, sans compter les faucons, fauconneaux et arquebuses, était commandé par un lieutenant du grand maître et 4 commissaires ordinaires ayant sous leurs ordres, outre les officiers comptables et de justice, 94 canonniers, 6 charpentiers, 4 charrons, 4 déchargeurs et 1.500 pionniers[2]. Le train se composait d'un capitaine de charroi, de 7 capi-

---

1. Le service du « canon » exigeait 2 canonniers ordinaires, 3 extraordinaires, 30 pionniers ; celui de la grande couleuvrine, 2 ordinaires, 3 extraordinaires, 24 pionniers..., etc. ; celui du fauconneau, 1 ordinaire, 1 extraordinaire et 4 pionniers. Ces derniers « servaient autour des pièces, les ramenaient quand elles avaient tiré, les rechargeaient, aidaient à les braquer, faisaient des fenêtres avec leurs cognées, serpes et gouzards, s'il y avait des haies et buissons, et autres obstacles ».

2. Les déchargeurs veillaient à la régularité des opérations de réception et de délivrance des munitions et objets divers, là où le maître, le contrôleur général ou leur commis, ne « pouvaient avoir l'œil ». Ils donnaient « décharge ». Ils sont aujourd'hui représentés par nos officiers d'administration.

taines de chevaux, de 325 charretiers et de 1.300 chevaux menant, outre les affûts, 200 chariots et charrettes[1]. La garde de ce parc était confiée à des bandes spéciales qu'il était d'usage, depuis les guerres d'Italie, de recruter parmi les Suisses. Cette coutume de faire protéger les canons par des étrangers se perpétua jusqu'à Louis XIV ; la morgue des officiers placés à la tête des bandes nationales était telle qu'ils regardaient la mission d'escorter l'artillerie comme une humiliation et une entrave apportée aux actions d'éclat dont ils s'estimaient capables.

Avec 2 compagnies attachées à sa personne et au quartier général de l'artillerie, le grand maître reçut le titre de colonel général et le pouvoir de nommer aux offices vacants[2]. Ce fut le premier pas vers l'émancipation, car jusqu'alors l'artillerie n'était considérée que comme une branche spéciale rattachée au tronc de l'infanterie, et le colonel général de cette arme disposait de tous les emplois.

Sous Louis XIII et au début du règne de son successeur, des officiers de fortune, à carrière bornée par conséquent, et issus de l'infanterie, s'adonnèrent avec ardeur à l'étude de l'attaque et de la défense des places. Ils acquirent ainsi des brevets d'ingénieurs ou de commissaires extraordinaires de l'artillerie, sans perdre leurs grades dans les armées du roi. Fabert et Vauban sont deux illustres représentants de cette catégorie de transfuges. Par voie de réciprocité, quelques

---

1. Susane. *Loc. cit.*, p. 111.

2. A la bataille de Saint-Quentin (août 1557) toute l'artillerie fut enlevée par les Espagnols : le quartier général faillit partager son sort. De là, date cette institution d'une garde spéciale.

artilleurs remarqués obtinrent de prendre rang dans l'armée et d'y conquérir de nouveaux grades. Ces sortes d'échanges n'étaient pas du goût des officiers bien nés qui trouvaient avilissant de s'adonner aux sapes, mines, artillerie, ponts, et autres travaux pénibles. Fabert, lui, estimait que ces occupations jugées si humiliantes étaient, au contraire, une manière non seulement de reconnaître les dons qu'il tenait du roi, mais encore d'atteindre aux honneurs militaires les plus élevés ; le calcul était juste, car la plupart des guerres se résolvant par des sièges, qui voulait réduire une place n'avait à sa disposition que deux arguments : le canon et la mine, et qui réduisait une place était le triomphateur du moment.

Le monarque qui symbolise à nos yeux la toute-puissance, Louis XIV lui-même, n'osa pas, tout d'abord, heurter de front un préjugé aussi bien enraciné. En 1668, après la guerre de Flandre, il tenta de conserver, formés en 6 compagnies permanentes, les canonniers et bombardiers recrutés dans les diverses places pour les besoins de la campagne. Cette première tentative ne dura pas, mais, en 1671, il enleva aux Suisses le privilège — que les officiers français se gardaient bien de leur contester — d'escorter l'artillerie, et fonda le régiment des « Fusiliers du roi ».

Entièrement composé des compagnies du grand maître, de sapeurs, d'ouvriers en fer et en bois, ce régiment dont le nom était bien fait pour exciter le désir d'y servir et dont le roi s'était fait colonel, fut aussi pourvu de tout ce qui pouvait donner de l'éclat à son institution. « Il est le premier qui ait été complètement armé de fusils au lieu de mousquets, il est le premier dont les soldats aient eu entre les mains la baïonnette, il est aussi le premier qui ait revêtu le costume uniforme, et un uniforme magnifique, eu égard à la simplicité des habits délivrés à la même époque aux troupes d'infanterie[1] ». Car, malgré sa composition spéciale, le régiment des fusiliers continua à faire partie de l'infanterie et n'eut d'autre mission que de veiller à la sécurité de l'artillerie. La fabrication, l'entretien et la mise en œuvre du matériel restèrent organisés comme auparavant, et le grand maître, ses commissaires ordinaires ou extraordinaires, ses canonniers appointés, étaient seuls artilleurs au sens propre du mot.

Dans la même année 1671 et dans celles qui suivirent, le régiment reçut des augmentations considérables, nécessitées par l'importance des parcs qu'il dût escorter, mais ce n'est que fortuitement que ses soldats, faisant l'office des anciens pionniers, apportèrent leur concours aux canonniers ; ce fut néanmoins un premier pas vers la fusion.

En 1678, le roi revint à son idée de dix ans auparavant, il licencia les canonniers appointés prélevés sur les différentes places, « leva 6 compagnies de soldats canonniers à qui l'on fit faire l'exercice du canon, et dont on fit accepter le commandement, comme un avancement et une faveur, aux 6 plus anciens capitaines du régiment de fusiliers[2] ». En même temps, il créa 2 compa-

---

1. Susane. *Loc. cit.*, p. 133.
2. Susane. *Loc. cit.*, p. 137.

gnies de bombardiers[1] et 1 compagnie de mineurs. En 1684, les 2 compagnies de bombardiers furent réunies en régiment, sous le nom de « Royal-Bombardiers ». Ce fut le premier des régiments d'artillerie. On le compléta en empruntant 10 compagnies à l'infanterie, et notamment aux fusiliers du roi.

Deux ans plus tard, Louis XIV décida que les officiers des bombardiers et des fusiliers seraient dorénavant assimilés aux commissaires provinciaux, ordinaires ou extraordinaires, selon leurs grades. Désormais, il n'y eut plus, en principe, qu'un seul corps. Il ne restait plus qu'à parachever l'œuvre en spécialisant le régiment de fusiliers dans le service exclusif de l'artillerie. C'est ce que fit le grand roi en 1693, en lui substituant le régiment « Royal de l'artillerie » qui n'eut plus à entrer en ligne à la manière de l'infanterie, mais bien à servir les pièces dans les sièges et batailles. Il comprit 4 bataillons divisés en compagnies de canonniers, compagnies d'ouvriers et compagnies simples. Les premières fournirent les principaux servants des bouches à feu, les secondes exécutèrent les travaux d'établissement des batteries et des ponts, les dernières, succédant aux pionniers d'autrefois, donnèrent des auxiliaires. Dès lors, l'artillerie posséda ses troupes spéciales : Royal Artillerie, Royal Bombardiers, et quelques compagnies de mineurs.

On a peine à concevoir quelles résistances le roi rencontra pour amener à servir dans ces nouveaux corps les officiers issus de la noblesse. Pour les y inciter, il ne trouva finalement rien

---

1. Les bombardiers servaient les mortiers.

de mieux que de faire appel à l'intérêt pécuniaire, et cela lui réussit. « Dans l'origine, les nobles auraient cru se déshonorer en entrant dans ce corps. Sa Majesté ayant ordonné de forts appointements..., cet appât acheva de détruire l'ancienne délicatesse ; les plus qualifiés n'eurent plus aucune répugnance à devenir capitaines de forgerons, de charpentiers etc., ce qui aurait paru singulier dans un autre temps, faute de faire attention que tout ce qui est du métier de la guerre fait honneur, sous quelque titre que ce soit[1] ».

En même temps qu'il créait les corps de troupe d'artillerie, le roi réorganisait les cadres des artilleurs proprement dits. Il y eut un grand maître, secondé par un lieutenant général ; 2 directeurs généraux, résidant à l'Arsenal de Paris et chargés chacun de l'administration de la moitié des provinces ; 9 lieutenants généraux, placés à la tète des départements d'artillerie ; 25 lieutenants provinciaux (colonels), subordonnés aux précédents ; 30 commissaires provinciaux (lieutenants-colonels), dont 25 répartis dans les places et 5 préposés « à la construction et à l'entretien des ponts, passages des fleuves et rivières, routes et chemins[2] » ; 200 commissaires ordinaires (capitaines) ; un capitaine conducteur général des charrois de l'artillerie ; 12 capitaines conducteurs. Plusieurs de ces officiers avaient des brevets de lieutenants généraux, maréchaux de camp et brigadiers des armées du roi.

---

1. *École de Mars.* Cité par Susane. *Loc. cit.*, p. 151.

2. L'artillerie cumulait alors son service propre avec ceux des ponts et chaussées et du génie.

« Ainsi fut terminé le long enfantement de l'organisation militaire de l'artillerie. Plus de deux cents ans s'étaient écoulés depuis le premier essai de Louis XI; deux cents ans dont l'évolution avait été employée par la monarchie à asseoir sa puissance sur les ruines des institutions féodales, des intérêts et des préjugés que ces institutions avaient enfantés, maintenus et défendus avec le plus remarquable égoïsme [1] ».

1. SUSANE. *Loc. cit.*, p. 151.

CHAPITRE II

XVIIIe SIÈCLE. — VALLIÈRE ET GRIBEAUVAL

§ 1. — Matériel, pointage et tir.

Au début du XVIIIe siècle, les pièces d'artillerie étaient encore, ainsi qu'on l'a pu voir, des engins fort lourds, ne s'ébranlant qu'au prix d'efforts considérables, peu maniables sur le champ de bataille[1]. La diversité des calibres était revenue et les établissements constructeurs bien que soumis au contrôle des commissaires provinciaux, n'étaient que peu ou point liés par les textes officiels concernant les dimensions des canons, le poids de métal à employer et, souvent même, le diamètre des âmes ; aussi donnaient-ils libre cours à leurs fantaisies. La constitution d'un parc d'artillerie, en vue d'une campagne, présentait de grandes difficultés ; la réunion des munitions était une opération plus laborieuse encore, car il était courant qu'un boulet coulé dans une province ne convînt aucunement à un canon fabriqué dans un autre département[2].

---

1. Désireuse de posséder une artillerie plus mobile, l'infanterie avait bien essayé de canons plus légers, imités de ceux de Gustave-Adolphe et dénommés « à la Suédoise », mais on les abandonna pour les reprendre plus tard.

2. Commandant E. PICARD. *L'artillerie française au XVIIIe siècle*, p. 47.

Malgré qu'ils se rapprochassent tous plus ou moins d'un même type, les affûts différaient sensiblement suivant le calibre des pièces et suivant leur lieu de construction. Les roues étaient lourdes et massives, surchargées de ferrures reliant cercles, rais et jantes (fig. 10); celles de l'avant-train étaient trop petites et la majeure partie du poids de la voiture reposait sur l'essieu arrière ; cette circonstance n'était pas de nature à favoriser la traction des chevaux et la rapidité des mouvements [1]. « Sur des chemins solides et à des allures assez lentes, cette artillerie pouvait facilement marcher, mais il lui était impossible d'aller rapidement dans les terrains difficiles » [2]. Pour faire prendre position à la pièce, force était de se

[1]. Un chargement convenable exige que deux tiers seulement du poids total reposent sur l'essieu postérieur.

[2]. Picard. *Loc. cit.*, p. 51.

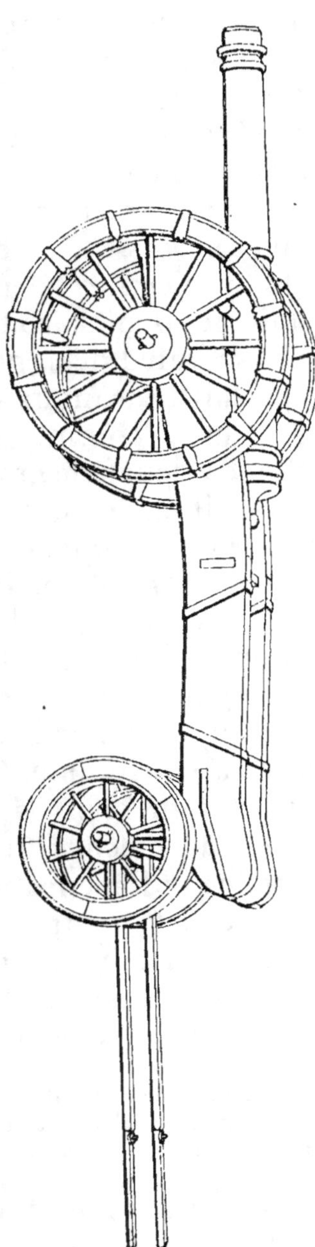

Fig. 10.

livrer à des manœuvres compliquées et le concours des attelages était ordinairement indispensable [1].

La poudre était de bonne qualité et sa composition (75 parties de salpêtre pour 12 parties 1/2 de soufre et 12 parties 1/2 de charbon) variait peu suivant les poudreries [2]. Son transport s'effectuait en barils de bois qu'on défonçait le moment venu.

Le projectile le plus généralement utilisé restait le boulet rond et plein. Son poids en livres servait à désigner la pièce correspondante : on parlait de canons de 33, de 24, de 16, de 12 livres, etc., comme on disait autrefois grand canon, couleuvrine grande, bâtarde ou moyenne [3]. On faisait également usage de mitraille de deux types : la « cartouche », cylindre de fer-blanc ou de toile, rempli de balles, de clous ou autres objets en fer ; la « grappe de raisin », plateau de bois surmonté d'un axe autour duquel on agglutinait, dans le goudron et la poix, un cône de balles.

Le canon amené en position, un baril de poudre apporté dans le voisinage et défoncé, un approvisionnement de boulets, de bouchons de foin et de mèches réunis, les divers outils et ustensiles indispensables rassemblés, on procédait au chargement. Ce n'était pas chose aisée ! On commençait par puiser la poudre dans le baril avec une sorte de truelle de bois à bords courbes, appelée « lanterne », qu'on fixait à

---

1. Les canons de gros calibres étaient, sur les routes, transportés sur des chariots spéciaux, séparés de leurs affûts. On ne les montait qu'au moment du besoin.

2. Beaucoup des poudreries de l'époque existent encore aujourd'hui : Saint-Médard, Pont-de-Buis, Saint-Ponce, Vonges, Esquerdes, Saint-Chamas, etc.

3. Les mortiers toutefois se distinguaient par leurs calibres exprimés en pouces et lignes.

l'extrémité d'un long manche et dont on déversait le contenu à l'intérieur du canon; l'opération était répétée autant de fois qu'il était nécessaire pour parfaire la charge (généralement les deux tiers du poids du boulet); ceci fait, au moyen d'un « refouloir », on repoussait grossièrement la poudre jusqu'au fond de l'âme; on introduisait un bouchon de foin destiné à balayer les grains restés en chemin et l'on refoulait encore; enfin venait le boulet dont on assurait le calage au moyen d'un deuxième bouchon de foin. De la poudre fine étant tassée dans la lumière jusqu'à extravasement, il ne restait plus qu'à en approcher une mèche allumée pour déterminer le départ du coup.

Mais auparavant, il fallait pointer. Seul le tir de « but en blanc » était connu : il consistait à soulever la pièce autour de ses tourillons jusqu'à ce que la génératrice supérieure passât par le but. Dans ces conditions, il était bien rare que la trajectoire en fît autant. Le boulet tombait tantôt en avant, tantôt en arrière du point à frapper : on était alors réduit à pointer au jugé[1]. Des procédés aussi défectueux, joints

1. Par suite de la conformation des pièces (diamètre du bourrelet de la culasse supérieur à celui de la bouche), la ligne de mire supé-

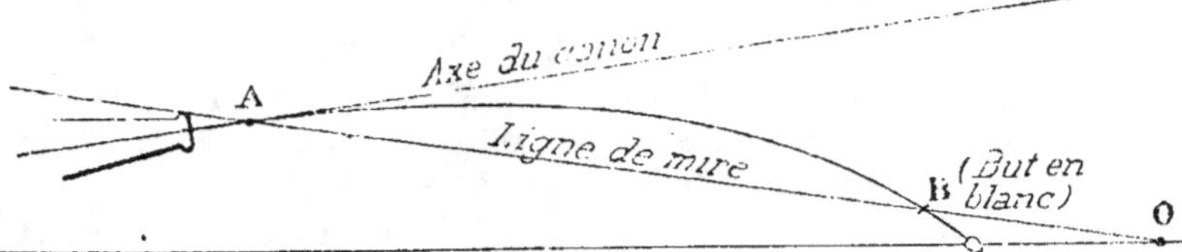

rieure était inclinée sur l'axe du canon. Elle coupait donc la trajectoire en deux points A et B, le premier très rapproché de la bouche à feu, le second beaucoup plus éloigné (700 à 400 mètres suivant le calibre). Ce point B s'appelait le « but en blanc ». Si, par hasard.

à l'inévitable différence de poids entre deux charges successives et au défaut de justesse des pièces ne contribuaient pas peu à diminuer la précision du tir[1]; les écarts entre deux coups pouvaient varier entre le cinquième et le sixième de la portée[2]. Cette dernière n'était pas aussi faible qu'on le pourrait croire et ce sont bien plus les idées de l'époque en fait de tir et de construction d'affûts qui en diminuaient la valeur que le manque de puissance des bouches à feu. Si l'on avait su donner aux canons de 24, 12, 8 et 4, les inclinaisons de 45 degrés qu'on réalisait dans certains matériels de place et de côte, les portées n'auraient pas été inférieures à 2.200, 1.800, 1.675, 1.460 toises; mais les affûts étaient compris de telle sorte qu'ils limitaient à 15 degrés l'angle de tir maximum, ce qui réduisait déjà les portées à 1.670, 1.550, 1.440 et 1.300 toises. Ces distances, comprises encore entre 2.500 et 3.000 mètres, sont appréciables, mais, dans la pratique, il en fallait rabattre : les écarts entre deux coups consécutifs étaient si grands et si variables qu'aucune correction n'était possible, les boulets ne ricochaient plus et le ricochet était la seule manière de compenser leur défaut d'efficacité, enfin les procédés de pointage au jugé étaient inapplicables. On s'en tint donc aux

l'objectif coïncidait avec B, on l'atteignait de « but en blanc ». L'expression a fait fortune. Si, au contraire, il était en O, le coup tombait en avant de lui et il fallait désormais pointer au delà.

1. On appelle « vent », la différence des diamètres de la pièce et du projectile. Deux boulets ayant généralement des vents différents, la force de propulsion de la charge était également variable, la portée aussi.

2. Commandant COLIN. *Les Campagnes du Maréchal de Saxe.* Cité par PICARD. *Loc. cit.*, p. 67.

portées correspondant à des angles de 8 degrés et au-dessous, ce qui donnait près de 1.000 toises. La pièce de 4, sous l'angle de 6 degrés, donnait une portée de 800 toises[1].

Il n'en faudrait pas conclure que les effets de l'artillerie fussent redoutables sur un espace de 1.600 à 2.000 mètres : vers l'extrémité de cette zone, le boulet perdait toute action meurtrière à quelques pas seulement de son point de chute ; la mitraille, de son côté, n'atteignait pas jusque-là. A plus courte distance, au-dessous d'un millier de mètres, le boulet devenait plus dangereux ; outre qu'il pouvait renverser plusieurs files d'hommes, il ricochait, et sa puissance destructive était ainsi reportée à une centaine de toises du point d'impact. Le tir à mitraille enfin devenait très efficace à partir de 200 à 300 toises.

La rapidité du tir des canons de gros calibres était faible, car le recul de ces lourdes machines dans lesquelles la proportion du poids de l'affût à celui de la pièce restait arbitraire, était considérable ; c'était un long et pénible travail que de les ramener en position. Les différentes phases de la charge, d'autre part, précédées de l'écouvillonnement et suivies du pointage, exigeaient aussi beaucoup de temps. Néanmoins des progrès sérieux avaient été réalisés depuis l'époque où l'on se réjouissait de tirer 30 coups par jour, puisque la pièce de 24 pouvait donner jusqu'à 100 coups sans détérioration appréciable, et que les pièces de 16 et de 12 tiraient jusqu'à 150 ou 200 coups. Au delà de ces nombres, les canons s'échauffaient, se recourbaient, se fissuraient ou

---

1. PIÇARD. *Loc. cit.*, p. 68.

se crevaient, les lumières s'évasaient, et ainsi le matériel était mis hors de service[1]. Les pièces légères, dans les tirs à courte distance où tout pointage était supprimé, lançaient leurs deux boulets à la minute[2].

VALLIÈRE. — En 1732, Vallière, colonel inspecteur[3], faisant effectivement fonctions de grand maître de l'arme à la place d'un très jeune prince du sang, résolut de revenir à la simplification des calibres et d'obtenir la parfaite similitude entre deux pièces de même calibre, en déterminant de manière précise les dimensions des nouvelles bouches à feu et de leurs accessoires, et en proscrivant « rigoureusement toute pièce s'écartant du modèle donné[4] ». Ce fut là son grand mérite. En revanche, comme il demeurait sous l'impression des guerres de siège ou de position entreprises durant le règne de Louis XIV, il ne sut en rien prévoir l'ère prochaine des guerres de mouvements et de manœuvres; il voulut et obtint un matériel à deux fins. Tous ses efforts consistèrent à créer une artillerie réduite aux cinq calibres de 4, 8, 12, 16, 24 livres « qui tous étaient propres à l'attaque et à la défense des places et dont les trois premiers, combinés suivant les circonstances, l'étaient particulièrement pour la guerre de campagne, de sorte que, dans le besoin, les places pouvaient fournir aux armées et les armées aux places[5] ».

---

1. *Les armées de Louis XIV en 1674.* Revue d'histoire, janvier 1910, p. 16.

2. COLIN. Cité par PICARD. *Loc. cit.*, p. 70.

3. On dira plus loin comment fut instituée cette charge nouvelle.

4. Article Ier de l'Ordonnance du 7 octobre 1732.

5. *Mémoire de Vallière fils, touchant la supériorité des pièces d'artillerie longues et solides.* Cité par PICARD. *Loc. cit.*, p. 55.

La réglementation des dimensions ne s'appliqua nullement aux affûts; chaque arsenal conserva, sur ce point, « ses proportions particulières que les officiers qui y étaient employés se transmettaient héréditairement[1] ». Quant aux projectiles, si l'on fixa leur calibre par rapport à celui des pièces correspondantes, on omit de prescrire des épreuves de réception et de faire connaître les tolérances admises : pratiquement, le « vent » des boulets resta toujours arbitraire.

En raison même des idées qui avaient présidé à sa création, le nouveau système d'artillerie, auquel le nom de Vallière devait rester attaché, ne présenta, sur ses prédécesseurs, aucun avantage important au point de vue de la mobilité. Les canons de 24 et de 16 furent lourds, pour être puissants (5.400 et 4.200 livres); les canons de 12, 8 et 4, plus spécialement destinés à la guerre de campagne, pesèrent même relativement plus que les grosses pièces (3.200, 2.100 et 1.150 livres); ils eurent aussi une plus grande longueur relative. Ne fallait-il pas qu'ils servissent, à l'occasion, dans les sièges, prissent place dans les embrasures sans les détériorer, tirassent à forte charge? Dans la guerre de forteresse, il n'était pas indispensable de tirer vite, aussi proscrivit-on l'emploi, qui commençait à se répandre, des « gargousses » en papier double, en parchemin ou en toile, renfermant à l'avance le poids de poudre nécessaire : l'usage de la lanterne redevint obligatoire.

Gribeauval. — Le matériel Vallière servait

---

1. Ducoudray. *L'artillerie nouvelle.* Cité par Picard. *Loc. cit..* p. 86.

depuis trente ans lorsque Gribeauval, ancien officier du corps de l'artillerie, passé en 1757 au service de l'Autriche, illustré déjà par les sièges qu'il avait conduits ou soutenus, devint inspecteur de l'artillerie française (1764). A la suite des guerres malheureuses du règne de Louis XV, il trouva cette arme dans le désarroi le plus complet. La guerre de 1741 avait épuisé le matériel, et, faute d'argent, il n'avait pas été renouvelé pendant la paix qui précéda la guerre de Sept ans : durant cette campagne, on avait dû construire presque au jour le jour, sous la poussée d'événements désastreux : tous les inconvénients d'une organisation défectueuse et incomplète s'étaient fait sentir avec une intensité qui suffit à expliquer l'importance des changements qui suivirent.

En 1762, Gribeauval qui connaissait l'artillerie autrichienne aussi bien que l'artillerie française, avait écrit : « Un homme éclairé pourrait prendre dans ces deux artilleries de quoi en composer une qui déciderait presque toutes les actions dans la guerre de campagne[1] ». Il fut bientôt appelé à tenter lui-même cette grande entreprise. Son idée essentielle fut de distinguer d'une manière absolue les matériels de campagne, de siège, de place et de côte. Voulant donner à l'artillerie de campagne la mobilité qui lui est indispensable, il établit de nouveaux modèles pour les canons de 12, de 8 et de 4. Il les conçut moins lourds et moins longs que naguère. Leur charge fut fixée au tiers du poids du boulet, et le vent du projectile, diminué et maintenu entre

---

1. Citation de Favé. *Loc. cit.*, IV, p. 245.

deux limites différant d'une ligne seulement, augmenta la portée et la régularité du tir. Ses canons, coulés pleins, puis forés, acquirent, dans leurs dimensions, une précision que les procédés antérieurs étaient incapables de donner. Les tourillons furent munis d'embases qui en empêchèrent le battement entre les flasques de l'affût et en augmentèrent la solidité. Un grain de lumière en cuivre rouge, vissé dans le métal de la pièce, et remplaçable, vint atténuer une des causes les plus fréquentes de la détérioration des bouches à feu.

Les dispositions adoptées pour les affûts de campagne eurent aussi pour objet d'accroître leur mobilité. Les avant-trains furent montés sur des roues plus hautes ; les essieux furent construits en fer au lieu de bois ; le recul, augmenté par la légèreté des pièces, fut atténué par la plus grande inclinaison des flasques sur le sol ; les affûts des deux pièces les plus lourdes — 12 et 8 — furent munis chacun de deux encastrements, c'est-à-dire de deux emplacements différents pour tourillons, l'un donnant à la pièce sa position de tir, l'autre répartissant mieux son poids sur les quatre roues et rendant ainsi le roulement plus facile pendant les marches. Des vis de pointage, aux lieu et place de coins de bois, rendirent le pointage plus pratique et le tir plus accéléré ; des ferrures, habilement disposées pour porter les armements, rendirent le chargement plus commode et plus prompt.

Pour faciliter le mouvement des pièces sur le champ de bataille, quand les avant-trains et les chevaux étaient à l'écart, des « bricoles » furent données aux canonniers qui purent ainsi traîner leurs canons à bras. Les manœuvres en retraite et le franchissement des fossés furent facilités par la « prolonge », long câble qui s'attacha d'un bout à l'avant-train et de l'autre à la crosse de l'affût arrondie en forme de traîneau.

La cartouche à boulet fut étudiée avec grand soin[1] : les dimensions, la forme et la qualité du sabot en bois, du sachet en serge et des bandelettes en fer-blanc, concoururent à la rendre assez résistante pour ne pas se détériorer dans les transports : chaque canon eut des boîtes à balles de deux modèles ; l'une, à grosses balles,

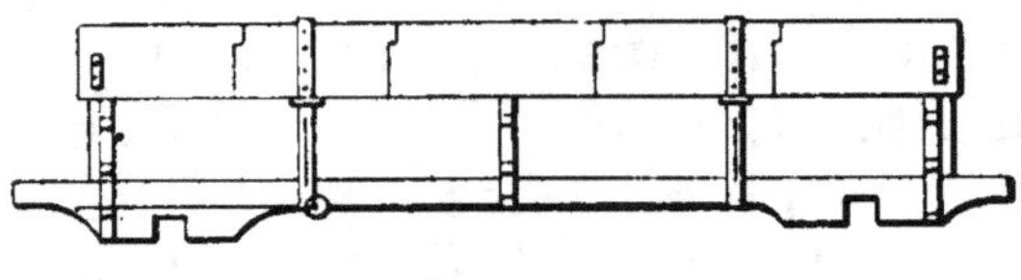

Fig. 11.

destinée à étendre au loin ses effets, l'autre plus efficace aux distances rapprochées. Un seul modèle de caisson put suffire au transport des munitions, en faisant varier le compartimentage intérieur de son coffre suivant le calibre des pièces (fig. 11).

Pour rendre le tir plus facile à toutes les distances comprises dans les portées régulières de ses canons de campagne, Gribeauval traça, à la partie supérieure de leur surface, la ligne de mire naturelle contenue dans le plan de la trajectoire, puis, au moyen de la « hausse », il

---

1. La cartouche à boulet, déjà usitée, se composait d'un boulet enchâssé, suivant un segment sphérique, dans un plateau de bois du diamètre du projectile, et d'une gargousse ; des bandelettes de fer-blanc reliaient ensemble ces trois parties, en entourant le boulet.

mit à la disposition du canonnier d'autres lignes de mire, variables suivant la distance, qui permirent de pointer au delà du but en blanc, de rectifier le pointage d'après l'observation des coups et de le régulariser, une fois le but atteint [1]. La vis de pointage, en rendant rapide et pratique le mouvement de rotation du canon autour de ses tourillons, facilita toutes ces opérations.

Dans les arsenaux, chaque ouvrier travailla sur des patrons et employa des mandrins et des lunettes reproduisant les dimensions de la pièce à confectionner : la construction d'une partie quelconque d'un affût, d'un caisson ou d'un chariot, acquit une précision inconnue jusque-là. Non seulement on obtint ainsi une grande solidité mais on put emporter des pièces de rechange toutes faites qui rendirent aussi sûres que promptes, pendant la guerre, les réparations effectuées dans les parcs. D'ailleurs, pour avoir moins de ces objets de rechange à transporter, Gribeauval s'efforça de réduire le nombre des modèles en les ramenant aux mêmes dimensions toutes les fois que cela fut possible. Toutes les roues d'avant-train reçurent la même hauteur, la même boîte et la même longueur de moyeu; il en fut de même des roues de caisson et de chariot; les essieux furent identiques pour beaucoup de voitures.

Un instrument nouveau, « l'étoile mobile »,

1. La hausse était une simple tige de métal graduée qui pouvait coulisser dans un logement. Elle « haussait » la partie postérieure de la ligne de mire et, par suite, l'axe de tir, permettant ainsi d'apercevoir, de but en blanc, des objectifs impossibles à voir en visant par la ligne de mire naturelle. Jusque-là, dans des cas analogues, le pointeur visait au jugé par le côté du canon.

donna le moyen de mesurer avec exactitude tous les diamètres de l'âme et de la chambre à poudre d'une bouche à feu ; elle permit de reconnaître les dégradations intérieures et les érosions [1]. Chaque projectile fut soumis à des vérifications sévères ; le boulet dut passer en tous sens dans une lunette et ne passer en aucun sens dans une lunette plus petite mais qui différa très peu de la première ; il lui fallut, en outre, rouler, et non glisser, dans un cylindre d'un diamètre un peu moindre que celui de la bouche à feu.

Gribeauval enfin adopta un « obusier » de 6 pouces, sorte de mortier allongé, ou de canon court, participant à la fois des avantages de ces deux sortes de pièces, et destiné, puisque les mortiers ne devaient plus être emmenés en campagne, à tirer contre le personnel abrité par des retranchements, ou contre les localités [2] (fig. 12).

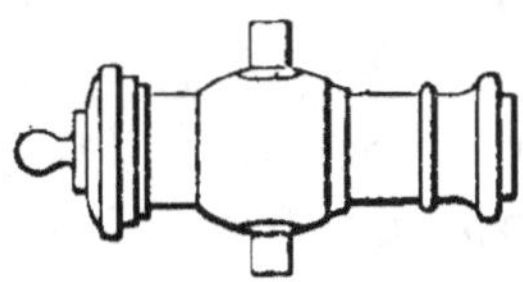

Fig. 12.

1. L'étoile mobile est basée sur le principe suivant : un tambour de cuivre, circulaire et creux, est muni de deux pointes fixes placées aux extrémités d'un de ses diamètres et de deux pointes mobiles disposées aux extrémités du diamètre perpendiculaire. Le mouvement des deux pointes mobiles est commandé par celui d'un double plan incliné : elles émergent plus ou moins suivant les déplacements de ce dernier. Pour explorer l'âme d'un canon, le tambour est emmanché sur des tubes mis bout à bout et de longueur appropriée, puis introduit dans l'âme où il repose sur l'une de ses pointes fixes. De l'extérieur, on peut faire mouvoir le plan incliné et lire, sur un vernier, le déplacement des pointes à partir du zéro, celui-ci étant réglé pour le diamètre normal de la bouche à feu. L'étoile mobile est toujours en usage : elle donne actuellement le 1/100e de millimètre.

2. La bombe de l'obusier étant assez loin de la bouche de la pièce, le feu n'y pouvait plus être mis, comme à celle du mortier, avant

Quatre chevaux étaient suffisants pour traîner les canons de 8 et de 4; il en fallait six pour la pièce de 12, mais les longueurs des colonnes d'artillerie furent considérablement réduites par le fait de la substitution du timon à la limonière; les chevaux furent attelés par paires au lieu de l'être en flèche. Huit hommes, appliqués aux bricoles et aux leviers pouvaient manœuvrer la pièce de 4 dans tous les terrains; celles de 8 et de 12 en exigeaient de huit à douze, ou de douze à quinze, suivant les difficultés du sol [1].

Adopté en 1765, le matériel de Gribeauval devint presque immédiatement l'objet d'ardentes critiques [2]: des adversaires, instruits, considérables par leur situation présente ou leurs services passés, à la tête desquels se trouvait le fils même de Vallière, s'attaquèrent avec véhémence à des innovations qu'ils qualifiaient sévèrement. Gribeauval et ses partisans répondirent par des écrits destinés à réfuter les objections de leurs contradicteurs. L'Académie des sciences retentit des échos de cette polémique. Finalement Gribeauval sortit vaincu de la lutte, et une ordonnance de 1772 prescrivit de revenir à

le départ du coup. On imagina de faire traverser la bombe de part en part par la fusée. La partie de cette fusée placée en contact direct avec la charge, fut percée de trous, en sorte que la déflagration mettait en même temps le feu au pulvérin d'où il se communiquait à la poudre incluse dans la bombe. Pour cette raison, on dit que l'obusier était « à un feu ». Cette pièce nouvelle était portée par un affût à roues, analogue à celui des canons de campagne.

1. Tous les renseignements qui précèdent sont en grande partie extraits de l'ouvrage de FAVÉ.

2. On doit encore à Gribeauval tout un matériel de place, de siège, de côte, de montagne, toute l'organisation du service des ponts militaires.

l'état de choses antérieur, c'est-à-dire au matériel Vallière père. Mais le triomphe du fils fut de courte durée, car la querelle fut, en 1774, soumise de nouveau au jugement des maréchaux de France, réunis en comité, et le matériel Gribeauval fut déclaré supérieur à l'ancien pour le service de guerre[1]. En 1776, la place d'inspecteur général fut confiée à l'homme qui avait tant fait pour la grandeur de l'artillerie. Il travailla avec une nouvelle ardeur à perfectionner et à arrêter toutes les parties de son système; il fit graver et imprimer les dessins et les tables qui portent son nom; ce travail, nécessaire pour déterminer la construction de toutes les parties d'un matériel immense, suffirait seul à la gloire de l'ingénieur éminent qui, le premier, a donné à l'artillerie la fixité et l'uniformité de tous les éléments dont elle se compose[2]. Les guerres de la Révolution et de l'Empire dont Gribeauval ne devait pas être le témoin, mais qui devaient se faire avec son matériel, allaient se charger de prouver au monde toute la grandeur de son œuvre[3].

Durant le xviiie siècle, les connaissances balistiques, restées jusque-là fort rudimentaires, se ressentirent des progrès accomplis par les mathématiques, la physique et la mécanique. On sait que Newton, en 1710, avait exprimé la loi de la proportionalité de la résistance de l'air au

---

1. *Collection des mémoires authentiques qui ont été présentés à à MM. les maréchaux de France, assemblés en comité, pour donner leur avis sur les opinions différentes de MM. de Gribeauval et de Saint-Auban, au sujet de l'artillerie.*

2. Favé. *Loc. cit.*, IV, p. 153.

3. Gribeauval mourut en 1789.

carré de la vitesse du projectile, ce qui ne l'avait pas d'ailleurs empêché de pressentir que, pour des vitesses très considérables, la résistance devait croître plus rapidement encore. A Bernouilli revint la gloire de donner une solution mathématique au problème balistique qu'en 1719, le géomètre anglais Keill lui posa en ces termes : « Déterminer le mouvement d'un globe pesant, dans un milieu de densité uniforme offrant une résistance proportionnelle au carré de la vitesse ». En 1739, le physicien Bélidor étudia le phénomène de la déflagration de la poudre et s'efforça de déterminer l'influence de la charge sur la portée ; il démontra, le premier, que celle-ci n'est nullement proportionnelle au poids de celle-là comme on l'avait cru jusqu'alors ; il rédigea des tables, basées sur des expériences méthodiques et donnant les portées des différents mortiers, sous l'angle de 15 degrés et pour les diverses charges employées. Malheureusement, les mortiers en service n'étaient pas tous comparables à ceux dont il s'était servi, et leurs chambres à poudre notamment revêtaient des formes très variées (cylindre, tronc de cône, ovoïde), en sorte que Bélidor qui avait établi les premières tables pratiques de tir, se heurta, parce qu'il n'avait pas d'emblée résolu toute la question, à l'animosité d'adversaires puissants et tenaces, les mêmes que Gribeauval devait rencontrer sur son chemin quelques années plus tard : la diminution du poids de la charge à quoi conduisaient normalement les travaux de Bélidor, n'entraînait-elle pas, en effet, la diminution de la longueur et de l'épaisseur des pièces tant prônées par Vallière ?

Euler reprit le problème de la trajectoire sur les mêmes données que Bernouilli, après avoir vainement cherché à le traiter, en introduisant dans la valeur de la résistance de l'air, un terme proportionnel à la quatrième puissance de la vitesse. Il fixa toutes les particularités de la courbe décrite par le boulet : sa forme plane, la dissemblance de ses deux branches montante et descendante, sa courbure, ses asymptotes ; il établit la vitesse sur chaque branche, montra que le minimum est au delà du sommet, contrairement à ce qui se passe dans le vide ; il prouva l'inégalité des portées pour des angles de tir également distants de 45 degrés et démontra que la portée maxima correspond à un angle d'autant plus inférieur à cette inclinaison que le projectile est animé d'une vitesse plus grande, que sa densité est plus petite et que celle du milieu ambiant est plus considérable, etc. Il essaya de rédiger des tables qui, disait-il, devaient « suffire pour calculer tous les cas qui pouvaient se présenter dans l'artillerie, presque aussi promptement que dans l'hypothèse de Galilée[1] ».

Euler avait connu, traduit en allemand, et commenté, les travaux d'un savant physicien anglais, Benjamin Robins, qui s'était efforcé de mesurer la vitesse des projectiles et qui, pour ce faire, avait imaginé le « pendule balistique ». Les oscillations de cet instrument sous le choc du boulet avaient servi à démontrer l'inexactitude de la loi de Newton pour des vitesses supérieures à 1.100 pieds anglais par seconde, et à

---

1. Le mémoire d'Euler date de 1753. En 1764, Grawenitz, en Allemagne, publia des tables basées sur les formules d'Euler.

comparer la valeur balistique des poudres. Envisageant l'artillerie « comme un art expérimental, Robins ne s'était pas contenté, comme les géomètres, d'admettre diverses lois physiques pour appliquer le calcul à des hypothèses ; il avait sans cesse pris l'observation pour guide, en n'admettant l'analyse mathématique et le raisonnement que comme auxiliaires. Cette méthode l'a conduit à des déductions qui présentent un caractère de pénétration dont l'histoire de l'artillerie offre bien peu d'exemples [1] ». Etudiant le frottement des projectiles dans l'âme, il se rendit compte de l'existence de la « dérivation », en reconnut la véritable cause — le mouvement de rotation dont le projectile est animé — et finalement proposa de régulariser ce mouvement en utilisant des canons rayés [2] : il comprit que des pièces de ce genre ne pourraient plus tirer le boulet rond, entrevit le projectile oblong et, par comparaison avec la toupie, montra que, grâce à la résistance de l'air, et pourvu qu'il eût une vitesse suffisante, son axe demeurerait constamment sur la tangente à la trajectoire, ce qui en assurerait la stabilité. Il fit lui-même l'essai de « quelques inventions qui s'étaient présentées à son esprit », mais ne poussa pas plus loin. Il alla cependant jusqu'à préconiser le chargement de ses pièces imaginaires par « la culasse qui a plus de capacité que toute autre partie » et proposa, à cet effet, de « faire entrer la poudre et le

1. Favé. *Loc. cit.*, IV, p. 210.

2. Après sa sortie de la bouche de la pièce, le projectile s'écarte peu à peu du plan vertical passant par l'axe du canon : c'est ce qu'on appelle la « dérivation ». La trajectoire dans l'air n'est donc pas exactement plane.

boulet par une ouverture pratiquée dans le côté de la pièce, après quoi on la referme avec une vis ». Il osa enfin cette phrase prophétique : « J'ajouterai seulement que la nation chez qui l'on parviendra à bien comprendre la nature et l'avantage des canons rayés, où l'on aura la facilité de les construire, où les armées en feront usage et sauront les manier avec habileté, que cette nation, dis-je, acquerra sur les autres une supériorité, quant à l'artillerie, égale à celle que pourraient lui donner toutes les inventions qu'on a faites jusqu'à présent pour perfectionner les armes quelconques [1] ».

Euler refusa d'admettre la cause attribuée par Robins à la dérivation. Le prestige exercé par ce grand savant, joint aux services immenses qu'il avait rendus à la balistique, fit accepter son erreur comme une vérité, et près de cent ans s'écoulèrent avant qu'il fut fait des expériences décisives dans la voie que Robins avait ouverte [2]. Les incertitudes des hommes de science les plus qualifiés, les divergences entre leurs théories et les constatations de la pratique, ne contribuèrent pas peu à détourner les officiers du corps de l'artillerie d'études ardues dont ils n'apercevaient pas l'immédiate utilité. En publiant, en 1798, de nouvelles tables de tir qui portent son nom, très complètes et très précieuses, mais dont il ne se dissimulait pas le caractère approximatif, Lombard déplore cet état d'esprit en ces termes : « On pense assez communément

---

1. Il n'est donc pas inutile d'ajouter que c'est encore Robins qui fournit le principe de la hausse dont, vingt ans plus tard, Gribeauval décida l'adoption.

2. FAVÉ. *Loc. cit.*, IV, p. 221.

que le tir des bouches à feu n'exige pas des
lumières bien transcendantes, qu'il est même
facile, avec un peu d'expérience, de parvenir à
toute la justesse que l'on peut désirer. Quelque
faux que soit un tel préjugé, quelque préjudi-
ciable qu'il puisse être au bien du service, je con-
viens que le succès de plusieurs opérations d'artillerie, quoiqu'elles n'aient point été éclairées
du flambeau de la théorie, a pu y donner lieu et
le justifier à certains égards. Mais, si l'on jette
un œil attentif sur cet ouvrage ; si l'on y trouve
des règles de pratique qui sont le fruit d'une profonde connaissance des sciences physico-méca-
niques, et de la force de la poudre ; si le calcul
infinitésimal est l'instrument qu'il a fallu employer
pour découvrir des vérités utiles ; on sera obligé
de convenir aussi qu'avec ces secours, le service
de l'artillerie ne peut avoir que des succès plus
constants, plus uniformes et moins incertains[1] ».

Néanmoins, malgré que les études balistiques
restassent encore l'apanage d'un nombre restreint d'esprits éclairés, l'impulsion était donnée.
« On étudia et l'on apprécia mieux, isolément et
dans leur ensemble, les diverses circonstances
qui dominent le tir ; on apprit des faits que l'on
ignorait et l'on connut davantage ceux que l'on
savait déjà » ; des traités parurent qui résumèrent
les travaux des savants, en les mettant à la
portée, non seulement « des personnes familia-
risées avec les sciences mathématiques, mais
encore de celles à qui ces connaissances étaient
presque étrangères et pour lesquelles les longues

---

1. *Nouveaux principes d'artillerie de M. Benjamin Robins*, com-
mentés par *M. Léonard Euler*, *traduits de l'allemand, avec des notes*,
par LOMBARD. Préface. p. 2.

explications, la répétition des mêmes idées différemment présentées, n'étaient pas superflues[1] ».

Les travaux théoriques, impuissants à donner seuls des solutions aux problèmes complexes du tir, se poursuivirent concurremment avec les expériences, et les nombreuses et intéressantes questions pratiquement traitées par Lombard, puis résumées en ses tables, restent comme un témoin du chemin considérable déjà parcouru vers la fin du XVIIIᵉ siècle.

§ 2. — Personnel et organisation.

Une ordonnance de 1720 avait fondu Royal-artillerie et Royal-bombardiers en un seul corps (de 5 bataillons) qui engloba canonniers, bombardiers, ouvriers et mineurs, mais dont les fusiliers furent exclus. Le roi resta colonel, le grand maître colonel-lieutenant, mais le commandement effectif fut exercé par un colonel inspecteur[2]. Les différents bataillons, placés sous les ordres de lieutenants-colonels, tinrent garnison à Metz, Strasbourg, Grenoble, Perpignan (puis Besançon), et la Fère ; des écoles furent fondées en ces villes pour la formation des officiers, et des terrains d'exercices, ou « polygones », aménagés pour l'instruction du personnel[3].

Depuis 1686, les officiers du régiment royal de l'artillerie jouissaient, en principe, de l'assimilation avec les artilleurs proprement dits, mais, généralement confinés dans leurs fonctions de

---

1. *Nouvelles expériences d'artillerie*, par Ch. HUTTON. II, pp. 1 et 2.

2. Le premier poste de ce genre fut tenu par Vallière père.

3. Une sorte d'école supérieure fonctionna à Châlons.

commandants de troupe, ils se sentaient en état
d'infériorité vis-à-vis des constructeurs, tandis
que ceux-ci, absorbés par leurs études, man-
quaient au contraire de pratique. A l'effet de supprimer toute distinction entre officiers des deux
branches, l'assimilation fut de nouveau décrétée
en 1722, et le même habit bleu à ornements
rouges donné à tous. En outre, des places de
commissaires furent attribuées, en nombre de
plus en plus grand, aux officiers de Royal-artillerie[1].

La guerre de succession de Pologne ajourna
jusqu'en 1737 toute nouvelle transformation.
Durant cette campagne, on avait trouvé l'artillerie mal protégée par celles des troupes d'infanterie
qui en avaient assumé la garde; on rétablit donc
une proportion de plus d'un tiers de fusiliers
dans chacune des compagnies des bataillons.
En 1741, la guerre de succession d'Autriche mit
les troupes françaises en contact étroit avec les
Allemands et surtout avec l'armée de Frédéric :
elles y acquirent quelques enseignements précieux, notamment l'usage de la gargousse et les
avantages de l'attribution constante d'une brigade de 10 à 20 pièces à chaque division d'infanterie.

Jusqu'à cette époque, l'artillerie d'une armée
n'avait jamais formé qu'un bloc, actionné directement par le général en chef, ou mis en tout ou
partie, mais toujours à titre provisoire, à la dis-

---

1. La correspondance des grades fut la suivante : lieutenant-colonel commandant un bataillon à lieutenant du grand maître ; deux
premiers capitaines à commissaires provinciaux ; les autres capitaines à commissaires ordinaires ; les lieutenants à commissaires
extraordinaires.

position d'un commandant soit d'aile, soit de centre. L'équipage d'une armée de 100.000 hommes, par exemple, comportait 80 canons (6 de 12, 4 de 8, 70 de 4), approvisionnés à 100 ou 150 coups. Le tout était divisé en 8 brigades dont une, constituée avec les pièces de 12 et de 8, était dite « de parc » et formait une sorte de réserve, tandis que les 7 autres, faites chacune de 10 canons de 4, étaient dénommées « légères ». Chaque brigade traînait avec elle ses munitions, ses outils, ses approvisionnements et ses rechanges. Le parc complet exigeait plus de 1.500 chevaux[1]. Désormais chaque division d'infanterie se vit affecter une brigade d'artillerie qui marcha, campa et combattit avec elle.

Après la désastreuse campagne de Bohême, les 5 bataillons de Royal-artillerie ne furent plus en état de fournir les canonniers et les bouches à feu nécessaires aux armées : on eut recours à des expédients. Le maréchal de Saxe dota chaque bataillon d'infanterie de deux pièces légères, imitées des anciens canons à la Suédoise. Gribeauval avait prévu que cette poussière d'artillerie, mal servie, procurerait plus d'embarras que d'avantages : il ne fut pas écouté[2]. Abandonné une première fois, puis réglementé en 1757 et de nouveau négligé, cet essai sera repris dans l'avenir, et notamment par Napoléon, mais toujours avec le même insuccès.

En 1744, les officiers du génie commencèrent

1. Espiard de Collonge. *Artillerie pratique employée sous les règnes de Louis XIV et de Louis XV*, pp. 99 et suivantes.

2. Cet échec détermina son départ pour l'Autriche, alors alliée de la France. Il devait en revenir illustre et prêt à doter son pays du matériel dont nous avons parlé.

à se détacher de l'artillerie ; les ingénieurs du roi, chargés des ponts et chaussées, inaugurèrent la scission ; toutefois les ingénieurs militaires continuèrent à faire partie de l'arme, mais ils eurent, dès 1748, une école particulière à Mézières puis à Metz ; les compagnies de mineurs n'exécutèrent plus que les travaux de leur spécialité ; les états-majors furent distincts. En 1755, la suppression du grand maître plaça le corps royal de l'artillerie et du génie sous l'autorité immédiate du ministre et du roi ; toute différence de dénominations fut supprimée entre officiers de l'état-major particulier et du corps royal proprement dit ; il n'y eut plus qu'une seule liste d'ancienneté comprenant des lieutenants-colonels, capitaines en pied, capitaines en second et lieutenants.

En 1758, les ressources de l'État permirent de former un 6ᵉ bataillon auquel s'adjoignit, en 1762, le bataillon dit « des colonies » dont le maintien parut dérisoire après la perte de nos possessions d'outre-mer ; en revanche, les ingénieurs militaires conquirent leur autonomie, mais les mineurs et les sapeurs continuèrent, pour quelque temps encore, à faire partie de l'artillerie.

Le corps royal comprit donc : des troupes spécialement affectées au service de toutes les bouches à feu ; des écoles, dont la plus importante à Châlons, consacrées à la formation d'élèves-officiers ; un service de production, d'entretien et de conservation du matériel, assuré par des officiers temporairement spécialisés et par des employés permanents recrutés parmi les sous-officiers du corps. Officiers et employés, groupés en directions, ou chargés de la surveillance d'établissements privés, pouvaient être détachés aux armées pour y gérer le matériel des équipages et les magasins mobiles appelés parcs. La direction technique et administrative de tout le corps fut réservée au ministre et exercée, sous ses ordres, par un certain nombre d'inspecteurs généraux, délégués annuellement pour visiter toutes les troupes et places d'une région déterminée [1].

Trois ans plus tard, en 1765, Gribeauval, avec l'assentiment du ministre Choiseul, apporta à l'organisation de l'arme des modifications qui témoignent de l'esprit pratique de ce grand artilleur : les bataillons prirent le tire de « régiments » qu'ils devaient désormais conserver ; chaque régiment fut divisé en brigades commandées par des majors qui eurent charge « de veiller à l'instruction de leurs officiers, de diriger leurs études, de suivre leurs progrès, de leur enseigner les applications à faire de la théorie à la pratique, et enfin de leur donner toutes les connaisances relatives aux opérations militaires et aux détails de l'artillerie qui ne sont pas de la compétence des professeurs de mathématiques [2] ». Le principe de l'affectation d'un personnel déterminé au service d'une division (batterie) et, dans la batterie, au service de chaque bouche à feu, fut nettement posé ; désormais, le canon, ses munitions et ses canonniers formèrent un tout inséparable ; le complément de cette heureuse innovation, c'est-à-dire l'adjonction à cette unité initiale des chevaux et conducteurs nécessaires pour en

---

1. De Reviers de Mauny. *Le corps de l'artillerie de France* (Revue d'artillerie, XLVI, p. 575).

2. Ordonnance du 13 août 1765.

assurer la mobilité, ne devait être adopté que beaucoup plus tard.

On sait qu'en 1772, l'influence de Gribeauval, sapée par Vallière fils et ses partisans, subit une éclipse de courte durée, mais le 3 octobre 1774, le titre de premier inspecteur général de l'artillerie consacra définitivement cette influence. Par l'élévation de son caractère que secondait une grande intelligence, Gribeauval s'attira graduellement le respect de tous. Un an avant sa mort, en 1788, « il prit place dans le conseil qui fut chargé de remanier l'organisation de l'armée tout entière, et dont les travaux furent mis à profit par les assemblées qui exercèrent le pouvoir souverain pendant la Révolution [1] ».

1. Favé. *Loc. cit.*, IV, p. 161.

CHAPITRE III

DE 1789 A 1858.

§ 1. — Matériel, pointage et tir.

Système de l'an XI (1803). — Le matériel de Gribeauval était en service depuis près de quarante ans ; il avait fait toutes les campagnes de la Révolution et du Consulat : s'il y avait donné des preuves de qualités nombreuses, il avait aussi révélé pratiquement quelques défauts. Outre qu'il était d'un poids assez élevé (plus de 2.000 kilogs pour le canon de 12), il paraissait le devenir plus encore au fur et à mesure que la stratégie et la tactique tendaient davantage vers une guerre de mouvements ; aussi le canon de 4 était-il généralement seul affecté aux divisions d'infanterie, le 8 et le 12 demeurant à la réserve pour n'être mis en position qu'une fois la bataille engagée. L'exagération du poids, jointe à ce fait que les charretiers, n'ayant aucun désir de s'approcher des points dangereux, mettaient les canonniers dans l'obligation de traîner leurs pièces à la bricole, rendait les mises en batterie lentes et pénibles en certains terrains. La manœuvre s'aggravait d'une autre difficulté : la réunion de l'affût avec son avant-train était réalisée au moyen d'un système à contre-appui quelque peu compliqué ; la séparation, et surtout la jonction, des deux trains de la voiture devenaient des opérations difficiles ; on les évitait donc le plus possible et la manœuvre à la prolonge, sorte de long câble attaché à l'affût séparé de son avant-train, était de règle générale, mais en ce cas, il n'était plus possible de tourner que sur des circonférences de grand rayon ; il fallait s'installer sur des terrains plats, exempts de rocs et de broussailles ; encore la pièce restait-elle soumise à des fouettements nuisibles à sa solidité et dont le contre-coup fatiguait les attelages. Enfin, comme l'affût ne portait entre ses flasques qu'un coffret à munitions de dimensions exiguës, force était de maintenir sur la ligne de feu un ou plusieurs caissons, poudrières toujours exposées à l'explosion.

Les obusiers, de leur côté, étaient trop courts et, par suite peu efficaces malgré le poids relativement considérable de leur projectile. On ne savait pas encore fabriquer des obus creux capables de supporter de fortes pressions sans éclater dans l'âme, et Gribeauval, renonçant à imprimer aux obus une vitesse comparable à celle des boulets, avait réglé la longueur de ses obusiers sur celle du bras de l'homme, pour permettre de placer la bombe à la main, la fusée en avant. En outre, trop léger, l'obusier de 6 pouces brisait quelquefois son affût.

En l'an XI (1803), une commission de savants et de généraux se réunit pour décider de la création d'un matériel nouveau. Elle jugea le canon de 8 trop peu différent du 12 et ne maintint que ce dernier ; quant au canon de 4, elle l'estima trop faible vis-à-vis des calibres en usage dans les principales artilleries étrangères et lui substitua le 6. Cette dernière innovation permit d'utiliser une immense quantité de pièces et de projectiles de ce calibre tombés entre nos mains dans les précédentes campagnes. Au 12 et au 6, la commission ajouta un obusier et un mortier de 24.

Des modifications furent apportées aux détails du matériel, les unes heureuses, les autres plus contestables et dont beaucoup n'eurent qu'une existence éphémère.

Le système de l'an XI, en résumé, ne marque aucun progrès sensible dans l'évolution des constructions de l'artillerie. Il tendit, sans raisons essentielles, à l'abandon d'un matériel qui, à coup sûr, présentait quelques défectuosités mais qui avait fait ses preuves sur maint champ de bataille, pour lui en substituer un autre insuffisamment étudié, supérieur en quelques points, inférieur généralement. Aussitôt après la rupture de la paix d'Amiens, la logique des événements se chargea de corriger l'œuvre de la commission de l'an XI. En compagnie du canon de 6 et de l'obusier de 24, le matériel de Gribeauval survécut, pour la plus grande gloire de l'artillerie française; il ne devait disparaître qu'en 1827, plus de soixante ans après son adoption.

Matériel Valée (1827). — En 1825, « les hommes de grande expérience qui formaient le comité de l'artillerie, réunissant leurs observations sur l'ensemble et les détails du matériel de Gribeauval et des modifications apportées à ce matériel par le décret de l'an XI, furent en majorité d'avis que le temps était venu de donner aux bouches à feu de campagne toute la mobilité dont elles étaient susceptibles [1] ».

L'artillerie anglaise dont les guerres d'Espagne nous avaient permis de constater, à nos dépens, la supériorité sur ce point, fut le modèle qu'ils se proposèrent d'imiter en le perfectionnant. Sous l'impulsion du futur maréchal Valée, le dernier des successeurs de Gribeauval comme premier inspecteur général de l'artillerie, les études aboutirent à l'adoption du matériel dit « de 1827 ». Les données, quant à la forme des voitures, en furent basées sur une expérience si avertie, que, depuis lors, on n'y a plus jamais renoncé.

A l'imitation du matériel anglais, les deux trains furent réunis à suspension, au lieu de l'être à contre-appui (fig. 13) et, de ce fait, jouirent d'une indépendance qui facilita singulièrement la mobilité et les mises en batterie. L'affût qui allait en s'amincissant vers la crosse,

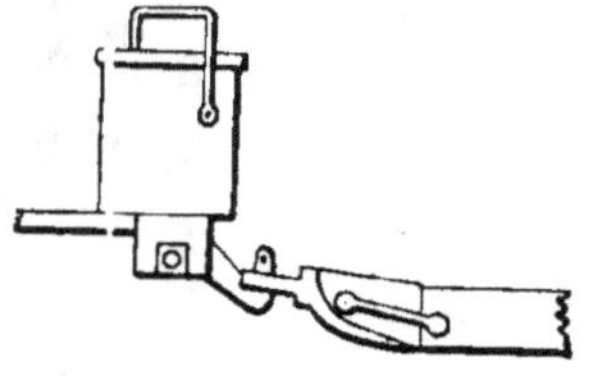

Fig. 13.

et la flèche de l'arrière-train de caisson qui était plus mince encore, autorisèrent des tournants plus courts; l'ancien coffret à munitions, porté directement par l'affût, céda la place à un coffre plus vaste fixé sur l'avant-train; l'arrière-train de caisson supporta deux de ces coffres; on profita de leur présence pour y faire asseoir les servants; l'artillerie « montée », capable de transporter son personnel au trot, dans tous les terrains, était née.

Les pièces en usage ne subirent aucune modi-

1. SUSANE. *Loc. cit.*, p. 240.

fication, mais on ne conserva que les calibres de 8 et de 12, auxquels on adjoignit deux obusiers de 15 et de 16 centimètres, adaptables aux mêmes affûts que les deux canons. Plus longs que celui de Gribeauval, ces obusiers furent approvisionnés en projectiles montés sur des sabots de bois, qui s'arrêtaient à l'entrée de la chambre à poudre, la fusée en avant.

La découverte récente du fulminate d'argent (Leroy, 1820) amena le remplacement de la lance à feu par une étoupille à composition fulminante [1].

MATÉRIEL MODÈLE 1853. L'OBUSIER DE 12. — Jusqu'en 1853, le matériel d'artillerie ne reçut aucune modification notable. Dès avant ce moment, l'idée d'un système où régnerait l'unité de calibre s'était fait jour ; elle se mit d'autant mieux au premier plan de l'actualité que le prince Louis-Napoléon, président de la République, s'en fit l'ardent protagoniste. « Certes, l'état actuel (de l'artillerie) est simple, relativement au passé ; on ne saurait nier pourtant qu'il ne présente encore de la complication et des inconvénients. Le général a-t-il besoin, dans une bataille, de porter très rapidement ses batteries de réserve au point décisif, il n'a sous la main que des bouches à feu pesantes. L'ennemi bat-il en retraite, on marche rapidement pour achever sa déroute, mais un poste défendu par de gros canons le protège ; alors le général qui n'a que

---

1. A la vérité, on se servait déjà d'étoupilles : c'était des tubes de roseau, remplis d'une pâte de pulvérin et amorcés avec des bouts de mèche. Le fulminate remplaça la mèche ; on y mit le feu par traction sur un fil de cuivre rugueux traversant la composition fulminante.

des pièces de 8, regrette les batteries de 12 restées en arrière... Les inconvénients qui se présentent dans une guerre heureuse ne sont rien auprès de ceux que l'on éprouve dans les revers. Alors certaines pièces qui ont le plus tiré ont épuisé leurs munitions ; certains caissons ont été abandonnés faute de chevaux, ou pris par l'ennemi ; dans le désordre de la retraite, les batteries se trouvent loin des parcs dont elles ignorent la position. Alors des canons ou obusiers n'ont plus de munitions, bien que, à côté, se trouvent des cartouches d'une autre espèce, d'un autre calibre, qui restent inutiles, faute de pièces. Il arrive ainsi quelquefois que l'artillerie conduit des machines inertes qui encombrent les colonnes et ne font plus qu'entraver les manœuvres des troupes obligées de les protéger [1] ».

L'idée était séduisante en raison de la grande simplification qui devait en résulter dans la constitution des approvisionnements. Pour la mettre à exécution, il fallait que le canon rêvé alliât la puissance à la légèreté. Le choix porta sur le calibre de 12, le plus puissant, et, pour l'alléger, on réduisit le poids de la pièce par un triple procédé : réduction des poids de la charge et de la pièce, par conséquent adoption d'un obusier au lieu d'un canon, placement de la bouche à feu nouvelle sur un affût de 8. Les seuls projectiles devant être le boulet, l'obus et la boîte à balles, l'artillerie française ne compterait plus qu'un canon — le canon-obusier de 12, — un affût et trois sortes seulement de projectiles. Restait à

____

1. *Nouveau système d'artillerie de campagne de Louis-Napoléon Bonaparte, président de la République*, par FAVÉ. p. 12.

réaliser l'obus dont on entendait augmenter beaucoup la proportion dans les approvisionnements, en raison du puissant effet moral qu'on lui attribuait. Depuis longtemps, des tentatives avaient été faites pour lancer avec des canons, sous des vitesses initiales assez grandes, des projectiles creux analogues aux bombes à faible vitesse employées dans les mortiers. Les artilleurs des XVIe, XVIIe, et XVIIIe siècles, ceux de 1794-95 qu'aidaient cependant les conseils de Monge, ceux de 1800, avaient tous échoué : avant de lancer des obus, il fallait donner à leurs parois une résistance suffisante, éviter les éclatements prématurés ; il y eut de nombreux accidents. L'art de couler la fonte ayant progressé, Paixhans, en 1824, reprit les expériences en vue d'une application à la guerre navale; il obtint plus de succès, et, en 1836, tous nos vaisseaux, comme ceux d'ailleurs des marines étrangères, furent munis de gros canons à la Paixhans. Un peu plus tard, on réussit même à combler le vide de l'obus non seulement avec de la poudre (obus ordinaire), mais encore avec des balles et l'on eut « l'obus à balles » ou « shrapnel[1] ». En 1853, le problème était donc soluble, à l'exception toutefois de ce qui regardait la fusée. Le complément indispensable d'un obus à balles était une fusée à durée de combustion variable : on dut se contenter de l'armer tantôt d'une fusée qui le faisait

---

1. Le capitaine anglais de ce nom avait inventé son obus à balles dès 1808 ; il évitait le frottement des grains de la poudre intérieure, cause d'éclatements dans l'âme, en supprimant le soufre de cette poudre. Cette particularité n'avait pas échappé à ceux qui avaient procédé à l'analyse des obus anglais tombés entre nos mains pendant les guerres d'Espagne, mais elle n'avait pas suffisamment attiré leur attention.

éclater à l'extrémité de sa course, tantôt et plus souvent, d'une fusée qui en déterminait l'explosion entre 800 et 1.000 mètres.

Le système de 1853 comporta certainement un côté très juste et présenta des avantages sérieux, mais il eut le tort de suivre de trop près l'adoption générale des armes portatives rayées, présage avant-coureur d'une transformation analogue dans l'artillerie : l'armée française fit avec le canon-obusier de 12 la campagne de Crimée ; six ans plus tard, lors de l'expédition d'Italie, il était déjà officiellement, et en partie effectivement remplacé.

Durant la longue période qui s'est écoulée entre 1789 et 1858, les procédés de pointage de l'artillerie de campagne n'ont guère différé de ceux en usage sous Gribeauval ; cependant, des tables de tir plus exactes ayant été dressées, on apprit à mieux connaître la correspondance existant entre les distances et les portées, entre ces dernières et les divisions de la hausse. La distance connue, on eut chance de frapper dans les environs de l'objectif, mais avec quelle approximation ! « Cette distance, écrit un auteur de 1816, qui peut s'évaluer dans les sièges par les procédés de l'art, ne peut l'être dans le tir des pièces de campagne, destinées à agir contre des troupes toujours en mouvement et qui ne présentent point de but constamment fixe comme le rempart d'une place ». Aussi recommande-t-il aux canonniers de s'exercer à l'évaluation des distances à vue et surtout de se faire une idée précise des distances qui correspondent au but en blanc de chaque calibre. Il pense qu'ils éviteront ainsi

« les tàtonnements qui proviennent de la fausse estimation des distances », et qu'ils pourront « obtenir, aux premiers coups, sur un terrain quelconque, des effets satisfaisants pour les usages ordinaires de l'artillerie[1] ». En 1852, les règles pratiques de pointage préconisées par un artilleur éminent, Piobert, se réduisaient à ceci : « Si l'on veut atteindre un objet plus éloigné que le but en blanc, il faut viser au-dessus du but, ou relever la ligne de mire naturelle, en visant par un point élevé au-dessus de la plate-bande de culasse d'une certaine quantité qu'on appelle hausse, comme l'instrument qui sert à la mesurer. Si le but est en deçà de ce point, il faut viser au-dessous[2] ». Gribeauval ne parlait pas autrement !

Des tirs raisonnés et minutieusement conduits fournirent les éléments de tableaux indiquant l'efficacité probable des bouches à feu en service sur les divers objectifs. Ç'eût été peu, si des progrès considérables, basés sur la théorie mais confirmés par l'expérience, n'étaient venus clore, en fait de système d'artillerie, le règne de l'empirisme et fixer des relations nécessaires entre les parties essentielles du matériel.

En outre d'une théorie complète sur la traction des voitures, deux sciences nouvelles virent le jour : la balistique intérieure et la balistique extérieure[3]. Gay-Lussac ne dédaigna pas de s'y

---

1. *Essai sur l'art de pointer toute espèce de bouche à feu*, par POUMET, p. 112.

2. *Traité d'artillerie théorique et pratique*, par PIOBERT, p. 178.

3. La balistique « intérieure » a pour objet l'étude du mouvement des projectiles dans les armes, de toutes les circonstances qui agissent sur ce mouvement et de ses conséquences immédiates. (DESDOITILS. *Balistique intérieure*. p. 4.)

La balistique « extérieure » a pour objet l'étude du mouvement

intéresser [1], Poisson en fut le représentant le plus illustre et Piobert, avec Didion, les ouvriers les plus habiles et les vulgarisateurs les plus consciencieux. En 1829, Poisson publia ses *Formules relatives aux effets du tir d'un canon sur les différentes parties de son affût pour calculer la grandeur et la durée du recul.* Il en déduisit des conclusions pratiques que l'observation confirma pleinement, notamment en ce qui concerne les poids relatifs de la pièce et de l'affût, les efforts supportés par l'essieu, la masse à donner aux roues. Bien qu'il ne connût pas la « loi de la force du gaz pendant la combustion de la poudre » et qu'il ne tînt pas compte de la « flexibilité des différentes parties de l'affût, ce qui, disait-il, rendait le problème impossible à résoudre [2] », Poisson l'épuisa si bien, ce problème, qu'aujourd'hui, alors que « nous connaissons la loi des pressions dans l'âme des canons », nous ne pouvons pas « considérer sa solution comme plus avancée que du temps de Poisson », car les expériences tentées « en vue de déterminer les forces élastiques, ont donné des résultats trop peu concluants [3] ». Dès lors, on commença à entrevoir l'importance considérable de la « densité de chargement », c'est-à-dire du rapport du poids de la charge au volume de la chambre à poudre, et l'on imagina les gargousses allongées aux dépens du diamètre, ce qui dimi-

---

du projectile en dehors de la bouche à feu, dans le vide, dans l'air et dans un milieu résistant quelconque. (LETOURMY. *Balistique extérieure et rédaction des tables de tir*, p. 1.)

1. Sans parler de Borda, Bezout, Legendre et Français.

2. S.-D. POISSON. *Formules relatives aux effets du tir*, p. 1.

3. LETOURMY. *Affûts et effets du tir sur les affûts*, p. 21.

nua les pressions dans l'âme et contribua grandement à prolonger la durée des bouches à feu.

De la balistique extérieure, Poisson écrivait, en 1837 : « La théorie de la résistance que les fluides en général, et l'air en particulier, opposent au mouvement des corps qui les traversent, n'est, jusqu'à présent, qu'une ébauche très imparfaite »[1]. A plusieurs reprises, il traita la question devant l'Académie des Sciences qui en fit le sujet du grand prix de physique[2]. Une Commission, instituée à Metz, fut chargée de la recherche des lois pouvant servir à l'établissement des principes du tir ; d'autre part, des expériences exécutées à Lorient à l'aide des pendules balistiques, aboutirent à l'adoption de formules relativement simples, établissant des relations entre la vitesse et le poids d'un projectile, entre la vitesse et la charge, entre la charge, le poids et le recul. Le général Didion enfin qui était depuis longtemps membre de la commission de Metz et professeur à l'école d'application, publia, le premier, un traité complet de balistique extérieure. Ayant reconnu que la difficulté de trouver une équation de la trajectoire qui concordât pleinement avec les résultats de l'expérience, « ne résidait pas tant dans la méthode du calcul que dans l'hypothèse sur la loi de la résistance de l'air[3] » (loi de Newton), il fit usage d'une expression binôme et posa l'équation différentielle de la trajectoire. Comme elle n'était malheureusement pas intégrable, il usa d'un artifice resté célèbre et qui a

1. *Mémoires sur le mouvement des projectiles dans l'air*, p. 1.

2. Piobert, Morin et Didion, trois artilleurs, furent déclarés lauréats.

3. *Traité de balistique*, par DIDION, p. 7.

trouvé depuis, bien des imitations[1] : dès lors, le problème balistique, notamment dans le cas du tir tendu, entra dans la voie des calculs abordables. L'accord entre les formules nouvelles et l'observation dépassa de beaucoup l'exactitude que l'on peut demander dans les applications les plus précises[2].

L'électricité naissante vint aussi contribuer à l'avancement des connaissances balistiques : l'ancien pendule de Robins céda la place au chronographe Le Boulengé, basé sur le passage du projectile à travers deux circuits électriques placés à distances connues de la bouche à feu et qui, par la comparaison des moments de leur rupture, fournirent toutes indications utiles à la mesure des vitesses.

D'ébauche imparfaite, dont Poisson la qualifiait quelques dizaines d'années seulement auparavant, la science balistique passa donc, au cours de la première moitié du XIXᵉ siècle, à un haut

---

1. Didion s'exprime ainsi : « L'équation différentielle de la trajectoire n'est pas intégrable : mais on arrive à l'équation approchée d'un arc d'une certaine amplitude lorsque, dans cette étendue, on remplace la valeur variable du rapport d'un élément à sa projection par sa valeur moyenne, dans les termes où elle est multipliée par les coefficients de la résistance. On obtient ainsi, pour un point quelconque de cet arc et en fonction de l'abscisse, l'ordonnée, l'inclinaison de la tangente, la durée du trajet et la vitesse du projectile... Lorsque les projectiles, comme les boulets et les obus, sont animés d'une grande vitesse, les angles de projection restent très petits... Alors l'inclinaison des divers éléments de la trajectoire est très faible, et leur rapport avec leur projection horizontale peut être regardé comme égal à l'unité dans les termes où il multiplie les coefficients de la résistance de l'air. Les formules, dans ce second cas, se déduisent de celles du premier et deviennent très simples. » (DIDION. *Loc. cit.*, pp. 10 et 11.)

2. Pour faciliter les études sur les bouches à feu, Didion effectua encore le tracé de leurs trajectoires et fournit des solutions graphiques de divers problèmes balistiques.

degré de perfection. Le sillon était largement tracé dans lequel n'eurent plus qu'à s'engager les continuateurs des Piobert et des Didion.

§ 2. — Personnel et organisation

Au début de la Révolution, l'artillerie devint l'une des 5 armes composant l'armée[1]. Cette autonomie, effective depuis de longues années, fut consacrée, ainsi que l'existence des 7 régiments de l'ancien régime, par le décret du 2 décembre 1790[2]. Le poste de premier inspecteur général fut supprimé pour n'être rétabli qu'en 1800. Le 1er janvier 1791, les régiments cessèrent de porter les noms des différentes écoles d'artillerie et prirent des numéros; désormais, leurs hommes durent être aptes à tous les services de l'arme, et le nom de bombardier disparut du vocabulaire officiel.

L'année 1792 fut féconde en heureuses créations : le 1er avril, parut le premier règlement sur le service en campagne, complétant une instruction de 1786 sur le service des bouches à feu ; un nouveau régiment et 2 compagnies d'ouvriers supplémentaires portèrent à 8 et à 12 le total de ces unités; enfin et surtout, l'artillerie à cheval dont Frédéric avait déjà su faire un si fructueux usage pendant la guerre de Sept ans, fit pour la première fois son apparition en France. C'est à Lafayette que revient l'honneur d'avoir pris parti en faveur de ce genre d'artillerie et

---

1. Infanterie française, infanterie étrangère, artillerie, cavalerie, génie.

2. Exactement : 7 régiments, 6 compagnies de mineurs, 10 compagnies d'ouvriers.

d'en « avoir amené l'idée au point où l'on ne peut plus se défendre de la réaliser[1] ». Son origine fut modeste : 2 compagnies seulement furent créées et partagées entre les armées de Luckner et de Lafayette, mais elles y excitèrent un si vif enthousiasme que tous les généraux en voulurent posséder[2]. Le 17 avril, elles étaient déjà au nombre de 9, réparties entre les divers régiments ; après Valmy et Jemmapes, elles furent 30 ; la guerre en fit surgir encore une vingtaine. En un an, le personnel de l'artillerie monta de 13.000 à 20.000 canonniers.

L'an II (1793), en même temps qu'un essai d'amalgame entre les bataillons de volontaires et ceux de l'armée régulière, vit se reproduire une tentative de reconstitution de l'artillerie régimentaire. Aux 198 demi-brigades de ligne formées par amalgame, on résolut d'attacher une compagnie d'artillerie à pied servant 6 pièces de 4, c'est-à-dire 2 par bataillon. Jamais mis à entière exécution, ce projet fut complètement abandonné au début de l'an VI (1798).

Encore en l'an II les compagnies de mineurs et de sapeurs cessèrent de faire partie de l'artillerie pour appartenir au génie ; la séparation complète des deux armes fut un fait désormais accompli.

La loi du 18 floréal an III (7 mai 1795) fixa, pendant un moment de trève, la composition de l'artillerie à : 8 régiments à pied, 8 régiments à

---

1. Susane. *Loc. cit.*, p. 215.

2. Leur mobilité était extrême, car tous les servants étaient à cheval ; c'était un progrès sur les batteries prussiennes dont une partie des servants était portée sur les voitures et même sur les sousverges.

cheval, 12 compagnies d'ouvriers, et un bataillon de pontonniers. « Cette loi de l'an III correspond au moment où l'ancienne infanterie désor-
ganisée sombre tout entière dans une fusion
générale avec les bataillons de volontaires natio-
naux, pour faire place à une infanterie nouvelle.
Le corps de l'artillerie, resté seul debout parmi
ces ruines, seul survivant de ces vieux régiments
au milieu desquels il avait marché jusque-là,
prit logiquement, sans contestations, par son
droit d'ancienneté et en vertu des usages constamment suivis, la tête de la nouvelle infanterie,
et par conséquent de l'armée. La décision minis-
térielle du 16 brumaire an VI (6 novembre 1797,
qui régla le rang des troupes dans l'ordre suivant :
artillerie, génie, infanterie, cavalerie, n'a pu, du
moins en ce qui concerne l'artillerie, que constater un fait et rappeler un droit[1] ». Louis XVIII,
peu porté à favoriser l'arme qui avait produit
le général Bonaparte, consacrera ce droit par
ordonnance du 20 janvier 1815.

Cette même loi de l'an III organisa l'inspection
et la direction des détails du service du matériel
dans les établissements, augmenta le nombre des
écoles, créa des dépôts destinés à pourvoir au
remplacement des canonniers employés aux
armées[2]. Le Comité central de l'artillerie inaugura ses travaux ; tous les inspecteurs généraux
de l'arme le composèrent.

Un arrêté consulaire du 4 août 1801 réduisit
à 6 le nombre des régiments d'artillerie à cheval.
Cette mesure était en corrélation avec une inno-

---

1. SUSANE. *Loc. cit.*, p. 221.
2. L'effectif de l'artillerie fut fixé à 19 000 hommes environ.

-vation très importante qui l'avait précédée de quelques mois : la création du « train d'artillerie ». Jusqu'à cette époque, l'artillerie n'avait pas d'attelages entretenus ; elle s'adressait, soit à des charretiers de réquisition, soit à des entrepreneurs de charrois. On s'imagine sans peine quels piètres militaires et quels chevaux de labour, mal choisis, mal nourris, harnachés à la diable, on récoltait ainsi. Quant à déterminer les charretiers à s'approcher des positions, quelquefois dangereuses, où l'on devait mettre en batterie, il n'y fallait pas songer ; les pauvres canonniers, attelés aux bricoles étaient contraints de traîner eux-mêmes leurs canons jusqu'aux points à occuper. Il ne fallut rien moins que le Premier Consul pour faire disparaître cette plaie de l'artillerie et remplacer par des soldats, ces charretiers qu'on dénommait plaisamment les hussards de Lenchère, du nom du dernier entrepreneur des transports [1]. On organisa le train d'artillerie sur le pied de 8 bataillons de 5 compagnies, dont une compagnie d'élite, attachée de préférence à l'artillerie à cheval.

A la paix d'Amiens, l'artillerie comptait : 8 régiments à pied de 20 compagnies, 6 régiments à cheval de 6 compagnies, 2 bataillons de pontonniers de 8 compagnies, 15 compagnies d'ouvriers, 8 bataillons du train, une compagnie de la garde des consuls. La force totale du corps s'élevait à 19.837 hommes sur le pied de paix et 28.196 hommes sur le pied de guerre. La place de premier inspecteur général était rétablie ; son

---

1. Depuis 1795, le service des charrois de l'artillerie était exécuté en régie par un entrepreneur.

détenteur était, de droit, président du comité central de l'arme.

Durant le règne impérial, l'artillerie reçut des accroissements successifs considérables, et notamment dans la période comprise entre 1810 et 1814. A la première de ces dates, il y eut, sans parler de l'augmentation du nombre des compagnies dans chaque régiment ou bataillon : 9 régiments à pied, 7 à cheval, 19 compagnies d'ouvriers, 5 d'armuriers, 27 bataillons du train. En 1813, on créa un 3ᵉ bataillon de pontonniers et une 6ᵉ compagnie d'armuriers. La garde impériale, née de l'unique compagnie d'artillerie consulaire, et tout d'abord forte de 2 compagnies seulement, finit par comprendre : 6 compagnies à pied et autant de compagnies à cheval de Vieille Garde, 14 compagnies à pied de Jeune Garde, une compagnie de pontonniers, 2 régiments du train. En 1814, la force du corps ne s'élevait pas à moins de 80.000 hommes.

Napoléon inaugura la tactique des masses d'artillerie opposées, sur la zone où il entendait provoquer la décision de la bataille, aux batteries dispersées de son adversaire. Il avait, le premier, organisé le corps d'armée en unité autonome, la division restant toutefois la plus petite des unités comprenant les trois armes. Le commandant de corps d'armée disposait d'une réserve d'artillerie qu'il pouvait ajouter, à un moment donné, aux pièces de ses divisions ; l'Empereur, à son tour, renforçait le tout avec les batteries de sa garde, et c'est ainsi qu'il constituait ces grandes batteries de près de 100 canons qui sont restés depuis légendaires.

A partir de 1809, le rétablissement de l'artillerie régimentaire, à raison de 2 pièces par régiment, fut une des causes qui contribuèrent à la grande extension prise par l'artillerie. Cette mesure n'eut pas, sous l'empire, de meilleures conséquences qu'elle n'en avait eues pendant la révolution et sous la royauté.

La Restauration ramena l'effectif de l'artillerie de 80.000 à 17.000 hommes, et même à 12.000 après Waterloo, et fit : 8 régiments à pied, 4 à cheval, un bataillon de pontonniers, 12 compagnies d'ouvriers, 8 escadrons du train, et une artillerie de la garde royale forte d'un régiment à pied, un régiment à cheval et un régiment du train. Le comité central de l'arme dont les membres, sous l'empire, exerçaient presque tous des commandements aux armées et que Napoléon ne convoquait jamais, revécut.

En 1825, après la guerre d'Espagne, on reconnut toute l'insuffisance de l'effectif de 1815 et l'ordonnance du 27 février le doubla.

Quatre ans plus tard, en 1829, peu de temps après l'adoption du matériel Valée, l'artillerie fut réorganisée sur des principes nouveaux autant qu'excellents, mais qui, faute d'argent, ne reçurent pas une complète application. L'unité tactique, dénommée « batterie », dut renfermer tout ce qui pouvait concourir au service de ses 6 bouches à feu, soldats « servant » les canons et soldats « conduisant » les attelages, c'est-à-dire une compagnie d'artillerie et une compagnie du train, fondues en un seul tout. Les batteries de campagne, divisées en batteries « à cheval » et batteries « montées », furent servies celles-là par des « servants à cheval », celles-ci par des « servants à pied » ; toutes furent traînées par des « conducteurs » dressés, d'ailleurs, au service du canon. Ces dénominations ont survécu jusqu'à nos jours. L'artillerie, abstraction faite de celle de la garde qui ne forma plus qu'un seul régiment mixte, comprit : 10 régiments, un bataillon de pontonniers, 12 compagnies d'ouvriers. Chaque régiment compta 16 batteries, 3 à cheval et 13 à pied dont 6 au moins furent montées en temps de paix, les autres étant affectées au service des places et côtes et ne possédant pas d'attelages. Un corps spécial, dit du « train des parcs d'artillerie » eut, 6 escadrons d'attelages destinés à subvenir aux besoins de tous les services autres que celui des batteries de campagne. Les 98 batteries montées et à cheval auraient pu servir 588 bouches à feu ; les 70 batteries à pied, de leur côté, auraient porté ce chiffre à 1.008, mais il leur aurait fallu, pour ce faire, passer par une longue et pénible préparation.

La révolution de 1830 amena la suppression de la garde royale et la formation du 11e régiment. En 1833, les menaces de guerre firent craindre que l'artillerie de campagne ne se montrât pas, quant au nombre, à la hauteur de sa tâche, et, sans en révéler officiellement les véritables motifs, on recourut à une application plus générale de l'ordonnance de 1829, en montant toutes les batteries à pied dont on s'efforça de préparer les cadres au rôle qu'ils semblaient appelés à jouer. Une répartition des batteries s'en suivit, qui porta le nombre des régiments à 14 et l'effectif de l'artillerie à près de 25.000 hommes. Dès 1838, cependant, les batteries à pied reparurent, au nombre de 6, qui tinrent garnison dans les places côtières de l'Algérie.

Les difficultés diplomatiques de 1840 entraînèrent la création de 32 nouvelles batteries montées qui renforcèrent les 14 régiments existants ; l'artillerie, grâce à la persévérance du maréchal Soult, fut en état de servir 1.200 pièces de campagne. Le bataillon de pontonniers se transforma, de son côté, en régiment.

En ce qui concerne l'organisation du commandement, le comité de l'artillerie obtint, en 1847, que, dans chaque division militaire, un officier général centralisât tous les services de l'arme : troupes et établissements. Cette heureuse disposition fut mal appréciée par le gouvernement provisoire de 1848 qui la détruisit en partie.

Le 3 mai 1848, la vogue des batteries à pied refleurit, et 18 de ces unités furent formées, mais ce fut au détriment des cadres des dépôts des régiments, en sorte que la puissance réelle de l'artillerie de campagne s'affaiblit d'environ 100 bouches à feu. Enfin, le 14 juillet 1854, l'ordonnance de 1829 termina sa carrière déjà longue. On décida de réunir en corps spéciaux les batteries de même nature : on fit donc 14 régiments, dont 4 à cheval, 7 montés et 3 à pied. Cette transformation s'effectua encore au profit des batteries à pied et au détriment des batteries de campagne qui ne furent plus en état d'amener sur les champs de bataille que 822 bouches à feu. La constitution de l'artillerie de la garde (2 régiments) porta bientôt ce nombre à 870, mais c'était encore 330 pièces de moins qu'en 1840 ! Tel était l'état de l'artillerie au 1er janvier 1859, c'est-à-dire au jour même où la guerre était officiellement déclarée à l'Autriche.

La tourmente révolutionnaire avait entraîné la disparition des écoles d'ingénieurs civils et militaires. « De la nécessité d'y suppléer, sortit, en 1794, l'Ecole centrale des Travaux Publics. Mais on reconnut bientôt l'impossibilité de donner dans cette école unique, toutes les notions répondant aux besoins des services multiples qui devaient s'y recruter. On la conserva néanmoins, sous le nom d'Ecole polytechnique (1795), et l'on y donna en commun le premier enseignement théorique nécessaire à tous les services, y compris désormais celui de l'artillerie ; en même temps, on créa des écoles d'application particulières à chacun d'eux. C'est ainsi que le 4 octobre 1802, l'école d'artillerie de Châlons et celle du génie de Metz furent réunies en cette dernière ville pour y former l'Ecole d'application de l'artillerie et du génie[1] ». Elle y devait rester jusqu'en 1870.

---

1. CHATIN. *Organisation et histoire de l'artillerie*, p. 7.

CHAPITRE IV

DE 1848 A 1897. — LES RAYURES
ET LE CHARGEMENT PAR LA CULASSE

§ 1. — **Matériel, pointage et tir.**

LES RAYURES. MATÉRIEL MODÈLE 1858. — L'idée originelle des rayures semble remonter fort loin [1], mais Robins, ainsi qu'on l'a vu précédemment, fut le premier qui en exposa clairement les avantages. Il apparaît qu'appliquées tout d'abord aux armes portatives, les rayures n'eurent d'autre but que de fournir un logement aux matières d'encrassement, de supprimer le vent et de diminuer le mouvement de rotation pris par la balle à sa sortie de la bouche. Or, le projectile, déformé par le forcement qu'on était contraint de lui donner pour le faire pénétrer dans l'âme, plus ou moins dégradé par les rayures elles-mêmes — qu'on faisait, au début, longitudinales, — n'en continua pas moins à prendre un mouvement de rotation, et à tourner d'autant plus, dans l'air, que le centre de la résistance différa davantage du centre de gravité. A l'effet d'amener la coïncidence entre ces

---

1. A Vienne. on aurait pratiqué des rayures droites dès 1480, et Léonard de Vinci aurait songé à fabriquer des armes rayées en spirale.

deux points, on imagina de forcer la balle à prendre, dès le début de sa course, un mouvement de rotation autour d'un axe confondu avec celui du canon ; il suffit pour cela d'incliner plus ou moins les rayures et de leur donner la forme d'un arc de spirale. L'expérience prouva que ce système était favorable à la justesse du tir. Telle fut l'origine des armes rayées actuelles.

Déjà pendant les guerres de la Révolution et de l'Empire, on avait fait usage d'une carabine dite « de Versailles » qui tirait une balle enveloppée dans un canepin enduit de matière grasse, puis enfoncée dans le canon au moyen d'une baguette et d'un maillet. La difficulté et la lenteur du chargement, sans parler des inconvénients du réapprovisionnement, firent abandonner cette arme, et toute l'infanterie resta pourvue du seul fusil lisse. En 1813, un fusil, non seulement rayé, mais se chargeant par la culasse, pouvant tirer cinq à six coups à la minute, ayant une portée double de celle du fusil réglementaire, tirant une cartouche amorcée au chlorate de potasse, fut soumis à l'examen de Napoléon[1]. On trouva le chlorate de potasse dangereux, et l'on pensa ne pas pouvoir constituer l'outillage nécessaire à la bonne fabrication des pièces d'un mécanisme jugé délicat et très bien ajusté[2]. Malgré que l'empereur se soit fait présenter la nouvelle invention, le moment n'était pas propice ; la campagne de Saxe et l'invasion de la France retardèrent jusqu'en 1826, l'adoption des armes rayées.

---

1. *Correspondance de Napoléon*, XXIV, p. 421.
2. *Le fusil Pauly, en 1812*. Revue d'artillerie, L, p. 548.

A cette époque, Delvigne, lieutenant aux chasseurs de la garde, construisit une carabine à chambre rétrécie; une balle dont le diamètre était inférieur de 3/10ᵉ de millimètre à celui du canon, venait prendre appui sur un ressaut intermédiaire entre la chambre à poudre et l'âme; dans cette position, il suffisait de quelques coups de baguette pour la mater légèrement et la forcer, le coup parti, à prendre les rayures. Un perfectionnement, apporté par le colonel Pontcharra, consista dans l'adjonction au culot de la balle d'un petit sabot de bois enduit de graisse; on évitait ainsi que la balle ne pénétrât dans la chambre pendant le forcement et ne tassât la poudre. La modification fut appliquée aux projectiles de la carabine Delvigne et à ceux d'un fusil, assez lourd mais portant plus loin (ex-fusil de rempart), dont on arma le bataillon de chasseurs dirigé sur l'Afrique (1839. Expéditions de Médéah et de Milianah)[1].

En 1844, le colonel Thouvenin proposa de supprimer la chambre rétrécie et de forcer la balle sur une tige cylindrique en acier, vissée au fond de l'âme, au centre de la culasse. En même temps, le lieutenant Minié qui avait assisté à certaines des expériences de Delvigne sur les balles allongées, substitua ces dernières aux projectiles sphériques dans la carabine Thouvenin; il les forçait, au moyen d'une baguette à tête fraisée. Enfin les capitaines Treuille de Beaulieu et Tamisier munirent la balle de cannelures aux abords de son culot, dans le but de

---

1. La carabine n'avait guère d'efficacité au delà de 300 mètres.

faciliter le forcement et de faire naître, au cours du trajet dans l'air, des résistances capables de ramener l'axe du projectile sur la tangente à la trajectoire. C'est d'après ces divers systèmes que fut confectionnée la carabine modèle 1846 (fig. 14) dont furent armés les chasseurs à pied. Cette arme n'était pas sans défauts. Le nettoyage en était difficile aux environs de la tige; des accessoires nombreux et embarrassants étaient

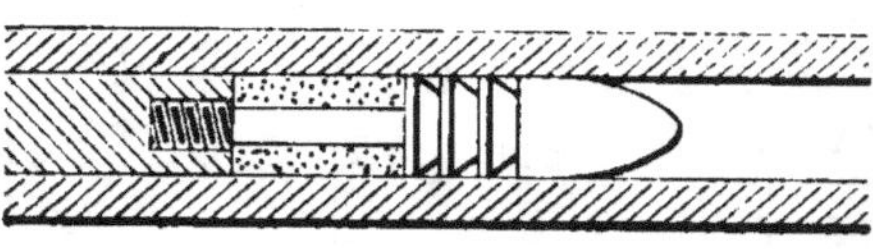

Fig. 14.

indispensables; la balle allongée, d'autre part, était plus lourde que la balle sphérique de même calibre, d'où résultait un accroissement de recul qu'il fallut rendre supportable en réduisant la charge, en sorte que la vitesse initiale tomba de 500 à 300 mètres. Néanmoins, cette vitesse se conservant mieux dans l'air, les fusils rayés à tige l'emportèrent de beaucoup sur les fusils lisses par la justesse, la portée et la force de pénétration.

Minié qui avait contribué pour une si grande part à l'adoption de la carabine Thouvenin, reconnut bientôt que la tige n'était pas plus nécessaire au fusil que les cannelures à sa propre balle allongée. Il eut l'idée de supprimer les unes et les autres, et d'employer des balles simplement évidées à l'arrière, dans lesquelles le forcement s'effectuait automatiquement, par l'action des gaz de la poudre. Très allégées, ces nouvelles balles furent d'autant mieux accueillies qu'elles diminuaient sensiblement le recul et facilitaient le chargement par la suppression du matage à coups de baguette. Elles décidèrent de la transformation de notre armement et de l'adoption d'un fusil dont la garde fut armée en 1854 et toute l'infanterie trois ans plus tard. Dans l'intervalle, la guerre de Crimée avait péremptoirement démontré qu'un peu plus de hâte n'aurait pas été déplacée; cette campagne avait d'ailleurs fourni, en ce qui concerne l'artillerie, des renseignements tout à fait analogues.

L'application des rayures aux armes portatives et les incontestables avantages résultant de l'emploi de balles allongées, n'avaient pas manqué d'orienter les recherches des inventeurs vers une solution semblable dont profiterait l'artillerie. En 1842, le capitaine Treuille de Beaulieu adressa au comité de l'arme un mémoire sur les rayures des bouches à feu : on dit qu'il n'eût même pas l'honneur d'en être remercié par un accusé de réception. Cependant, l'élan était donné; les artilleurs de toutes les puissances rivalisèrent d'ingéniosité pour réaliser une solution pratique. Cavalli, officier piémontais, dont les expériences portaient principalement sur les mécanismes de fermeture de culasse pour pièces en fonte de gros calibres, raya ses bouches à feu, vers 1847, et leur fit tirer des projectiles oblongs qui prenaient leur mouvement de rotation par le moyen de deux saillies, ou « ailettes » diamétralement opposées, et obligées à suivre le tracé de deux rayures correspondantes. Comparé à un ancien canon lisse tirant un projectile de même poids et atteignant, pour deux angles de tir donnés, des portées de 2.700 et 3.000 mètres, le canon rayé de Cavalli porta son boulet à 4.000 et 4.200 mètres; le bénéfice était flagrant.

En France, Treuille de Beaulieu, aidé du capitaine Tamisier, continuait sans grand succès à prôner la supériorité des pièces rayées sur les pièces lisses. Novateur hardi, très maître de son sujet, il entendait construire des canons d'acier dans lesquels il combinerait les rayures avec un mode de fermeture permettant le chargement par l'arrière (vis à filets interrompus); il dut se rendre compte qu'il ne triompherait qu'à la condition « de heurter le moins possible les vieilles habitudes et d'opérer à peu de frais. En conséquence, il renonça à changer le métal des canons, bien que le bronze fût trop mou pour les ailettes en fonte, et il conserva le chargement par la bouche malgré les facilités évidentes que donnait le chargement par la culasse pour faire prendre les rayures au projectile. Pour obvier au défaut de dureté du bronze, il adapta à ses projectiles des tenons en zinc laminé et, trouvant que les obus de Cavalli n'étaient pas suffisamment centrés, il employa douze de ces tenons disposés sur deux rangées[1] ». La Révolution de 1848 interrompit un instant les travaux, mais, en 1850, Treuille adressa un nouveau mémoire au ministre de la guerre; une commission fut nommée et l'on put espérer que la période active des essais allait commencer. Cinq ans plus tard, rien n'était encore décidé et l'on avait même adopté un nouveau système d'artillerie — le canon-obusier de 12 — ne comportant aucun des perfectionnements proposés par Treuille et Tamisier. La campagne de Crimée vint juste à

---

1. CHATIN. *Loc. cit.* p. 59. Chaque paire de tenons suivit une des rayures dont le nombre était, par conséquent, de 6.

point pour démontrer l'impuissance des anciennes bouches à feu, et les pertes cruelles occasionnées par les lenteurs du siège de Sébastopol durent aviver les regrets de ceux à qui incombait la responsabilité du rejet des inventions de Treuille de Beaulieu. Napoléon III ordonna au général de la Hitte, président du comité de l'artillerie, de lui soumettre un matériel nouveau dans lequel la supériorité des canons rayés, en justesse et en portée, serait mise à profit pour accentuer la mobilité de l'artillerie de campagne. On adopta le tracé de Treuille de Beaulieu, mais en maintenant le chargement par la bouche, et ce fut le matériel modèle 1858.

Les projectiles oblongs étant, pour un même poids, d'un calibre moindre que les boulets sphériques, on put adopter pour la pièce de campagne un canon lançant un obus de 4 kilogrammes à la vitesse initiale de 325 mètres, portant à 2.400 mètres sous l'angle de 10 degrés, donnant un écart latéral moyen de 5 mètres et un écart longitudinal moyen de 30 mètres. Montée sur une voiture analogue à celles du matériel de 1827, cette petite pièce dont le poids ne dépassait pas 300 kilogrammes (voiture complète, 1.270 kilogrammes) jouit d'une mobilité inconnue jusqu'alors et qui n'a plus été réalisée depuis. Son caisson qui ne pesait que 1.310 kilogrammes, était, comme elle, attelé à 4 chevaux seulement. Quelques pièces rayées de 4 purent prendre part à la campagne d'Italie; elles y firent merveille; leurs boulets creux allaient atteindre et disperser les réserves autrichiennes alors que les projectiles ennemis arrivaient à grand'peine à frapper la première ligne française [1].

Le canon-obusier de 12 qui n'était en service que depuis 1853, et dont on voulait tout d'abord faire une pièce de siège, fut muni de rayures, puis, comme on craignit que le 4 ne possédât pas une puissance suffisante dans toutes les occasions de la guerre de campagne, fut affecté, lui aussi, à l'artillerie montée. C'est avec le matériel 1858 que la France, qui s'était laissée devancer par les autres puissances, dut soutenir la guerre désastreuse de 1870.

LE CHARGEMENT PAR LA CULASSE. MATÉRIEL DE REFFYE (1871). — Tandis qu'on se reposait, dans notre pays, sur les lauriers de Magenta et de Solferino, les nations étrangères travaillaient assidûment dans la voie que Treuille de Beaulieu leur avait tracée. L'Angleterre et la Prusse notamment, ne tardèrent pas à se pourvoir de canons en acier se chargeant par la culasse [2].

---

1. L'obus français avait deux fusées, l'une percutante, l'autre fusante permettant de le faire éclater à volonté en six points de son trajet dans l'air.

2. L'idée de charger les armes par l'arrière n'était pas nouvelle ainsi qu'on l'a déjà pu voir, mais elle n'avait encore été réalisée que d'une manière très imparfaite. Le maréchal de Saxe, Montalembert, Napoléon Iᵉʳ, s'étaient préoccupés d'adapter un système de cette espèce aux armes de guerre. On y réussit d'abord pour les armes portatives. On sait qu'en 1812, Pauly en présenta une réunissant d'assez grands avantages ; il fut le premier qui rassembla, en une « cartouche », le projectile, la charge et les moyens d'inflammation ; un peu compliquée, cette arme ne fut point adoptée. En 1831, un fusil de rempart qui, malgré son poids considérable, rendit des services en Algérie et à la prise d'Anvers, eut un meilleur sort. Un peu partout des modèles surgirent : Moser, en Angleterre, confectionna un système dans lequel l'inflammation de la cartouche était déterminée par une aiguille d'acier suivant l'axe du canon ; Dreyse, en Allemagne, apporta des perfectionnements au fusil Moser et, en 1835, proposa son invention au gouvernement prussien ; Lefaucheux,

Whitworth construisait un canon en acier doux, à âme et projectiles hexagonaux, les angles étant arrondis. Ces angles formaient, en résumé, six rayures à pas très courts qui imprimaient un mouvement de rotation à des obus très allongés et effilés vers l'arrière, forme extrêmement favorable à la conservation de la vitesse (fig. 15). Armstrong fabriquait une pièce au moyen d'une bande de fer enveloppée sur un cylindre suivant une spirale et dont il soudait les bords : l'âme étant ainsi bâtie, une deuxième bande frettait la première. Pendant le tir, chacun de ces rubans travaillait donc dans le sens de la longueur. Un bloc de fer assurait la fermeture et une rondelle de cuivre interposée maintenait l'obturation. En Prusse, Krupp coulait des canons d'acier auxquels il adaptait une fermeture à coin : l'armée

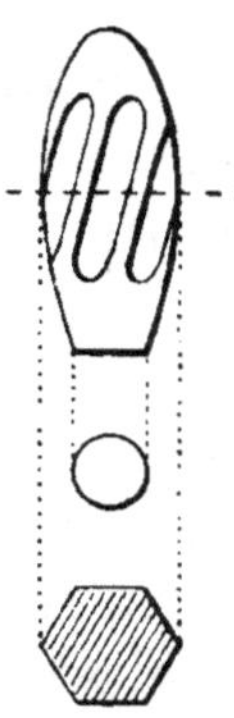

Fig. 15.

prussienne n'en était encore que partiellement pourvue lorsqu'en 1866, elle entreprit la campagne de Sadowa, mais, quatre ans plus tard, elle nous attaqua avec des canons de 4 et de 6 lançant des projectiles de 4 k. 25 et 7 kilogrammes, à des vitesses initiales de 370 et 330 mètres. Sans doute, notre matériel de 1858 était normalement inférieur en portée et en puissance à celui de notre adversaire, mais nous nous étions complus à en diminuer comme à plaisir les

en France, avait depuis deux ans résolu la question pour les armes de chasse, mais une commission avait trouvé son mécanisme trop faible pour être utilisé à la guerre ; Treuille de Beaulieu enfin réussit à faire adopter un modèle, mais on ne le distribua qu'aux cent-gardes. Le fusil Chassepot qui date de 1865, fournit une solution suffisamment pratique et sûre de la question.

qualités balistiques dans la période comprise entre 1865 et 1870. La fusée percutante jugée dangereuse, avait été abandonnée[1]; les six durées de nos fusées fusantes avaient été réduites à deux, sous prétexte de complexité, en sorte qu'en dehors des distances de 1.500 et 2.200 mètres, nos obus étaient à peu près inefficaces. Enfin, les Prussiens avaient adopté pour le réglage de leur tir des méthodes rationnelles, sur lesquelles nous aurons occasion de revenir, mais dont nous n'avions alors pratiquement aucune idée.

Au cours de la campagne, nous fîmes usage d'un « canon à balles », ou « mitrailleuse », inventé par le colonel de Reffye. Ce n'était autre chose qu'un faisceau de 25 canons de fusil, reliés entre eux et rangés sur cinq files, puis enveloppés d'une chemise cylindrique en bronze qui leur donnait l'aspect d'une pièce d'artillerie. Les 25 cartouches, enchâssées sur un plateau, étaient, pendant le chargement, introduites toutes ensemble dans les 25 tubes et successivement

1. La fusée percutante Desmarets (fig. 16), vissée au sommet de
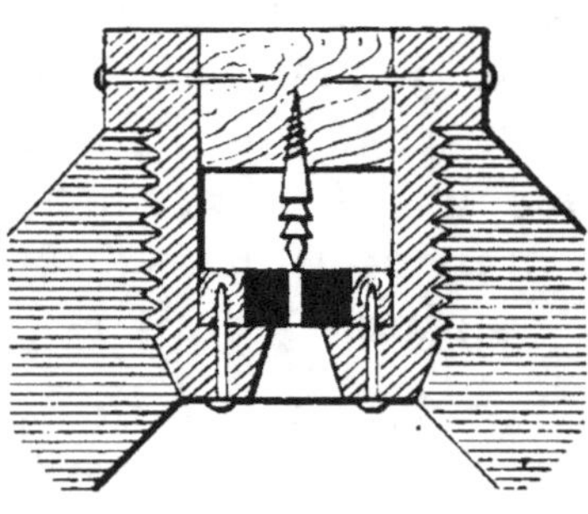
l'ogive du projectile, se composait d'un tampon de bois maintenu par deux clous en cuivre et portant à sa partie inférieure une pointe de fer barbelée appelé « rugueux ». En face de cette pointe, au centre d'un disque en bois fixé au fond de la fusée, se trouvait la composition fulminante qui, par un canal, communiquait avec la charge intérieure de l'obus. A la rencontre du sol ou d'un obstacle, le tampon de bois supérieur était refoulé par le choc, le rugueux entrait dans la composition fulminante et l'enflammait.

Fig. 16.

enflammées par un servant qui tournait simplement une manivelle. Ceci fait, on ouvrait la
culasse et l'on remplaçait le plateau par un autre.
Si cet engin ne rendit pas les services qu'on en
avait espérés, cela tint beaucoup plus à l'emploi
défectueux qu'on en fit (tir contre l'artillerie, à des
distances où tout réglage était impossible) qu'à
son défaut de valeur comme arme de guerre.
Ce résultat n'en eut pas moins comme conséquence de jeter pendant longtemps le discrédit
sur les mitrailleuses, instruments cependant
très aptes à suppléer, ou à renforcer, les feux-de
mousqueterie contre les buts animés sur lesquels
on entend produire de grands effets, dans un
temps relativement court et à des distances
moyennes, dans des circonstances aussi où l'on
ne veut, ou ne peut, mettre en ligne qu'un
nombre d'hommes restreint.

Dès avant la fin de la guerre, on comprit la
nécessité de lutter avec l'ennemi à armes plus
égales et le gouvernement de la Défense nationale chargea Reffye qui avait un projet tout prêt
d'en diriger l'exécution. Quelques batteries
purent prendre part aux dernières luttes de la
campagne.

La France étant alors tributaire de l'Angleterre et de l'Allemagne pour les aciers, le matériel Reffye fut construit en bronze : il comporta
deux canons de 5 et de 7 lançant des projectiles
de 5 et 7 kilogrammes (à peu près trois fois plus
lourds que le boulet sphérique de même diamètre), à la vitesse de 400 mètres [1]. Le système

---

1. Les canons de 5 et de 7 furent les derniers à tirer leur nom du
poids de leur projectile.

de fermeture de la culasse, très pratique pour l'époque, dérivait de celui proposé par Treuille de Beaulieu : vis à trois secteurs filetés et trois secteurs lisses correspondant à trois secteurs lisses et trois secteurs filetés pratiqués dans l'arrière du tube. Une fois la culasse arrivée dans son logement, un sixième de tour suffisait à la fermer. Pour l'ouverture, on donnait un sixième de tour en sens inverse au moyen d'une manivelle (fig. 17); deux poignées permettaient ensuite de tirer la vis qui, glissant sur des rainures, venait se placer sur une console; il ne restait plus qu'à rabattre cette dernière sur le côté en la faisant tourner autour d'un axe vertical. Au total : trois mouvements.

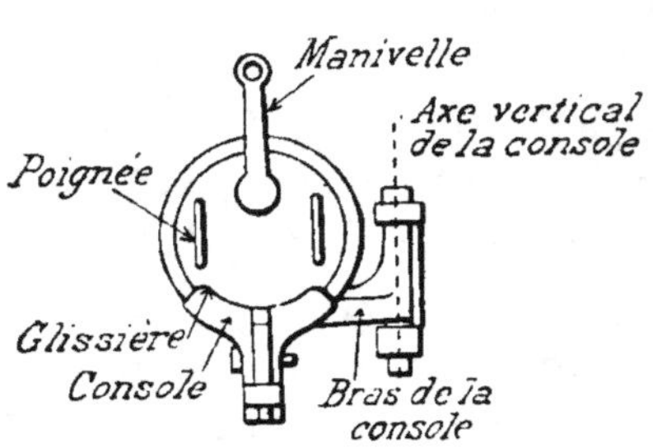

Fig. 17.

L'obturation s'obtenait de la manière suivante. La charge était enfermée dans un cylindre de fer-blanc, ou « douille », fait d'une feuille enroulée, à bords rapprochés sans superposition, ni soudure, le joint étant recouvert par une bande de même métal, et le tout tapissé de plusieurs tours de papier collé. Le culot en laiton présentait en son centre une petite cuvette percée de trous qui donnait passage à la flamme de l'étoupille. « Lors de la déflagration, le culot distendu se moule exactement sur la chambre et sur un godet pratiqué à la tranche antérieure de la vis-culasse; la douille s'ouvre, le papier se déchire, le cylindre en fer-blanc s'agrandit, et ses bords glissant sur le couvre-joint, s'appliquent contre les parois de la chambre. Toute fuite de gaz est donc empêchée, même par le canal de lumière[1] ». Théoriquement, le coup parti, le cylindre de fer-blanc devait reprendre sa forme primitive et la douille cesser d'adhérer aux parois de la chambre; le culot, embouti dans des entailles en hélice pratiquées dans le godet, devait y rester fixé comme une vis dans son écrou, et, en retirant en arrière la culasse mobile, tout devait être entraîné. Dans la pratique, ce fonctionnement n'était pas toujours aussi parfait, et, malgré qu'on ait adapté à l'axe de la manivelle un système de double came permettant de faire débuter l'ouverture de la culasse par un choc de nature à favoriser le décollement de la gargousse (fig. 18), il se produisait de fréquentes difficultés d'extraction. Par exemple, la gargousse restait tout entière dans le canon, il fallait alors l'en chasser à l'aide d'un refouloir introduit par la bouche; ou bien le culot se séparait de la douille et restait adhérent au godet de la vis; dans ce cas, on arrachait le premier à l'aide d'une pince spéciale et la seconde avec un crochet.

Fig. 18.

Le forcement du projectile dans les rayures était obtenu au moyen d'un dispositif dont Armstrong notamment avait déjà fait usage : la partie cylindrique était entourée d'une chemise de plomb (obus de 5), ou de deux larges couronnes de même métal (obus de 7) dont l'adhé-

---

1. *Organisation du matériel d'artillerie*, par le commandant E. Girardon, p. 197.

C[t] BUAT. — 7

rence exigeait un procédé de soudure assez délicat. Chemise ou cordons, enduits de savon minéral, présentaient des rainures circulaires qui, pendant le trajet dans l'âme, recevaient le plomb refoulé, réduisaient le frottement, et empêchaient ou tout au moins diminuaient, l'emplombage des rayures du canon. Ces dernières étaient « cunéiformes », c'est-à-dire que leur largeur était moindre près de la bouche qu'aux environs de la chambre; on évitait ainsi que, par suite de l'usure rapide du plomb au contact des rayures, le projectile perdit son centrage exact[1].

L'ouverture spontanée de la culasse sous l'action de la déflagration de la charge et sa projection vers l'arrière, accident connu sous le nom de « dévirage », était impossible, avec le système Reffye, en raison de la forte adhérence de la gargousse aux parois de la chambre d'une part et au godet de la vis-culasse d'autre part. Enfin, la mise de feu ne pouvait avoir lieu avant la fermeture complète, grâce à une sorte de visière métallique faisant corps avec le canon et ne démasquant entièrement la lumière qu'une fois la culasse bien fermée. C'est encore avec le matériel Reffye qu'on inaugura l'emploi d'une poudre progressive qui, combinée avec une faible densité de chargement, donna des vitesses initiales supérieures sans augmenter la pression dans l'âme. Le même matériel fut supporté par des affûts en fer; quant au caisson, à quelques modifications près, il resta ce qu'il était depuis 1827. Ces détails montrent combien le système Reffye avait été soigneusement étudié par son

---

1. GIRARDON. *Loc. cit.*, p. 70.

inventeur, et l'on en peut déduire le surcroît de puissance qu'en aurait tiré l'armée française, si son adoption avait immédiatement suivi le significatif avertissement de Sadowa.

Matériel Lahitolle (1875). — Lorsque le perfectionnement de l'outillage et des procédés de fabrication des usines nationales leur permit de livrer des corps de canon en acier fondu comparables aux produits des fonderies d'Essen, des études furent simultanément entreprises par les colonels Lahitolle et de Bange pour la création d'un matériel nouveau.

Des expériences de la récente campagne, tous deux avaient surtout retenu que la très grande mobilité du canon de 4 n'avait jamais compensé son infériorité flagrante vis-à-vis des pièces allemandes, tandis que le canon de 12, moins mobile mais plus puissant, avait, au contraire, réussi, en quelques circonstances, à soutenir la lutte. Leurs recherches s'orientèrent donc surtout du côté de la puissance qui ne s'obtient qu'au détriment de la mobilité. Lahitolle, arrivé le premier au terme de ses études, proposa un canon du calibre de 95 millimètres lançant avec une grande précision un projectile de 11 kilogrammes, à la vitesse de 443 mètres. C'était l'époque où l'attitude du nouvel empire allemand envers notre jeune république pouvait faire craindre l'ouverture imminente d'une seconde campagne. Sous la pression des événements, bien que la voiture-canon de 95 pesât près de 2.300 kilogrammes et la voiture-caisson près de 2.400, le gouvernement ordonna la mise à exécution du seul projet qui fût à point : toutes nos batteries de campagne furent armées, en hâte, avec le matériel Lahitolle. Ce système qui reproduisait la culasse Reffye, en y adaptant simplement l'obturateur de Bange dont il sera bientôt parlé, dépassait par trop le poids — 2.000 kilogrammes — généralement admis pour les voitures de l'artillerie montée; il ne vécut que deux ans comme matériel de campagne et prit ensuite place dans les équipages de siège où il fait, encore aujourd'hui, très honorable figure.

MATÉRIEL DE BANGE (1877). — Avec le matériel de Bange, adopté en 1877, l'unité de calibre disparut de nouveau : les batteries à cheval furent armées avec un canon de 80 millimètres, les batteries montées, c'est-à-dire la grande majorité de l'artillerie de campagne, avec une pièce de 90 millimètres. De Bange, comme Lahitolle, avait sacrifié la mobilité à la puissance, car, si le canon et le caisson de 80 se tenaient dans des limites de poids acceptables — 1.600 et 1.800 kilogrammes, — ceux de 90 étaient, au contraire, trop pesants — 2.000 et 2.300.

Canon. — Le canon proprement dit est d'acier fondu, trempé à l'huile et recuit; sa partie arrière, ou « tonnerre », est renforcée par un rang de « frettes [1] ». Le tube intérieur porte trois secteurs lisses et trois secteurs filetés formant écrou pour la vis-culasse. Les rayures sont « progressives », c'est-à-dire que leur pas va en diminuant vers la bouche aux environs de laquelle il devient constant : cette double disposition a pour but d'accroître progressivement la vitesse de rotation du projectile — ce qui lui

---

1. Le frettage, en augmentant considérablement la résistance des tubes, a permis l'obtention de vitesses initiales très supérieures à celles connues jusque-là.

donne plus de stabilité sur sa trajectoire — puis de la régulariser au sortir de la bouche à feu.

La substitution de l'acier au bronze a entraîné, pour les obus, la suppression des couronnes en plomb du système Reffye, toujours exposées aux déchirures, et leur remplacement par des ceintures, beaucoup moins larges, faites de cuivre rouge. Le projectile de Bange ne porte qu'une de ces ceintures, aux environs du culot[1] ; entre l'ogive et le corps cylindrique de l'obus, un léger renflement de fonte, de diamètre égal à celui de la pièce, assure le centrage exact. Au départ du coup, l'usure du cuivre est compensée par son élasticité et le forcement demeure constamment assuré.

La fermeture de la culasse comporte les mêmes

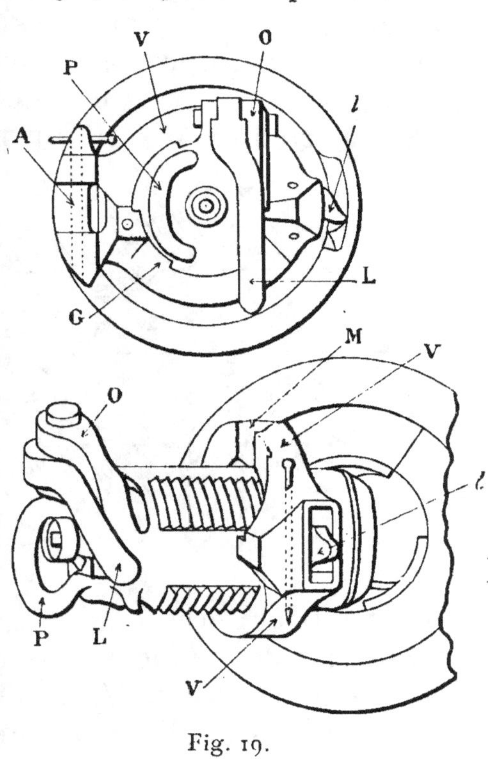

Fig. 19.

1. On employa d'abord deux ceintures qui, placées de part et d'autre du centre de gravité, avaient un diamètre supérieur à celui du fond des rayures ; mais on s'aperçut bientôt que la ceinture arrière suffisait à donner le forcement et la rotation ; dès lors, celle d'avant, réduite au rôle de ceinture d'appui, fut ramenée au diamètre de l'âme entre rayures. Plus tard, on remplaça la ceinture antérieure par un renflement venu de fonte qui remplit le même office. (GIRARDON. *Loc. cit.*, p. 71.)

mouvements que dans le matériel de 5 et 7, mais la réalisation, sauf en ce qui concerne la vis qui est toujours celle de Treuille de Beaulieu, est assurée par un dispositif différent. On donne le sixième de tour d'ouverture au moyen d'un levier L (fig. 19); la translation de la culasse vers l'arrière s'opère au moyen d'une traction sur la poignée P; la vis est alors supportée par un volet circulaire V qui tourne lui-même autour

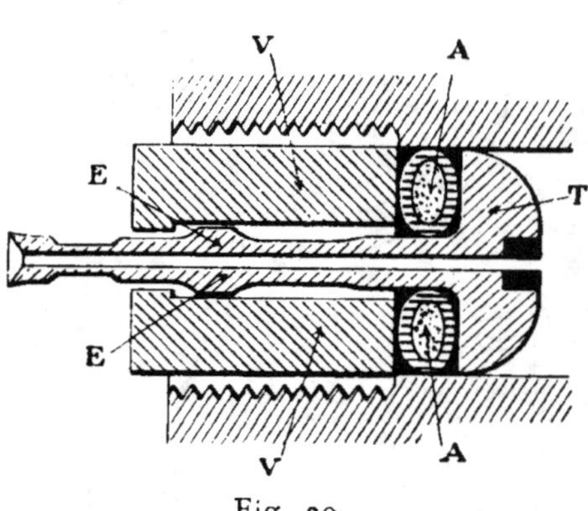

Fig. 20.

de l'axe A. Ce volet dirige la vis pendant la fermeture et l'ouverture de la culasse grâce aux glissières G, et la supporte, quand elle est sortie de son logement. D'autre part, il est lui-même empêché de tourner autour de son axe, avant que la vis soit entièrement tirée vers l'arrière (ce qui amènerait des coïncements dans le mécanisme), par un double loquet *l*, qui, lors de la fermeture, s'oppose aussi à l'enfoncement prématuré de la vis (ce qui produirait la dégradation des filets de l'écrou).

L'obturateur de Bange est entièrement différent de la gargousse métallique extensible de Reffye. Il se compose d'un anneau de matière plastique A (fig. 20) [1], comprimé entre le corps de

---

1. Galette en amiante imbibée de suif et contenue dans une enveloppe en toile, laquelle est protégée sur ses faces par des coupelles en étain, et sur ses bords par des bagues en laiton, fendues de telle manière qu'elles puissent s'ouvrir sous la pression des gaz.

la vis V et une tête mobile T qui revêt la forme d'un champignon et se prolonge par un axe creux servant de canal de lumière. Lors du tir, la matière plastique exerce contre les parois de son logement une pression par centimètre carré supérieure à celle des gaz dans l'âme et toute fuite en arrière est évitée. Au moment du départ du coup, le champignon repoussé est brusquement arrêté, tandis que la tige tend à continuer son mouvement sous l'influence de la vitesse acquise ; il en résulte un étirage à l'endroit où cette tige se raccorde avec le champignon. Dans les premières années qui suivirent l'adoption des canons de Bange, cette particularité occasionna la rupture d'un certain nombre de têtes mobiles avec projection d'une partie de la tige vers l'arrière, mais on a facilement remédié à cet inconvénient en renforçant la tige et en la munissant par précaution d'un épaulement E qui, le cas échéant, est arrêté par un ressaut correspondant ménagé dans la vis-culasse.

L'obturateur de Bange fonctionne parfaitement bien, quelle que soit la lenteur de la poudre. La matière plastique dont il est composé lui permet d'épouser sans difficulté toutes les formes, et de transmettre les pressions dans tous les sens ; il conserve la dernière forme qu'il a prise ; il ne demande pas un logement d'un diamètre plus large que celui de la chambre à poudre, ce qui permet l'emploi d'une vis-culasse de diamètre minimum. Les quelques reproches qu'on lui peut faire sont les suivants : il est un peu compliqué et exige des rechanges assez nombreux ; il s'use à la longue par suite de l'écoulement de sa matière plastique.

Une condition essentielle à remplir par tout mécanisme de fermeture, c'est que son ouverture sous l'action des gaz soit impossible. On sait qu'une vis, placée verticalement dans un écrou fixe, est capable de tourner, en descendant sous la seule action de son poids, lorsque son pas est très long : ce fait s'observe aisément avec le tire-bouchon à écrou. Or, cet effet tend également à se produire avec la vis-culasse, sous la pression des gaz, quoique les filets soient suffisamment inclinés sur l'axe ; en d'autres termes, la culasse est sujette au « dévirage ». Pour obvier à cet inconvénient dangereux, le levier L est muni d'une came (fig. 19) qui fait saillie en avant des « oreilles » O, et pénètre, quand, après fermeture de la culasse, le levier retombe librement à la position verticale, dans une échancrure du volet M, dite « mortaise de sûreté [1] ».

Projectiles. — Durant la période de vingt années qu'il resta réglementaire, le matériel de Bange tira plusieurs sortes de projectiles. Jusqu'en 1870, on s'était contenté de tirer des obus ordinaires dont la charge intérieure faisait éclater les parois et les brisait en de rares éclats de forme irrégulière, et aussi quelques obus à balles mal agencés et de fonctionnement peu sûr. Les obus à balles des canons de campagne système Reffye constituèrent un progrès en ce qu'on y sépara la charge intérieure et les balles, la première occupant l'ogive, les autres tenant la partie cylindrique, toutes deux étant séparées par un opercule.

---

1. Dans le canon de 95, le même résultat était obtenu au moyen d'une sorte de taquet qu'il fallait soulever d'une main, pendant la fermeture, pour donner passage au bras de la manivelle. Ce taquet retombait ensuite de lui-même et s'opposait au mouvement inverse.

Toutefois, en raison de l'épaisseur qu'il fallait donner aux parois en fonte de l'obus, le nombre des balles était faible : 60 à peine. On s'efforça donc de régulariser le nombre, la grosseur et la forme des éclats, en ménageant dans l'obus des lignes de moindre résistance transversales et longitudinales. Ces obus, dits « à fragmentation systématique », constituèrent un premier progrès. Tels étaient les obus à double parois des 5, 7 et 95 formés en réalité de deux obus : l'un, interne, de forme cylindrique à l'intérieur et présentant à l'extérieur des saillies en forme de pyramides quadrangulaires ; l'autre, externe, coulé sur le premier qui lui servait de noyau. Ce système occasionnait des ruptures dans l'âme et donnait une fragmentation défectueuse. L'obus à couronnes de balles de 90 millimètres, modèle 1879, constitua un progrès plus sérieux. La fragmentation y était non seulement facilitée, mais toute préparée à l'avance ; à cet effet, le noyau du projectile était constitué par des couronnes de balles en fonte superposées ; les balles, en forme de sphères à méplats, étaient reliées entre elles par des cloisons minces venues de fonte. Cette liaison avait pour but d'empêcher la cassure de l'enveloppe du projectile, sous la forte poussée que des balles libres, soumises à la force centrifuge, n'auraient pas manqué d'exercer pendant le tir. Sur le noyau, comprenant 92 balles, était coulée l'enveloppe extérieure également en fonte ; le vide central recevait la charge de poudre. Dans ce système, les lignes de rupture transversales, au lieu d'être simplement amorcées, étaient donc devenues des joints traversant tout le noyau intérieur. En 1880, on adopta pour le 80 des obus à balles libres formant des couronnes étagées, chaque balle présentant quatre méplats. Tous ces obus, relevant de la même idée, contenant une charge intérieure relativement forte nécessaire à la rupture des parois de fonte, étaient à deux fins, c'est-à-dire qu'ils étaient destinés à la fois au tir contre les buts animés et au tir contre les obstacles, mais ils ne remplissaient qu'imparfaitement les conditions requises pour chacun de leurs objets. En 1883, on créa « l'obus à mitraille », qui procéda d'une autre

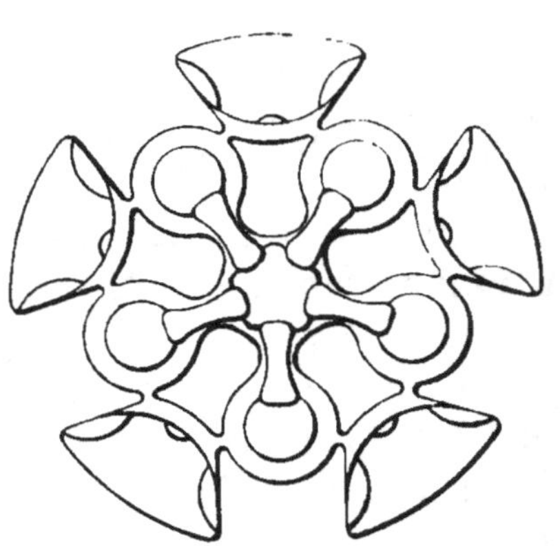
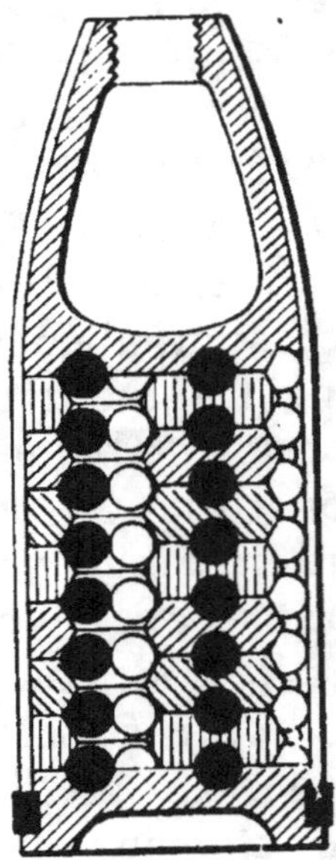

Fig. 21.

conception. On voulut faire du corps d'obus un simple véhicule pour les balles qui s'y trouvaient enfermées, et la charge intérieure n'eut d'autre objet que d'ouvrir l'enveloppe au point d'éclatement pour y mettre les balles en liberté. L'ossature de cet obus comprend un certain nombre de galettes en fonte (fig. 21) qui présentent sur leurs deux faces des alvéoles destinées à loger des balles en plomb durci. Bien dressées à la meule d'émeri, ces galettes superposées à un culot d'acier, forment une colonne pleine qui assure au projectile une résistance comparable à celle d'un obus en fonte fait d'un seul morceau ; une grenade ogivale surmonte ce massif et contient la charge d'éclatement. L'enveloppe de cette colonne de fonte est une simple tôle d'acier doux, montée mécaniquement par pression énergique ; à son extrémité inférieure, elle est sertie, avec la ceinture en cuivre rouge, dans une gorge ménagée sur le pourtour du culot. La fragmentation des galettes dont les morceaux ne sont réunis entre eux que par de fragiles liens de fonte, s'opère en partie pendant le montage de l'enveloppe et en partie sous l'action du choc au départ. Grâce à leur serrage énergique, fragments et balles ne glissent d'ailleurs pas les uns sur les autres par l'effet de la force centrifuge et ne déterminent aucun gonflement de l'enveloppe. Celle-ci, lors de l'arrivée du projectile, se déchire par l'effet de l'explosion de la poudre enfermée dans la grenade, et libère 237 (canon de 90) ou 162 (canon de 80) éclats ou balles, avec une vitesse un peu inférieure à celle de l'obus au moment de l'explosion. Contre les maçonneries, l'obus à mitraille, à cause de sa résistance, donne des résultats comparables à ceux de l'ancien obus ordinaire : il est donc à deux fins. Les reproches qu'on lui peut faire sont de trois sortes : la déchirure de l'enveloppe est quelquefois irrégulière en sorte que la projection complète de toutes les balles et parties de galettes n'est pas toujours certaine ; les fragments de fonte, étant de faible densité doivent avoir un volume assez considérable pour conserver leur pouvoir meurtrier à quelque distance du point d'éclatement; et le même espace qu'ils occupent serait mieux utilisé par des balles plus petites, plus nombreuses et aussi plus denses; enfin la position à l'avant de la charge intérieure a pour conséquence de diminuer la vitesse restante des balles et éclats de fonte.

En 1895, on a cherché à remédier à ces divers inconvénients en adoptant pour le matériel de 80 un obus dans lequel poudre et balles sont mélangées et assujetties dans une enveloppe d'acier à parois un peu plus épaisses que celles de l'obus à mitraille. Le feu de la fusée se communique à la poudre intérieure par le moyen d'un tube central qui n'est percé de trous que dans le voisinage du culot. Grâce à ce mode d'inflammation par l'arrière, les balles sont projetées, en même temps que l'ogive (laquelle est simplement vissée sur le corps de l'obus), avec une vitesse plus grande que celle du projectile lui-même. Les parois cylindriques ne se déchirant plus, jouent le rôle d'une sorte de petit canon lancé par la bouche à feu. Enfin, le nombre des balles est porté de 162 à 180.

Les canons de 80 et de 90 tirent encore une « boîte à mitraille », et, à partir de 1886, un obus à mélinite. La première, cylindre en tôle de fer fermé par deux tampons de bois et rempli de balles sphériques, manque d'efficacité au delà de 500 mètres. Les obus à mélinite — au début, simples obus ordinaires en fonte, garnis d'explosif —sont à parois d'acier se découpant, sous l'effort de l'explosion, en lames minces, striées irrégulièrement, mais perdant rapidement leur vitesse.

Fusées. — L'éclatement des projectiles de Bange est provoqué par une fusée vissée au sommet de l'ogive. Elle est organisée pour détoner, soit au contact d'un obstacle (ou du sol), soit en l'air, sur la trajectoire.

La fusée percutante (fig. 22) est basée sur le principe de l'inertie. Au départ du coup, une masse de cuivre M, indépendante du corps de fusée, munie de dents sur le pourtour inférieur de son vide interne, est projetée vers l'arrière, avec compression du ressort R. Ses dents s'en-

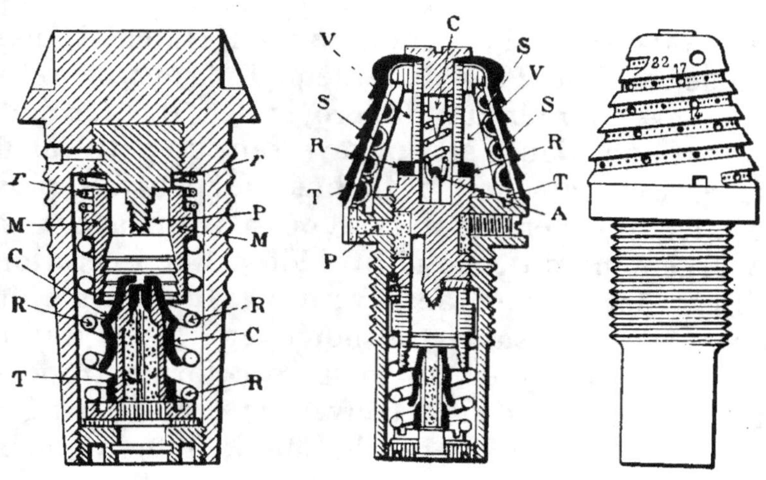

Fig. 22.   Fig. 23.

gagent sur le rebord d'une sorte de chapeau de cuivre C, portant une amorce de fulminate en communication par le tube T avec la charge intérieure de l'obus. La masse M est alors reliée à l'amorce : la fusée est armée. Désormais, si le projectile se heurte à quelque obstacle, ce qui annihile ou diminue considérablement sa vitesse, l'amorce, continuant avec la vitesse antérieure, frappe sur la pointe rugueuse P. Le projectile éclate.

La fusée dite « à double effet » (fig. 23) fonctionne comme percutante ou fusante à volonté. Elle subsiste seule, sauf pour les obus à mélinite qu'on ne fait jamais détoner qu'au contact du sol ou des obstacles. Le système percutant est contenu dans la tige cylindrique inférieure ; il ne diffère pas de celui qui vient d'être décrit. Le système fusant est enfermé dans la partie troncoconique supérieure. Au départ du coup, la pointe en laiton C, grâce à son inertie, frappe l'amorce A, qui s'enflamme et communique par deux canaux avec une rondelle de poudre comprimée R. Les gaz envahissent le vide V, lequel n'a aucune relation avec l'intérieur du projectile ; ils s'écouleraient donc dans l'air en traversant un petit canal réservé à cet effet, et l'obus ne pourrait plus éclater que percutant, si l'on n'avait, avant le chargement du canon, procédé à une opération dite « débouchage de l'évent ». Une spirale de composition fusante très homogène S, est noyée dans une chemise de plomb de forme troncoconique T ; le tout est recouvert et protégé par un chapeau de laiton creusé lui-même d'une rainure hélicoïdale en correspondance exacte avec la spirale fusante. Si, avec une lame spéciale, on perce à la fois chapeau, spirale et chemise, la flamme répandue dans le vide V atteint la composition fusante qui se met à brûler dans les deux sens. Dans le sens supérieur, le feu ne trouve aucune issue, mais à l'extrémité inférieure, il se transmet à un réservoir de poudre P, envahit de là tout le système percutant dont l'amorce et la charge attenante détonent, et le projectile avec elles. Pour qu'il soit possible de déboucher exactement l'évent, c'est-à-dire de provoquer l'éclatement à la distance désirée, ou ce qui revient au même après un temps donné, la rainure hélicoïdale du chapeau de cuivre est percée à l'avance d'ouvertures circulaires, ou « évents », qui correspondent aux durées de combustion, exprimées en secondes, de la spirale fusante : ces évents sont numérotés ; d'autres évents, plus petits, marquent les demi-secondes, et de simples traits, les dixièmes de seconde. La « pince débouchoir » est à deux branches, cintrées à la demande de la fusée, dont l'une est munie d'une lame d'acier.

Charge du canon. — La charge des canons de Bange est enfermée dans un sachet cylindrique en toile amiantine. La poudre est lente, dense et à grains de grosseur proportionnée au calibre ; d'épaisseur bien égale. L'adoption de la poudre sans fumée dont on peut régler très exactement la vivacité rien que par l'épaisseur des bandes qui la constituent, accrut la valeur du matériel de 80 et 90 au point que les artilleurs de campagne n'éprouvèrent qu'après l'avoir utilisé vingt ans, le besoin de lui donner un successeur.

Affut. — Les flasques du canon de 95 étaient faits de deux bandes métalliques verticales, reliées par des entretoises. Dans le matériel de 80 et 90, les entretoises sont remplacées par des tôles supérieure et inférieure dont les bords

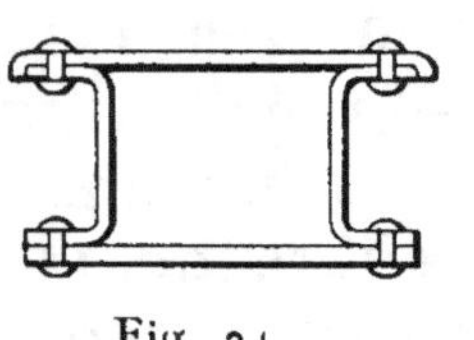

Fig. 24.

sont recourbés à angle droit (fig. 24). Cette disposition est favorable à la rigidité de l'affût. Aux points où s'appliquent les percussions les plus fortes, des plaques de renfort doublent la résistance (encastrement des tourillons et de l'essieu). Les tôles supérieure et inférieure sont échancrées : la première à l'endroit de la culasse pour le tir sous les angles correspondant à la limite pratique de la portée; la seconde, en avant des tourillons, pour le pointage au-dessous de l'horizon.

A l'enrayage obtenu par l'antique sabot, on substitua, en 1888, le frein à patins et à cordes dont chacun connaît le mécanisme pour l'avoir vu fonctionner sur les voitures de la compagnie des omnibus : moins long à ramener en batterie après chaque coup tiré, le canon de 90 eut un tir plus rapide (2 à 3 coups par minute).

Avant-train et caissons. — La pièce est reliée à son avant-train par le système à suspension en usage depuis 1827 : il en est de même du caisson. Tous les avant-trains portent un coffre simple contenant 25 coups ; les arrière-trains de caisson, un coffre double contenant 50 coups. Ces munitions sont enchâssées : les charges, dans des sacs en cuir munis d'autant de gaines où elles entrent à forcement ; les obus, dans des porte-obus en fer, à compartiments, où ils sont maintenus par des tasseaux de bois garnis de ressorts.

Matériel de 120 et 155 courts. Modèle 1890. — L'Allemagne ayant rattaché à ses formations de campagne des batteries de canons courts du calibre de 15 centimètres, l'artillerie française suivit le mouvement et adopta, en 1890, deux pièces courtes de 120 et 155 millimètres tirant les projectiles des bouches à feu de même diamètre employées dans les parcs de siège et place[1]. Les principes qui servirent de guides aux constructeurs de ce matériel nouveau sont intéressants à

---

1. Toute l'artillerie de siège et place est presque exclusivement armée avec des pièces du système de Bange : 120 et 155 longs, 155, 220 et 270 courts.

relater, en ce qu'ils marquent une étape intermédiaire entre les systèmes rigides analogues au 90 et ceux à tir rapide et à long recul sur l'affût dont notre 75 est le prototype.

Dans le canon de 120 (fig. 25), un petit affût A supporte une bouche à feu qui peut coulisser longitudinalement dans un manchon M. Le manchon est relié d'une part au petit affût par les tourillons T et d'autre part au canon par un

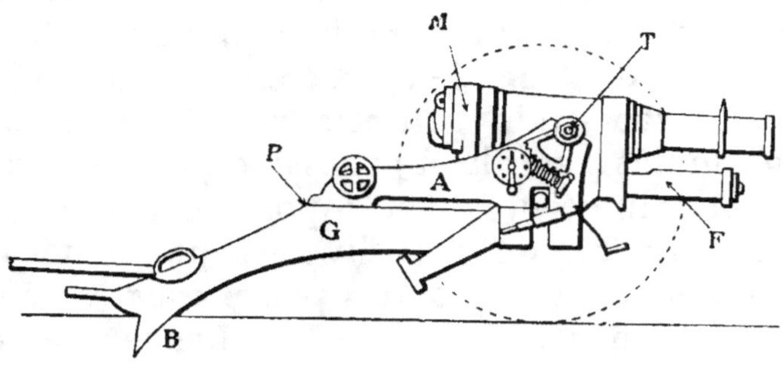

Fig. 25.

frein hydraulique F muni d'un récupérateur à air comprimé. Par l'intermédiaire de deux patins P, le petit affût repose sur un autre, plus grand, G, qui lui sert de plate-forme et auquel il est, en outre, rattaché, à l'aplomb de l'essieu, par un pivot vertical[1]. C'est donc au grand affût qu'est transmis tout l'effort produit par la déflagration de la charge. On a supprimé tout recul en munissant la crosse d'une large bêche B qui s'enfonce dans le sol. Pendant le tir, le canon seul recule; sa force vive est absorbée par la résis-

1. Ce pivot tient lieu d'axe au petit affût qui peut ainsi prendre. en glissant circulairement sur ses patins arrière, plusieurs directions.

tance du frein ; le récupérateur le ramène à sa position première en lui faisant parcourir le trajet inverse.

Les avantages présentés par le matériel modèle 1890 sont considérables, eu égard au calibre des pièces employées. Plus n'est besoin de construire de plates-formes spéciales, toujours lourdes à transporter et longues à établir, et l'on peut s'installer sur tous les terrains sans travaux préalables ; grâce à l'adjonction du frein, les percussions sur l'affût sont notablement diminuées ce qui permet d'alléger le système (la voiture-pièce de 120, avant-train compris ne pèse que 2.300 kilogrammes) : par la suppression plus ou moins complète du recul et du dépointage, le tir est devenu plus rapide. Ces diverses propriétés ont rendu possible l'emploi des pièces courtes de 120 et de 155 dans la guerre de campagne ; or, ces pièces jouissent par ailleurs d'une puissance considérable, peuvent prendre position, en restant invisibles, derrière tous les couverts du sol, et bombarder à l'improviste, en tir plongeant[1], les ouvrages importants de fortification passagère ou permanente. Aussi le matériel modèle 1890 a-t-il constitué jusqu'en ces derniers temps, ce qu'on était convenu d'appeler « l'artillerie lourde d'armée ! »

POINTAGE. — Si, dans la période qui s'est écoulée entre 1858 et 1897, le procédé de pointage usité depuis Gribeauval ne s'était pas modifié, si l'on s'était toujours borné à assurer le pas-

---

1. Le canon peut prendre toutes les inclinaisons comprises entre —12° et +44°.

sage de la ligne de mire par le but, du moins
cette opération avait-elle été rendue plus facile
par quelques perfectionnements aux appareils.
Tout d'abord, la hausse et le guidon ont été
reportés de la génératrice supérieure sur le côté
du canon, suivant une parallèle à l'axe du tube.
Cette insignifiante modification suffit pour permettre de diriger la ligne de mire sur des objectifs moins éloignés que le but en blanc, ce qui
était impossible auparavant. L'œilleton qui était

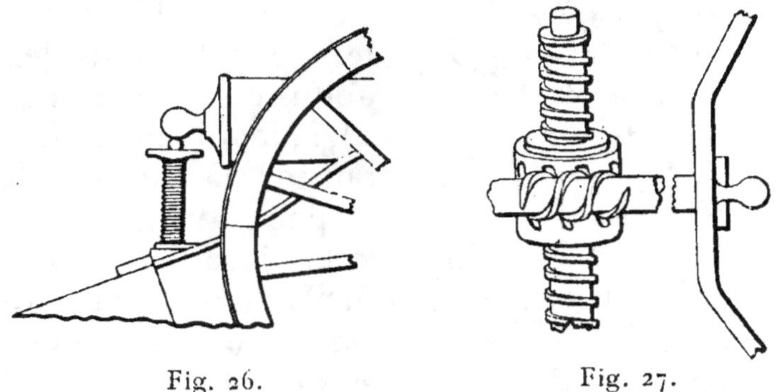

Fig. 26.　　　　　　　　Fig. 27.

immobile au sommet de la hausse, fut désormais
porté par une réglette capable de prendre de
légers déplacements dans le sens latéral sous
l'action d'un bouton moleté : d'où la possibilité
de corriger initialement la dérivation du projectile, l'influence du vent extérieur et de l'inclinaison des roues de l'affût. La tige de la hausse coulée
suivant une section triangulaire eut ses trois
faces graduées en distances, évents, etc., et constitua comme une sorte de table de tir toujours à
la portée du personnel des batteries.

Les organes destinés à donner au canon l'angle
convenable subirent également d'importantes
modifications. A l'ancienne vis des canons de 4

et de 12 de 1858, sur laquelle le bouton de culasse reposait directement (fig. 26) et dont le moindre inconvénient était de n'autoriser qu'un pointage

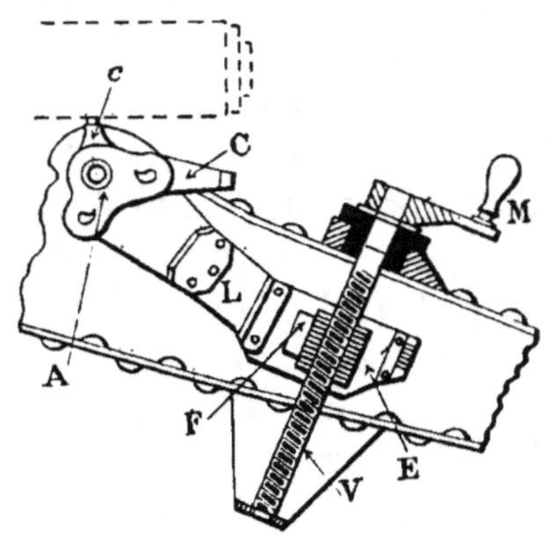

Fig. 28.

très long, on substitua une vis montant ou descendant le long d'un écrou fixe (fig. 27) qui tourna lui-même sous l'effort d'une autre vis commandée par une manivelle (matériel de 95). Dans les canons de 80 et 90 (fig. 28), la manivelle M fait tourner la vis V qui ne peut avancer : un écrou E se déplace le long de la vis sans tourner, entraînant deux lames-support L, mobiles autour d'un axe horizontal A. Aux deux lames adhère une excentrique dont la tête en forme de came, c, supporte le renfort du canon; une came auxiliaire, de plus grande taille, C, peut remplacer la première dans le tir sous des angles peu considérables ou même négatifs. La conciliation du mouvement rectiligne de l'écrou E avec la rotation des lames-support L est obtenue au moyen du montage de cet écrou sur deux petits tourillons

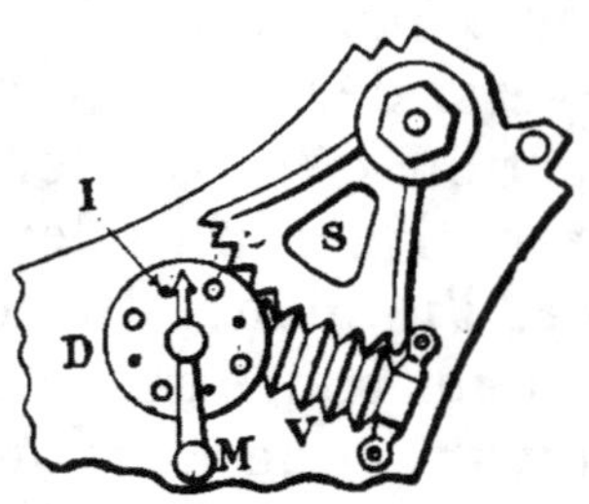

Fig. 29.

coulissant dans des glissières pratiquées sur les bords de la fenêtre F. Dans le canon de 120 court, modèle 1890, on a imaginé de caler sur un des tourillons du manchon un secteur denté S (fig. 29), commandé par une vis globique V, qui est elle-même guidée par un engrenage conique soumis à l'action de la manivelle M. L'axe de cette dernière est muni d'une poignée et d'un indicateur I qui se déplace devant un plateau circulaire D gradué en huitièmes de tour et servant, ainsi qu'il sera dit plus loin, au réglage du tir.

L'adoption d'un « niveau de pointage » eut également une répercussion sur l'exactitude et la précision du tir de l'artillerie. Le plus récent modèle date de 1888. Il se compose essentiellement d'un demi-quart de cercle, denté sur sa face interne, chaque dent correspondant à un degré. Sur un rayon mobile autour du centre (fig. 30) peut se dépla-

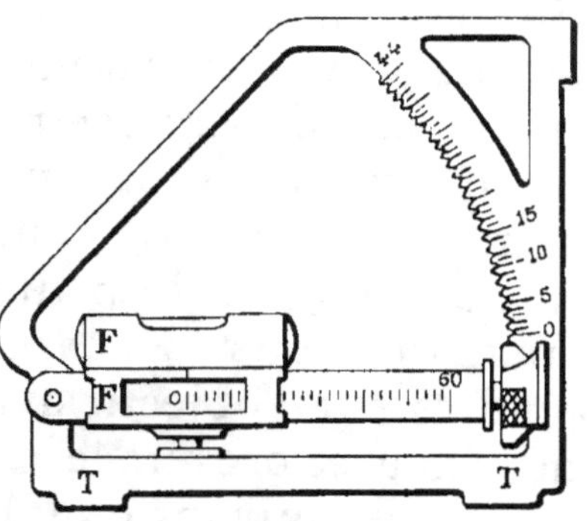

Fig. 30.

cer, devant une division en soixante minutes, un curseur porte-fiole F ; l'instrument peut donner la demi-minute. Deux talons T, bien plans, permettent d'appliquer le niveau sur des facettes ménagées le long de la génératrice supérieure du canon. Grâce à cet appareil, les pointeurs des différentes pièces d'une même batterie peuvent non seulement leur donner une égale inclinaison, mais encore, pourvu que la direction ait été préalablement repérée, se passer de voir l'objectif à frapper. L'artillerie est donc maîtresse d'utiliser les accidents du sol pour se protéger contre les vues et les coups de l'ennemi.

Tir. — Pendant la campagne de 1870, l'écrasante supériorité de l'artillerie allemande n'avait pas été seulement imputable à la valeur de son matériel; à une époque où les artilleurs français s'en tenaient encore aux procédés de tir en usage sous Gribeauval, leurs adversaires employaient déjà le réglage méthodique. Il était basé sur l'observation des éclatements par rapport à l'objectif, combinée avec des modifications de hausse telles que le but se trouve peu à peu encadré entre les limites d'une « fourchette » de plus en plus étroite. Dès lors, on pouvait tirer à coup sûr, au moins sur un adversaire immobile.

Adoptée aussitôt en France, cette méthode resta réglementaire, comme le matériel de Bange, jusquen 1897. Elle peut se résumer de la manière suivante : tous les canons de la batterie étant pointés sur l'objectif avec une hausse déterminée (hausse présumée de l'objectif), la première pièce tire; suivant que le nuage de fumée produit par l'explosion du projectile occulte le but, ou apparaît en arrière de lui, le coup est dit « court » ou « long »; admettons qu'il soit court; l'inclinaison de toutes les pièces est alors augmentée d'une même quantité se traduisant, en fait, par un certain nombre, $2n$, de tours de manivelle dans le sens « plus loin »[1]; la deuxième pièce est chargée, pointée en direction et tirée; si son coup est long, l'objectif se trouve dès lors encadré entre une fourchette de $2n$ tours; cette fourchette est partagée en deux parties égales par une modification d'ensemble de n tours plus près, puis l'on tire la troisième pièce, et ainsi de

----

1. Une flèche de cuivre placée sur la plaque de dessus d'affût indiquait le sens « plus loin », ou « plus près ».

suite jusqu'à ce que la fourchette encadrante se trouve réduite à un quart de tour; après quoi, le réglage étant terminé, on procède au tir d'efficacité sur le huitième de tour intermédiaire.

Simple en apparence, cette méthode qui était certainement très supérieure aux procédés antérieurs qui n'en admettaient aucune, n'en présentait pas moins de nombreux et graves inconvénients. Il était rarement possible, avec un seul projectile, d'observer le sens véritable d'un coup et le règlement prescrivait fort judicieusement de ne considérer une hausse comme courte que si elle avait donné deux fois le même résultat; le réglage s'effectuait en tir percutant, en sorte qu'au moment de passer au tir efficace, il fallait déterminer l'évent à déboucher et régler la hauteur d'éclatement des projectiles; l'évent à déboucher était bien indiqué par l'une des graduations de la hausse, mais c'était une véritable comptabilité que de transformer les tours de manivelle en hausse; la recherche de la précision poussée jusqu'au huitième de tour de manivelle occasionnait des ratés de tirs nombreux, la moindre erreur faisant passer les projectiles par-dessus le but, résultat que l'écart probable normal des obus suffisait d'ailleurs à provoquer; l'action en largeur des obus à mitraille était mal employée, tous les coups se concentrant sur un seul point; enfin, durant toute la période du réglage, et notamment après l'obtention d'une première fourchette, le rendement possible des canons n'était utilisé que dans une très faible proportion. Vers la fin de l'existence du matériel de 90 millimètres, on s'efforça de pallier à ces derniers inconvénients en n'effectuant le réglage qu'avec deux pièces seulement, les quatre autres réglant leur évent et passant à un tir d'efficacité réparti sur tout le front de l'objectif dès le moment où le but était compris dans une fourchette relativement large ; pendant ce temps, les deux pièces de réglage amélioraient leur hausse et, ceci fait, prenaient à leur tour comme évent efficace, celui déterminé par leurs voisines. C'était un progrès, le seul que permit le matériel en usage.

BALISTIQUE. — Depuis la guerre de 1870-71, les deux branches de la science balistique se sont considérablement développées. A la poudre fine dont la carburation était instantanée, on a d'abord substitué la poudre à gros grains de grosseur proportionnée au calibre et de forte densité donnant une pression moins grande avec un travail équivalent; en 1886, les poudres colloïdales [1] font fait leur apparition; suivant l'épaisseur des lames, on peut leur donner la vivacité ou la lenteur désirée.

Des expériences méthodiques ont permis de comparer la force des différents explosifs [2] et leur potentiel [3]. En mesurant l'écrasement de petits cylindres de cuivre, appelés « crushers » [4], on a pu calculer la pression maxima subie par une bouche à feu. Vieille a imaginé le crusher enregistreur inscrivant la variation de la pression depuis le moment de la déflagration jusqu'à celui

1. Ces poudres ne laissent, après déflagration, aucun produit solide ; d'où l'absence de fumée.

2. Pression qu'un poids déterminé de chacun d'eux pris pour unité, peut développer dans une capacité donnée. (DESDOITILS. *Loc. cit.*, p. 17.)

3. Quantité maxima de travail capable d'être fournie par la détente des gaz provenant de l'unité de poids. (*Id.*, p. 17.)

4. 13 millimètres de hauteur sur 8 de largeur.

du maximum; avec un appareil à ressorts, il est même parvenu à inscrire la loi tout entière de la pression. De leur côté Sebert et Hugonniot, usant d'un vélocimètre, ont établi de manière définitive la loi de la vitesse du recul.

De tous ces travaux sont résultées des conclusions pratiques de grande importance dont on ne fera que résumer les principales :

A charge égale, une poudre lente donne une vitesse initiale moindre, mais aussi une pression maxima moindre, qu'une poudre plus vive ;

Si une charge donne au projectile une certaine vitesse initiale, une charge supérieure de poudre plus lente permet d'obtenir à volonté, soit une même vitesse initiale avec une moindre pression maxima, soit une vitesse initiale supérieure avec une même pression maxima ;

Les poudres lentes s'emploient avantageusement dans les canons longs ; les canons courts exigent, au point de vue de la justesse du tir, des poudres vives ;

Une augmentation de la vitesse initiale, obtenue par une augmentation du poids de la charge, entraîne une augmentation relativement bien plus considérable de la valeur de la pression maxima ;

A charge égale, une augmentation du volume de la chambre à poudre, c'est-à-dire une diminution de la densité de chargement[1], détermine un abaissement de la pression maxima ;

L'augmentation de poids du projectile dimi-

---

1. On rappelle que la « densité de chargement », est exprimée par le rapport du poids de la charge en kilogrammes au volume de la chambre à poudre — le projectile étant à sa position de chargement — exprimé en litres.

nue la vitesse initiale ; elle favorise le développement des pressions au début de la combustion de la poudre ; la pression maxima augmente ; la poudre agit comme plus vive [1].

Les études et les expériences dont on vient de prendre un bref aperçu, avaient été si complètes, que, partant des résultats obtenus avec une bouche à feu de calibre déterminé, on a pu, par application du principe de similitude, en déduire avec exactitude toutes les données correspondant à une pièce semblable, mais de calibre différent [2].

Dans le domaine de la balistique extérieure, les acquisitions n'ont pas été moins fructueuses et l'on sait aujourd'hui dresser avec une précision tout à fait remarquable les tables de tir numériques et graphiques des bouches à feu existantes [3], calculer avec une grande approximation celles d'une bouche à feu en projet, résoudre empiriquement tous les problèmes théoriques et pratiques concernant la trajectoire [4].

En résumé, s'il est vrai qu'au point de vue purement scientifique, le problème balistique reste encore à résoudre, attendu que son équation fondamentale ne peut être intégrée qu'au prix

---

1. En 1858, lorsqu'on adopta le projectile oblong, plus lourd que le boulet de même calibre, on ne put conserver la même charge de poudre qu'avec les canons lisses. Il fallut la réduire au point de n'avoir plus que des vitesses de 300 à 350 mètres au lieu de 500 qu'on espérait pouvoir réaliser.

2. Desdoitils. *Loc. cit.*, pp. 90 à 93.

3. Les abaques d'alignement de d'Ocagne ont été appliqués aux questions de tir, dès 1895, par le capitaine Lafay.

4. Le général Tariel, en particulier, a donné dès formules simples et suffisamment exactes, permettant de résoudre sur le terrain les questions pratiques du tir du canon de campagne. (Létourmy. *Loc. cit.*, p. 125.)

d'hypothèses, à coup sûr très ingénieuses mais simplement vraisemblables ou sciemment inexactes, il n'en subsiste pas moins que les solutions approchées dues aux continuateurs des Didion et des Piobert satisfont à tous les besoins de la pratique.

§ 2. — Personnel et organisation.

En 1859, l'artillerie comptait 16 régiments, 5 à cheval[1], 7 montés, 4 à pied[1], pouvant servir en campagne 870 bouches à feu, plus un régiment de pontonniers[2]. L'année suivante, à la suite de la guerre d'Italie, elle subit une transformation : on ne toucha ni aux régiments à cheval, ni au régiment de pontonniers, mais on augmenta de 20 batteries les 4 régiments à pied et le nombre des régiments montés passa de 7 à 10, sans d'ailleurs que le total de leurs batteries reçût la moindre augmentation ; le régiment à pied de la garde fut monté. C'était un accroissement de régiments (19 au lieu de 16), ce n'était pas un gain effectif, car il fallut payer cette apparence par la suppression de toutes les batteries de dépôts existant dans les anciens corps, en sorte que l'artillerie de campagne ne fut plus en état de servir que 780 bouches à feu au lieu de 870.

Le train d'artillerie, réparti dans les batteries depuis 1829, fut de nouveau réuni en 6 escadrons de 5 compagnies, plus 1 escadron de 2 compagnies pour la garde. L'effectif de paix de l'artil-

---

1. Dont un de la garde.

2. Le nombre des compagnies d'ouvriers était de 12, celui des compagnies d'armuriers de 5.

lerie atteignit cependant près de 35.000 hommes, pouvant devenir 56.000 à la mobilisation.

« Le 15 novembre 1865, date funeste pour l'armée, entre les deux guerres entreprises par la Prusse contre le Danemark et contre l'Autriche pour se faire la main, des raisons dites économiques imposèrent au ministre de la guerre l'obligation de faire le sacrifice d'une partie notable des forces vives du pays. L'artillerie dut contribuer à ce sacrifice par la suppression de 46 cadres de batteries. La perte la plus sensible fut celle de 16 batteries montées ou à cheval qui réduisit l'artillerie, à l'heure de Sadowa, à ne pouvoir atteler et servir avec certitude, pour les besoins courants de l'Algérie, du Mexique et de Rome, et pour les éventualités menaçantes du moment, que 114 batteries de matériel ou 684 bouches à feu. En dix-sept ans, de 1848 à 1865, l'artillerie avait perdu les moyens de servir 516 pièces de bataille ! [1] » Dès 1866, on essaya de parer à cette déplorable situation en préparant au rôle de batteries montées deux des batteries de chacun des régiments à pied, mais ce n'était qu'un expédient.

L'alerte provoquée par l'affaire du Luxembourg amena la réorganisation du 13 mai 1867 qui ne fut, sauf la conservation des régiments à cheval autonomes, qu'un retour aux sages principes adoptés par le maréchal Valée en 1829 ; toutes les batteries à pied durent recevoir l'instruction des batteries montées et la majeure partie d'entre elles reçurent des attelages en temps

---

1. SUSANE. *Loc. cit.*, p. 268. 2 compagnies d'ouvriers furent également supprimées.

de paix. L'artillerie comprit 21 régiments, savoir : 15 régiments mixtes (à 12 batteries dont 8 montées), 4 régiments à cheval (à 8 batteries), 1 régiment monté et 1 régiment à cheval de la garde, auxquels s'adjoignit 1 régiment de pontonniers [1]. Le train d'artillerie se composa de 2 régiments (à 12 compagnies pouvant se dédoubler), plus 1 bataillon (de 2 compagnies) attaché à la garde. De ce fait, le nombre des batteries de combat se trouva porté à 164, capables d'atteler et de servir 984 bouches à feu. « C'était encore 216 de moins que n'en avait obtenu le maréchal Soult trente ans auparavant ! Quoi qu'il en soit, 154 de ces batteries, avec 924 pièces attelées et approvisionnées, étaient à leurs postes de combat, le 1er août 1870 ; les 10 autres se trouvaient en Algérie et à Civita-Vecchia [2] ».

La troisième République estima que « les bases de la grandeur d'un pays doivent être stables, que les cadres ne doivent jamais être improvisés et qu'il ne doit y avoir entre le pied de paix et le pied de guerre d'autre différence que celle de l'effectif [3] ». Elle organisa donc la permanence des brigades, divisions et corps d'armée, pourvus de tous les services d'état-major, administratifs et auxiliaires, ainsi que du matériel nécessaire pour entrer en campagne dans le plus bref délai, par simple accroissement d'effectif du temps de paix. La loi de 1873 ordonna

---

1. Sans parler de 10 compagnies d'ouvriers, 6 compagnies d'artificiers (5, en mars 1870), 1 compagnie d'armuriers (supprimée en juillet 1870).

2. SUSANE. *Loc. cit.*, p. 271.

3. *Historique sur l'organisation de l'armée depuis la Révolution jusqu'à nos jours*, p. 431.

la constitution de 19 régions de corps d'armée, dont une pour l'Algérie. Cette organisation, basée sur les forces allemandes de l'époque, entraîna une extension considérable des nôtres ; la loi du 13 mars 1875 porta l'artillerie à 38 régiments de 13 batteries (dont 3 à pied ou à cheval, 8 montées et 2 de dépôt), 2 régiments pontonniers à 14 compagnies, 10 compagnies d'ouvriers, 3 compagnies d'artificiers et 57 compagnies du train ; sans parler des batteries de dépôt, l'artillerie stationnée en France fut en état de mettre en ligne 2.166 pièces de campagne.

Chaque batterie eut désormais ses canonniers conducteurs comme elle avait depuis longtemps ses canonniers servants ; le train resta uniquement chargé des charrois nécessités par le service du temps de paix et de la conduite de quelques éléments de ravitaillement à la guerre ; ce rôle modeste était précurseur de sa disparition. En 1883, en effet, on résolut de le supprimer et, avec les crédits devenus disponibles, de former une artillerie de forteresse indépendante des régiments de campagne. Dès lors, l'artillerie compta : 16 bataillons à pied (de 6 batteries), 38 régiments de campagne embrigadés par deux (l'un à 12 batteries montées, l'autre à 8 batteries montées et 3 à cheval) ; les pontonniers, ouvriers et artificiers restèrent constitués comme en 1875. De ce fait, l'artillerie de campagne s'éleva au chiffre de 437 batteries servant 2.622 bouches à feu. En 1888, elle s'accrut de 12 batteries de montagne rattachées aux deux corps d'armée de la frontière des Alpes, et l'année suivante (15 juillet 1889) de 19 batteries montées ; elle put mener au combat 2.868 canons de bataille.

Le 29 juin 1894, reprenant une proposition déjà discutée en 1875 et en 1888, le ministre demanda et obtint le rattachement au génie des deux régiments de pontonniers; par compensation, 28 nouvelles batteries montées se substituèrent au même nombre de compagnies de pontonniers et l'artillerie de campagne présenta le chiffre formidable de 3.036 bouches à feu. Un peu plus tard, la formation d'un 20ᵉ corps d'armée amena la création des 39ᵉ et 40ᵉ régiments, mais sans augmentation de la force d'ensemble de l'arme.

L'organisation qui vient d'être résumée subsista jusqu'en 1897 ; les deux chiffres 924 et 3.036 qui résument la puissance de l'artillerie de campagne française aux deux dates de 1870 et 1894 ont une suffisante éloquence pour qu'il soit superflu d'insister sur l'immense effort accompli, pour le plus grand bien de la défense nationale, durant les vingt-quatre premières années de la troisième république.

En 1897, devançant toutes les grandes puissances militaires européennes dans le domaine de l'artillerie comme elle l'avait déjà fait, en 1886, pour l'armement de l'infanterie, la France adopta un matériel de 75 millimètres à tir rapide; confiante en sa supériorité du moment, elle crut pouvoir ramener de 6 à 4 le nombre des bouches à feu de ses batteries ; il est certain que les 2.024 canons de campagne que notre artillerie fut alors en mesure d'opposer aux pièces ennemies, plus nombreuses mais à tir lent, pouvaient hardiment affronter la lutte, mais il était aussi à prévoir que, suivant notre exemple, les armées étrangères adopteraient tôt ou tard un matériel analogue au nôtre; cette prévision s'est récemment réalisée. Dès lors, il fallut aviser aux moyens, non plus de conserver la supériorité mais de rétablir l'égalité : la loi du 24 juillet 1909 y a pourvu; elle régit actuellement l'organisation de l'arme.

Ses données principales sont les suivantes : outre 11 régiments à pied et des groupes spéciaux affectés à l'armée d'Afrique, l'artillerie comprend 62 régiments de campagne, 2 régiments de montagne. A chacun des corps d'armée sont rattachés deux régiments divisionnaires (trois pour les 6ᵉ et 7ᵉ corps) à 9 batteries et un régiment de corps à 12 batteries, soit 30 (ou 39) batteries. Si l'on ne fait état, ni des 16 batteries à cheval de nos divisions de cavalerie, ni des batteries de 155 destinées à constituer l'artillerie d'armée, l'accroissement total de l'arme est représenté par le nombre imposant de 584 bouches à feu.

DEUXIÈME PARTIE

LES CANONS A TIR RAPIDE ET LEUR EMPLOI SUR LE CHAMP DE BATAILLE

CHAPITRE PREMIER

LE CANON FRANÇAIS A TIR RAPIDE DE 75 MILLIMÈTRES

§ 1. — Les caractéristiques d'un canon à tir rapide

Le canon à tir rapide s'est peu à peu révélé comme une nécessité, à partir du moment où, sous l'influence de la meilleure organisation des obus à balles et de l'adoption d'un fusil à tir également rapide, par suite aussi de l'emploi généralisé des poudres sans fumée, les procédés de cheminement de l'infanterie dans les terrains exposés au feu de l'ennemi ont eux-mêmes subi des modifications plus profondes. Aux chaînes denses et continues de tirailleurs, aux formations rigides et compactes qui naguère suivaient ces chaînes, la crainte salutaire des pertes et le désir de ne pas se montrer, tendirent à substituer des groupements de moindre importance, des soutiens et des réserves plus éloignés de la ligne de feu, des essaims plus aptes à profiter des couverts du sol, à se glisser inaperçus dans ses dénivellations, plus habiles à se mouvoir au pas de course puis à se coucher et, partant, à ne plus offrir au fusil et au canon que des objectifs fugitifs ou de très faible vulnérabilité [1]. On conçoit que, pour atteindre de tels buts, les anciens matériels ne pouvaient plus suffire ; ils n'étaient capables, ni d'un réglage rapide, ni de couvrir, en un temps très court et avec une répartition uniforme de leurs coups, la surface de terrain dans laquelle se trouvait inclus l'objectif à frapper. Au fur et à mesure que l'artillerie s'appliquait elle-même, par un plus judicieux emploi du niveau de pointage, à se mieux couvrir des crêtes du terrain, elle devenait moins visible et la lueur de ses coups décelait seule désormais sa présence, sans indiquer sa position exacte et notamment sa distance à la crête couvrante ; là encore, l'obligation s'imposait de couvrir de profonds espaces dans le temps très court où l'ennemi était perceptible.

D'ardents et ingénieux travailleurs se mirent à l'œuvre pour doter le pays, avant tous les autres, d'un matériel répondant aux nécessités constatées, et qui devait être forcément d'un calibre inférieur à ceux usités jusque-là, puisqu'il fallait prévoir une consommation de projectiles considérable, en même temps qu'il en fallait augmenter l'approvisionnement total. Leurs études et leurs expériences aboutirent au modèle adopté en 1897 et mis aussitôt en service. Ce matériel ne porte pas de nom d'auteur, car il

---

1. Ce fait confirme la loi historique exprimée dans les premières pages de cet ouvrage : la densité des formations de l'infanterie décroît au fur et à mesure que se perfectionnent les armes à feu.

n'est pas sorti tout d'une pièce du cerveau d'un inventeur ; plusieurs officiers concoururent à la conception et au perfectionnement de ses divers organes ; cependant leur œuvre fut si parfaite qu'après quatorze années de réalisation, elle demeure comme le type supérieur du genre ; leur mérite ne saurait donc être apprécié en termes trop élogieux. Néanmoins, s'ils ont résolu le problème avec une élégance universellement admise aujourd'hui, il est juste de rendre hommage à ceux qui en avaient posé les termes avec une saisissante clarté, et, parmi ceux-là, le général Langlois est au premier rang. Dans les leçons qu'il professait à l'Ecole de guerre dès avant 1891, il s'exprimait ainsi : « Un matériel entièrement nouveau s'imposera à bref délai, par ce fait même que les progrès accomplis depuis la création des derniers modèles sont considérables. La nation qui adoptera carrément un principe nouveau, créera un matériel contre lequel les artilleries actuelles, même transformées, ne sauraient lutter ; elle forcera les autres à l'imiter sans retard et à perdre ainsi tout le bénéfice d'une transformation coûteuse, sans compter le danger d'un retard de quelques années peut-être. Ce principe nouveau conduit à la création de l'artillerie légère à tir rapide, fusant, et à boucliers [1]. Puis, le général indiquait les problèmes techniques à résoudre pour atteindre la réalisation annoncée : « Le service du canon

---

1. LANGLOIS. *L'artillerie de campagne en liaison avec les autres armes*, I, p. 113. Ces paroles sont véritablement prophétiques, car l'Allemagne, après avoir, en 1896, transformé son ancien matériel à coups de millions, s'est récemment vue contrainte de l'abandonner pour construire un canon à tir réellement rapide.

comporte les opérations suivantes entre le départ de deux coups successifs : 1° ramener la pièce en batterie ; 2° la charger ; 3° la pointer. Le but du canon à tir rapide est de réduire au minimum le temps nécessaire à ces trois actes. 1° on supprime l'opération de la remise en batterie en rendant l'affût immobile pendant le tir ; 2° on supprime le pointage, du moins on réduit beaucoup sa durée, en s'arrangeant de manière que la pièce revienne après chaque coup à sa position de tir ; 3° on réduit le temps nécessaire au chargement par l'emploi d'une gargousse métallique reliée au projectile comme l'étui de la cartouche du fusil est relié à la balle [1]. »

Et encore : « On appelle affûts à boucliers des affûts portant une plaque métallique destinée à couvrir le personnel contre les balles et les éclats des projectiles... Tant que le canon a, dans le tir, un recul tel que le personnel est obligé, pour la mise de feu, de se porter en dehors des roues et de ramener ensuite la pièce en batterie, l'addition d'un bouclier à l'affût ne procure qu'une protection très momentanée, par conséquent peu efficace... Il n'en est plus de même avec le canon à tir rapide sans recul ; l'abri est constant ; il est réellement efficace. L'affût à boucliers est donc, pour ainsi dire, le corollaire du canon à tir rapide [2]. »

Le général ne se borna pas à ces données d'ensemble ; il établit que les progrès accomplis par les industries métallurgiques autorisaient, dès 1890, la construction du matériel qu'il rêvait ; il

---

1. LANGLOIS. *Loc. cit.*, I, p. 48.
2. *Id.*, p. 51.

fixa le poids à donner aux différentes voitures et détailla l'organisation du shrapnel à créer. Bien plus, il sut prévoir les méthodes de réglage du tir et d'emploi des feux qui s'imposeraient : « Pour nous, la forme du combat de l'artillerie à shrapnels est la suivante : réglage large, prompt et sûr, suivi d'un tir échelonné à toute vitesse... La caractéristique des feux de l'artillerie à shrapnels est, selon nous, le tir par rafales, toujours à portée décisive[1]. » Il comprit toute l'importance qu'allait prendre le capitaine pendant le tir : « Dans la batterie, le feu est tout entier dans la main du commandant ; une artillerie réellement instruite, telle que nous la comprenons, doit être en mesure d'agir rapidement et vigoureusement sur tout objectif vu par le commandant de la batterie[2]. » La nécessité pour l'artillerie de demeurer invisible, aussi bien dans ses déplacements que dans ses prises de position, n'a pas été moins bien mise en lumière : « L'action de l'artillerie est devenue décisive aux plus grandes distances de combat. L'utilisation du terrain comme couvert devient donc indispensable à l'artillerie ainsi qu'aux autres armes... L'artillerie qui ne saura pas se couvrir pourra être immobilisée[3]. »

C'est donc à juste titre qu'un artilleur russe, après la guerre en Mandchourie, a pu écrire : « Les travaux du général Langlois m'ont servi de fil conducteur dans mon étude. Je regarde comme un devoir de déclarer ouvertement que les idées

1. Langlois. *Loc. cit.*, p. 250.
2. *Id.*, p. 251.
3. *Id.*, p. 252.

du créateur de la nouvelle artillerie ont trouvé pleine confirmation dans les événements de la guerre russo-japonaise. Ayant entre les mains de nombreux documents relatifs à l'action de l'artillerie pendant la guerre, je dois affirmer ma conviction, complète et profonde, que tout ce qu'avait dit le général Langlois s'est justifié jusque dans les plus petits détails ; que, même dans les cas où l'on pourrait à première vue voir une discordance entre ses opinions et les faits, cette divergence s'évanouit à un examen plus attentif de la question ; que, quand on suit historiquement les actions de l'artillerie russe, on peut citer de nombreux exemples où les idées du général Langlois, qui avaient semblé d'abord ne pas se vérifier, ont reçu une confirmation brillante et manifeste. Maintenant encore, on ne peut pas publier tout ce qu'a enseigné l'expérience de la guerre, mais ce que l'on peut dire suffit largement à confirmer l'exactitude de ce que je viens de déclarer. La meilleure preuve que j'en puisse donner, c'est la citation suivante, tirée d'une lettre d'un commandant de batterie, chevalier de Saint-Georges, qui s'est acquis au cours de la guerre russo-japonaise une brillante réputation d'artilleur : « Bien qu'on dise en général que c'est la guerre qui nous a ouvert les yeux et que nous ne savions rien auparavant, je me permets d'exprimer un avis tout contraire. J'avais emporté avec moi mes notes sur la tactique d'artillerie. Ces notes, je les ai relues plusieurs fois pendant la guerre, et non seulement je suis resté d'accord avec tout ce qui y était exprimé, mais je suis certain que si d'autres ont apporté à cet enseignement une attention suffisante, ils ont dû voir

que l'expérience de la guerre n'a fait que confirmer la théorie et n'a, à vrai dire, rien donné
de nouveau. »

« Les théories exposées aux élèves de l'École d'artillerie des officiers, c'étaient les idées du général
Langlois. En présentant cette étude aux artilleurs
russes, nous saluons avec un profond respect
notre maître, le général Langlois, comme le
créateur de l'artillerie à tir rapide et des principes qui règlent son emploi au combat, principes
qui ont reçu une si brillante confirmation dans
les campagnes de la Mandchourie [1]. »

§2. — Le canon, son frein et son affût ; le caisson.

De toutes les difficultés inhérentes à la réalisation d'un canon à tir rapide, la principale consistait à obtenir l'immobilité absolue de l'affût, le
coup parti, puis le retour automatique de la
pièce à sa position de tir primitive. Cette importante propriété devait non seulement permettre
aux servants de rester à leurs postes pendant
l'exécution du feu et, partant, d'accomplir tous
les mouvements nécessaires à la préparation du
coup suivant, mais encore supprimer tout dépointage. On songea, tout d'abord, à munir la crosse
de l'affût d'une forte bêche transversale dont
l'enfoncement dans le sol, sous l'effort de la percussion, annulerait tout recul. Cette solution
n'était en rien satisfaisante : outre que tous les
terrains ne présentent pas une résistance suffi-

---

1. Bielaïew. *Questions de tactique d'artillerie d'après l'expérience de la guerre russo-japonaise*, p. 12.

sante pour annihiler la poussée de la bêche, le matériel supporte une fatigue considérable et tend à se soulever [1]; or, soulevées, les roues de l'affût ne retombent plus sur leurs emplacements initiaux; il y a constamment dépointage; le canon n'est plus à tir rapide, mais simplement à tir accéléré [2].

On a donc maintenu le principe de l'immobilité de l'affût, et, par suite, la bêche de crosse, mais en admettant aussi le recul du canon lui-même. Celui-ci, dépourvu de tourillons, est relié à l'affût par un frein hydraulique dont il entraîne le piston dans son mouvement vers l'arrière; un organe récupérateur, restituant la force vive emmagasinée pendant le recul, ramène la pièce en batterie. Par ce moyen, à l'effort considérable et violent supporté par l'affût muni d'une simple bêche de crosse, se substitue la résistance totale opposée au recul par le frein, résistance moins grande et agissant beaucoup plus progressivement. La fixité de la bêche est ainsi assurée dans tous les terrains, sans fatigue exagérée de l'affût, et tout soulèvement de la pièce est évité à la seule condition de donner au canon un recul suffisamment long [3].

Ces conditions ont été pleinement réalisées

---

1. Les angles (du canon avec l'horizontale) à partir desquels se produit le soulèvement diffèrent notablement suivant que l'affût est, ou n'est pas, à bêche de crosse. Il est beaucoup plus petit dans le premier cas que dans le second.

2. Les Allemands, en 1896, ont entrepris dans ce sens la transformation de toute leur artillerie de campagne : ils sont tôt revenus de leur coûteuse erreur, et, moins de trois ans après, se sont décidés à construire un matériel réellement rapide, qui ne conserve plus de l'ancien que les tubes de 77 millimètres.

3. $1^m,20$ environ.

dans le matériel de 75. Le canon repose sur la face supérieure de l'enveloppe du frein organisée en glissière et reliée à l'affût par des tourillons. Pendant le tir, le frein reste immobile; la tige de son piston qu'une simple clavette rattache au canon est entraînée dans le mouvement de recul de ce dernier. Toute déviation latérale du tube est empêchée : 1° par les parois du frein qui sont relevées cylindriquement de manière à emboîter et guider exactement le tube, notamment à hauteur de son renfort; 2° par des galets de roulement dont deux à la bouche, présentant l'écartement convenable [1].

Le canon. — Le canon est en acier; il est formé d'un tube creusé intérieurement de rayures cunéiformes et renforcé extérieurement sur son tiers postérieur par une longue frette M, dite « manchon » (fig. 31) qui est mise en place par serrage à froid [2]. Le manchon qui dépasse le tube

1. L'adoption de ces galets de bouche G résout élégamment une très sérieuse difficulté. Si l'on veut, en effet, que le canon ait un assez long recul, il faut lui donner une glissière suffisamment longue; or, la glissière est lourde, tandis que le matériel doit être aussi léger que possible. On a donc raccourci la glissière au maximum.

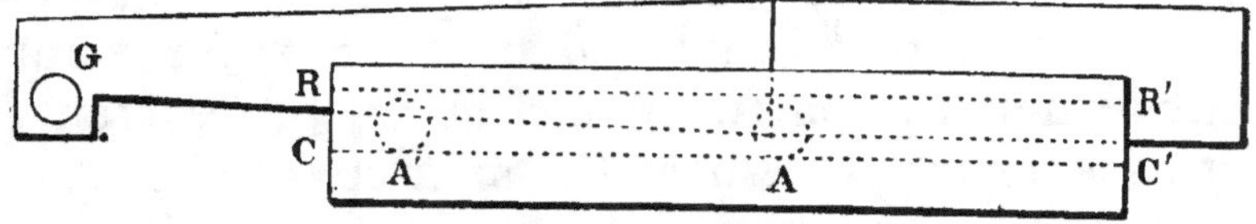

Lorsque les galets d'arrière A qui portent sur les chemins de roulement inférieurs CC', abandonnent ces chemins dans le recul, le canon tend à pivoter autour des galets d'avant A', mais il en est empêché, car les galets de la bouche G sont déjà parvenus sur des chemins de roulement supérieurs RR' en sorte que la glissière peut être réduite à la longueur même du frein.

2. Le serrage à froid évite les altérations moléculaires consécutives à un serrage à chaud.

central et porte l'écrou F de la vis-culasse, a tendance à glisser vers l'arrière, au moment du départ du coup; une frette-écrou E relie manchon et tube, par l'intermédiaire d'une frette de calage C. Une « jaquette » en bronze J dont la surface inférieure s'adapte sur la glissière du frein, enveloppe la partie avant du canon; elle lui sert de chariot pendant son recul et, vissée sur la frette de calage, fait corps avec lui.

La culasse est organisée de manière à n'exiger qu'un seul mouvement, aussi bien pour son

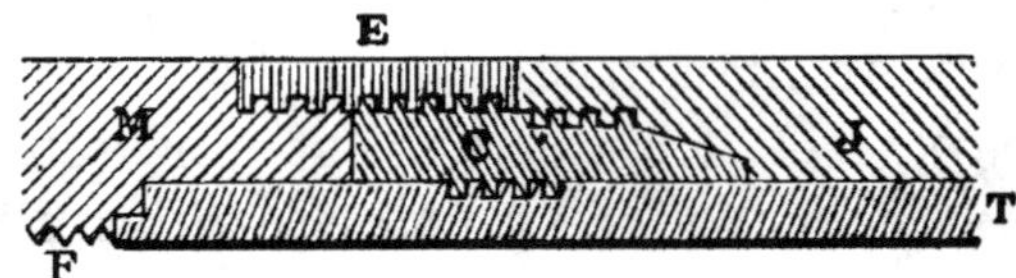

Fig. 31.

ouverture que pour sa fermeture. Elle est du système dit « à vis excentrée », c'est-à-dire que son axe, au lieu de coïncider avec celui du canon, est au-dessous de ce dernier. Dans l'une de ses deux positions d'arrêt, la culasse présente, dans le prolongement précis de l'âme, une échancrure cylindrique (fig. 32) qui permet le chargement. Une rotation du demi-tour suffit pour substituer une partie pleine au cylindre creux, et assurer la fermeture. La manœuvre s'exécute au moyen d'une manivelle pourvue d'une longue poignée.

· La cartouche étant tout à fait analogue à celle du fusil, la mise de feu est réalisée de la même manière que dans les armes portatives. La tête d'un marteau à ressort, subitement abandonnée, vient frapper sur un percuteur d'acier qui traverse toute l'épaisseur de la vis-culasse et dont la pointe ne se trouve en face de l'amorce de la cartouche que si la culasse est à sa position exacte de fermeture. Cette disposition rend théoriquement inutile tout système ayant pour objet de s'opposer à une mise de feu prématurée.

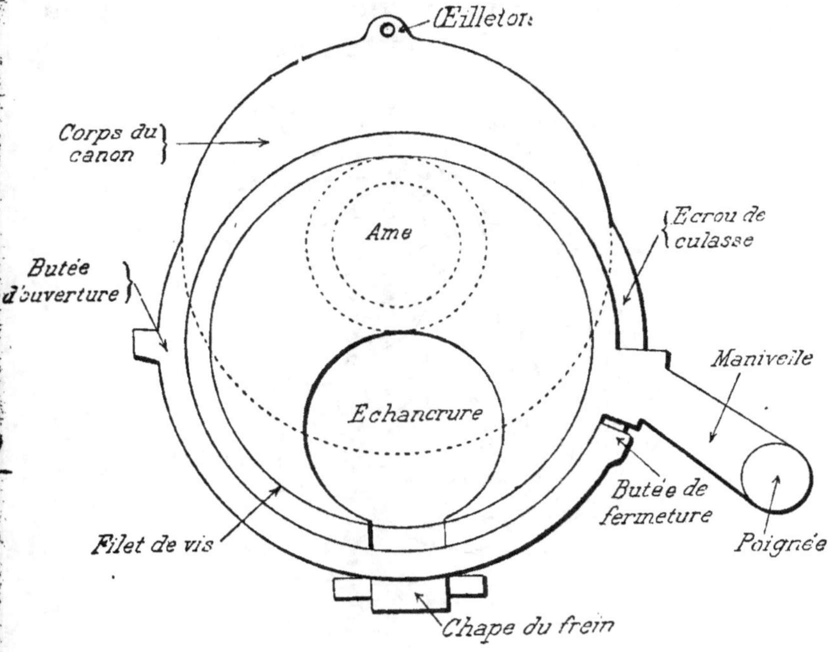

Fig. 32.

Néanmoins, aussi bien pour éviter les chocs répétés du marteau sur la tête du percuteur que pour rendre impossible le départ accidentel d'un projectile oublié dans l'âme, une came de sûreté peut à volonté s'engager sous un ressaut du percuteur et l'immobiliser : il est de règle de maintenir cette came à la position dite « de route », en dehors des périodes de tir.

Un « linguet », agencé dans la manivelle et

dont le pêne tombe dans une gâche du manchon, maintient la culasse close [1]. Il peut être commandé par une « masselotte » enfermée dans la poignée (fig. 33). Normalement, la masselotte est repoussée par un ressort vers l'extrémité de la poignée, mais, au départ du coup, elle comprime le ressort par inertie; son bec vient en prise avec le talon du contre-linguet qui fait, à

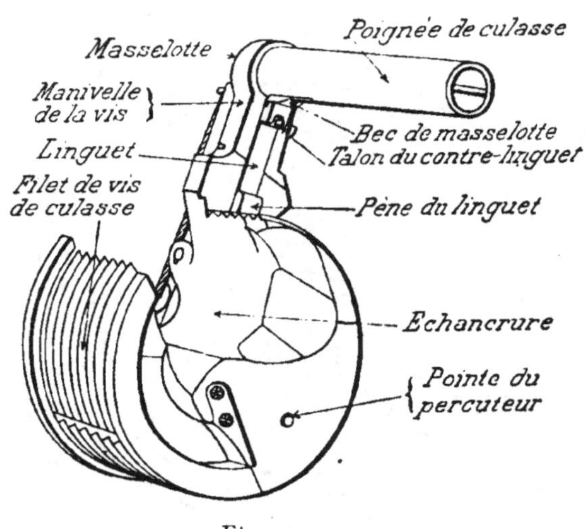

Fig. 33.

son tour, pivoter le linguet; le pêne sort de sa gâche et la culasse peut être ouverte. La masselotte est de nouveau libérée, au cours de l'ouverture de la culasse, par simple frottement du talon du contre-linguet sur une surélévation du manchon [2].

1. Le linguet n'est pas indispensable, mais il évite le rebondissement de la manivelle sur sa butée de fermeture et supprime une cause de ralentissement dans le tir : en cas de long feu, il évite une ouverture prématurée de la culasse.

2. Cette surélévation est utilisée pour le placement de l'œilleton qui sert à donner la ligne de mire naturelle (fig. 32 et 34).

L'obturation est obtenue par serrage automatique, sous l'action des gaz de la poudre, de la douille de laiton de la cartouche, contre les parois de l'âme. Les gaz peuvent à la vérité, s'introduire entre la douille et son logement, mais ils ont un assez long chemin à parcourir avant d'arriver au joint qui sépare le culot de la partie

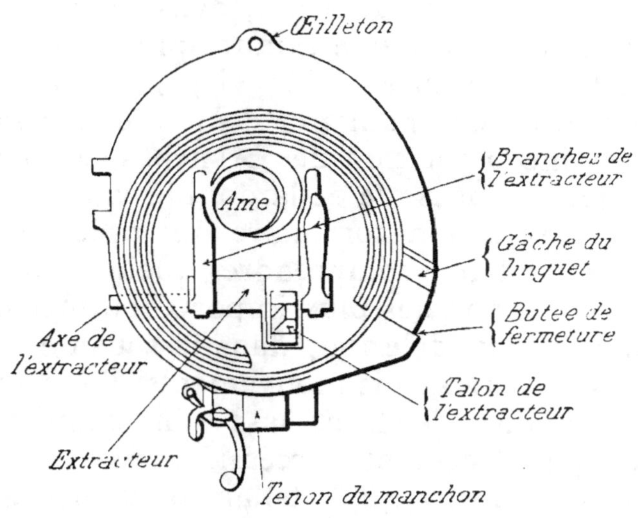

Fig. 34.

pleine de la vis-culasse; la résistance qu'ils éprouvent dans le trajet leur fait perdre leur tension. En face du joint, la cartouche est renforcée, de telle sorte que le métal ne puisse ni se déchirer, ni glisser dans l'espace vide.

L'emploi des cartouches métalliques formant obturateur entraîne l'adoption d'un « extracteur » destiné à décoller la douille de la cartouche et à la projeter vers l'arrière, une fois le coup parti. Cet appareil se compose essentiellement (fig. 34) de deux branches encadrant l'âme du canon et montées sur un axe horizontal. Lorsque la cartouche est à sa position de chargement, les branches de l'extracteur, sur lesquelles déborde le bourrelet en cuivre de la douille, sont appliquées dans des évidements, de dimensions et forme convenables, ménagés dans le bloc de métal du manchon. Sur l'axe de l'extracteur, est également adapté un talon qui, dans le mouvement d'ouverture, suit une rainure pratiquée dans la tranche antérieure de la vis, jusqu'à ce que, rencontrant une paillette, il subisse un choc qui détermine la rotation des branches vers l'arrière et l'éjection brusque de la douille vide.

La description sommaire qui précède est de nature à faire comprendre quelques-uns des progrès, et non des plus importants, réalisés par le matériel modèle 1897 dans le sens de la rapidité du tir. Les trois mouvements d'ouverture et de fermeture de la culasse sont réduits à un seul; au placement successif dans la chambre d'un projectile, qu'il fallait d'ailleurs assurer dans sa position exacte à coups de refouloir, puis d'une gargousse, s'est substitué le chargement d'une cartouche complète que la vis suffit à mettre en bonne place; à l'introduction délicate d'une étoupille dans le canal de lumière, précédée de l'accrochage du tire-feu et suivie du glissement d'une bobine le long de la corde de ce tire-feu jusqu'à rencontre d'un nœud, a succédé, pour actionner le marteau de percussion, une simple traction sur une poignée de bois. Tous ces avantages, à coup sûr fort appréciables, ne sauraient d'ailleurs entrer en comparaison avec ceux qui résultent de l'immobilité de l'affût; or, cette essentielle propriété de notre canon est due, pour la plus grande part, à l'excellence du frein.

LE FREIN. — Le frein du canon de 75 est un frein hydraulique avec récupérateur à air comprimé[1], emmagasinant la force de recul du canon sur une longueur d'un mètre vingt environ. Les détails de sa construction étant tenus rigoureusement secrets, il n'est possible d'en donner ici que le principe de fonctionnement. Nous prendrons comme exemple le modèle adopté en 1890 pour le canon de 155 court —, matériel dont nous avons eu déjà l'occasion d'entretenir le lecteur[2] — quoique ce dernier frein ne revète aucunement la même apparence extérieure que dans le matériel de 75. Ici, en effet, le frein et le récupérateur à air sont contenus tous deux dans la même boîte métallique, sorte de cylindre allongé au-dessous de la bouche à feu, mais n'ayant que des dimensions transversales fort réduites ; là, au contraire, ils sont séparés. Quoi qu'il en soit, si l'art des constructeurs a pu faire que deux des principaux organes du nouveau matériel soient condensés sous un faible volume, il n'a pas modifié le principe même de leur fonctionnement.

On sait que le canon A (fig. 35) est monté à l'intérieur d'un manchon M en bronze muni de tourillons et à l'intérieur duquel il peut reculer ; il est relié au cylindre C du frein hydraulique tandis que le manchon est rattaché au cylindre C′ du récupérateur. Le piston P du frein et sa tige sont solidaires du cylindre C′ et, par conséquent fixes ; c'est donc le cylindre C qui est entraîné dans

---

1. D'où son nom de frein « hydropneumatique ».
2. Voir page 113.

le mouvement de recul du canon[1]. Durant ce recul, l'huile minérale contenue dans le cylindre C subit une compression et s'échappe par des orifices appropriés à l'intérieur de la tige creuse du piston ; soulevant ensuite une soupape chargée S, le liquide se répand dans la partie arrière du cylindre C' ; il refoule alors un diaphragme D qui comprime à son tour l'air du récupérateur enfermé en R. Le recul effectué, l'air réagit sur le

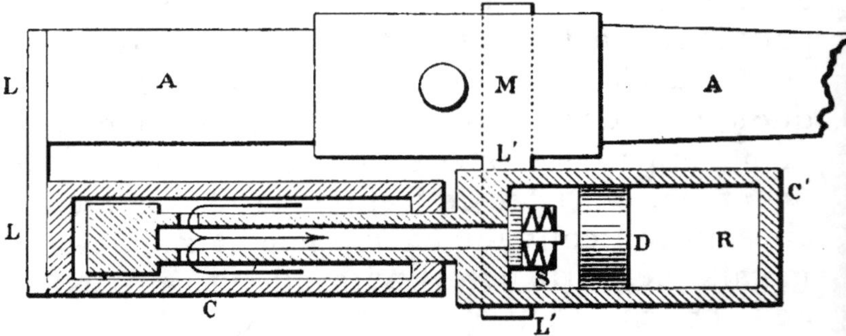

Fig. 35.

diaphragme et l'huile revient sur son parcours primitif en passant par de très petits orifices ménagés sur le pourtour de la soupape S. « L'amplitude maxima du recul du canon dans le manchon est de 475 millimètres[2]. Dès que le recul atteint 450 millimètres, un indicateur prévient que le recul est près d'atteindre son maximum, et que l'on doit le plus tôt possible recharger le frein en liquide. Cette opération s'effectue à l'aide d'une pompe spéciale. A cet effet, le corps

1. Dans le canon de 75, c'est, au contraire, la tige du piston qui recule et le cylindre du frein qui est fixe.

2. Beaucoup plus court, par conséquent, que dans le matériel de 75.

du piston est percé d'une tubulure de recharge-
ment, fermée par une soupape sur laquelle est
vissé un bouchon taraudé[1] ».

« Dans les freins hydropneumatiques, l'air
comprimé subissant les variations de tension initiale du liquide qui l'actionne, peut, soit récupérer trop d'énergie et, dès lors produire au
retour le décollement de la bêche de crosse en
faisant avancer les roues, soit n'en récupérer pas
assez et, par suite, donner lieu à un retour in-
complet en batterie, si la récupération est inférieure au travail des résistances passives. Aussi
comportent-ils un indicateur de pression, ou
une jauge indiquant l'état de la charge du
frein[2] ».

Les usines du Creusot ont construit un canon
de 75 millimètres muni d'un frein hydropneumatique. Il a été expérimenté, concurremment
avec des canons pourvus de récupérateurs à ressorts, « en Portugal, en Norvège, en Suisse, aux
Etats-Unis, en Espagne, en Grèce, etc. On est
tombé d'accord pour reconnaître que son récupérateur à air comprimé a été le seul capable d'assurer toujours le retour en batterie et de fonctionner d'une façon irréprochable. On a reconnu
que les fuites d'air sont absolument impossibles
et que les chutes de pression ne peuvent provenir que de pertes de liquide, faciles à réparer
avec quelques coups de pompe ; 4 à 5 minutes
suffisent pour relever la pression de trois atmos-
phères. Il importe de bien emprisonner l'air de
façon à empêcher, par les joints, les fuites solli-

---

1. GIRARDON. *Loc. cit.*, p. 332.

2. CAMPANA. *L'artillerie de campagne à tir rapide et à boucliers*,
p. 183.

citées par les fortes pressions. Là est la difficulté de ce genre de récupérateur, en même temps que le secret des constructeurs français, qui seuls ont pu le réaliser jusqu'à présent [1] ».

Ce jugement favorable s'applique tout spécialement au plus ancien de tous les freins hydropneumatiques adaptés en France aux matériels d'artillerie : celui du canon de 75. En Chine, il a connu des températures glacées succédant à d'autres très chaudes, il a parcouru plusieurs milliers de kilomètres aussi bien sur les pistes rocheuses et à peine frayées des provinces montagneuses que dans les terrains boueux des plaines du Petchili, toujours il est resté semblable à luimême. Au Maroc, en toute circonstance, il a récemment prouvé que sa rusticité n'a d'égale que l'excellence de son fonctionnement.

L'AFFÛT. — Hormis la bêche de crosse, l'affût proprement dit ne diffère pas sensiblement, quant à sa forme générale, des modèles de campagne antérieurement en service ; néanmoins, sa flèche est plus longue, son essieu moins élevé au-dessus du sol, ses roues plus larges, toutes conditions favorables soit à la stabilité, soit à la traction ; des sièges permettent aux servants de rester assis pendant l'exécution du tir. En revanche, il présente dans les détails trois différences essentielles qui sont : 1° l'adjonction d'un «·frein de roues » contribuant, avec la bêche de crosse, à assurer l'immobilité complète du système ; 2° la possibilité de prendre divers azimuths autour de la bêche de crosse fixée au sol, sans qu'il soit pour cela nécessaire de relever le frein

----

1. CAMPANA. *Loc. cit.*, p. 214.

des roues; 3° un mécanisme spécial de liaison de l'affût au frein, combiné de telle sorte que les opérations du pointage puissent s'effectuer sans difficulté, même pendant le recul du canon. Ces trois importants détails de l'affût vont être successivement décrits.

a) Le frein de roues (fig. 36) comporte deux solides patins métalliques, munis à leur partie inférieure d'une bêche parallèle à l'axe de l'affût; c'est sur eux que reposent les roues pendant le tir, en sorte que trois points fixes, en y comprenant la bêche de crosse, concourent à l'immobilité de l'affût, aussi bien dans le sens transversal que dans le sens longitudinal. Les patins sont fixés à l'extré-

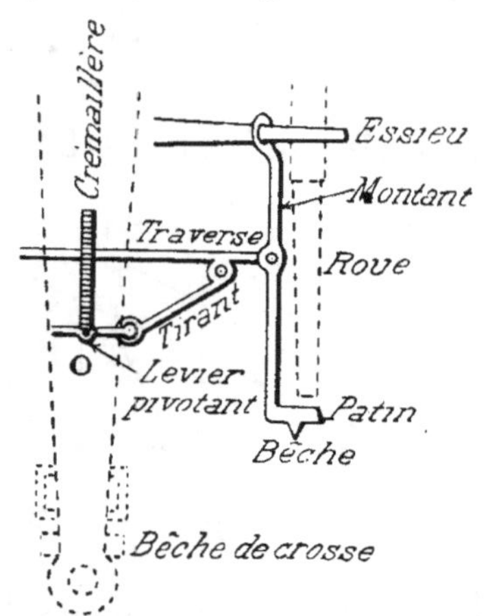

Fig. 36.

mité de montants qui peuvent tourner très librement autour de l'essieu, dans des plans parallèles aux roues[1]. Une traverse qui maintient leur écartement, est, à son tour, reliée par deux tirants à un levier pivotant mobile autour de l'axe O. Toutes les articulations sont à anneaux, de manière que le système tout entier puisse facilement tourner autour de la crosse lorsque l'affût coulisse sur son essieu, entraînant à la fois flèche et roues[2].

Avant le tir, il faut faire monter les roues sur

1. Les percussions transmises par les roues à leurs patins n'intéressent donc pas les montants qui peuvent être assez légers.

2. La nécessité de ce coulissement sera justifiée plus loin.

les patins — c'est-à-dire faire reculer l'affût — car les patins et la crosse étant à terre, la situation relative des patins et des roues est celle indiquée par la figure 37. On pourrait, à la vérité, se borner à soulever légèrement la crosse puis à exercer une traction vers l'arrière, à la seule condition que l'axe O du levier pivotant puisse se déplacer dans une rainure appropriée. C'est, en réalité, ce que l'on fait, mais au prix d'un moindre effort, grâce à un dispositif dont le principe est le suivant. Pendant le soulèvement de la crosse, l'axe O du levier pivotant, attiré par le tirant OT, parcourt le trajet O'T' en suivant, sans entrer en prise avec elles, les

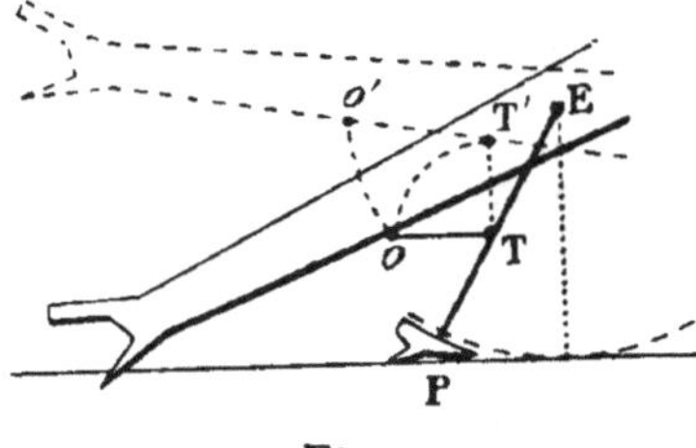

Fig. 37.

dents d'une crémaillère. Dès le moment, au contraire, où la crosse s'abaisse, l'entrée en prise se produit ; dès lors, le triangle T'T P devient indéformable et l'affût bascule vers l'arrière, entraînant ses roues qui montent sur les patins. Cette opération s'appelle « abatage », et, lorsqu'elle est faite, on dit que la pièce est « abattue ».

Pendant les marches, le frein de roues est maintenu relevé par un crochet à chevillette ; ses patins font alors face aux cercles des jantes dont ils ne sont séparés que par un petit intervalle ; on peut les appliquer contre les cercles par simple rotation d'une manivelle ; le frein de roues se transforme, dans les descentes rapides, en frein de route.

b) Si le frein hydropneumatique qui supporte le canon était fixé directement sur l'essieu de l'affût, lequel est rivé au sol par trois points fixes, il ne serait possible de tirer dans d'autres azimuths qu'à la condition de faire descendre chaque fois les roues de leurs patins et de recommencer ensuite l'abatage ; encore la pièce ne serait-elle pointée que très imparfaitement dans la direction voulue. Or, dans un matériel à tir rapide, il est indispensable de pouvoir, non seulement rectifier sans

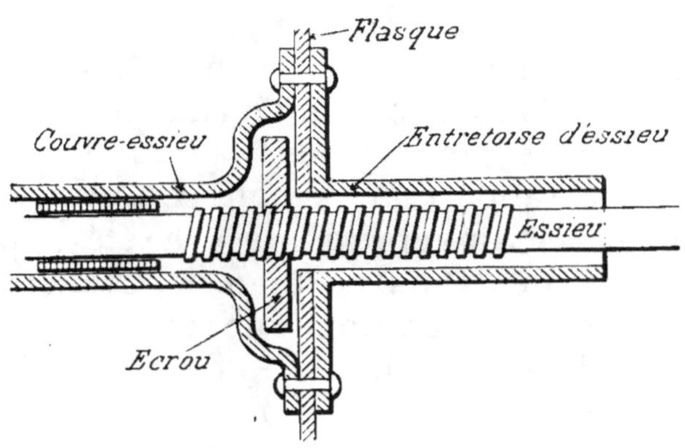

Fig. 38.

perte de temps, une légère défectuosité dans la direction du canon, mais encore disperser successivement les coups d'une même pièce sur une certaine largeur. A cet effet, l'essieu (fig. 38) est fileté dans sa partie médiane, mais il ne peut tourner ; engrenant avec lui, un écrou solidaire de l'affût, et capable, par conséquent, de l'entraîner dans son mouvement, peut être actionné par un volant placé le long du flasque gauche [1].

Tout l'ensemble de l'affût prend ainsi un mouvement de rotation autour de la bêche de crosse ;

1. La gauche d'un canon à sa position de tir est celle d'un observateur placé en arrière et regardant l'objectif.

la roue vers laquelle l'affût se déplace a tendance à reculer, celle dont il s'éloigne tend à s'avancer ; le quadrilatère formé par l'essieu, les deux montants, la ligne joignant les deux patins, se gauchit ; l'un des tirants avance, l'autre recule en agissant sur le levier pivotant. Le canon peut se déplacer à l'intérieur d'un secteur limité et relativement considérable : on dit qu'il est apte au « fauchage ». L'importance de cette propriété ressortira d'explications ultérieures.

c) Le troisième des détails caractéristiques de l'affût de 75 réside dans l'indépendance complète des organes de pointage en hauteur (niveau et hausse) par rapport au canon. Le principe dit de « la hausse indépendante » a été appliqué pour la première fois au matériel français ; on peut dire, sans exagération, que ses conséquences dépassent de beaucoup celles de la rapidité du tir qui nous hypnotisent volontiers, ou mieux que la rapidité du tir n'acquiert toute sa valeur que par sa combinaison avec la hausse indépendante.

C'est à la hausse indépendante que la batterie doit — l'occasion se présentera bientôt de le montrer — une liberté quasi-complète dans le choix des positions à occuper, la possibilité de porter ses coups sur un point quelconque de l'horizon, les moyens de répartir son feu, d'étaler et de rétrécir sa zone d'action à la demande des objectifs à frapper, tout cela par des procédés d'une si extrême simplicité qu'ils se réduisent à l'énoncé d'un chiffre, et dans des conditions de temps dont on n'avait jusqu'alors aucune idée. Provisoirement, nous ne retiendrons des avantages procurés par le dispositif dont on va lire la description, que le suivant : les servants de la bouche à feu peuvent effectuer toutes les opérations du pointage sans être en rien gênés par le recul du canon.

Lorsqu'une pièce P (fig. 39) doit atteindre un

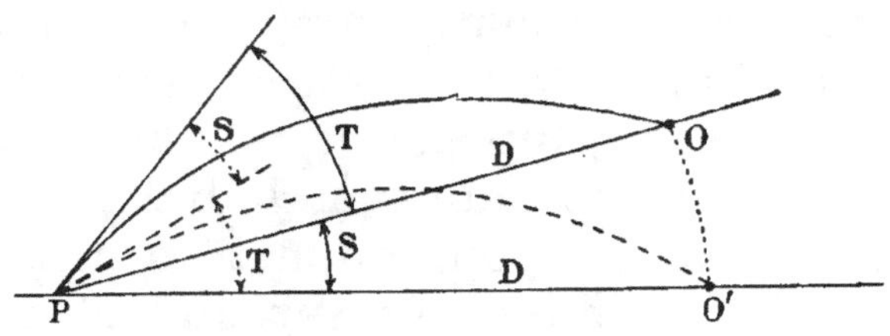

Fig. 39.

objectif O, situé à la distance D, elle doit prendre une inclinaison totale S + T, S étant l'angle que fait OP avec l'horizontale, ou « angle de site », et T représentant « l'angle de tir » fourni par les tables du canon considéré pour la distance D[1].

Le système de hausse indépendante du matériel français permet successivement de faire marquer à la pièce les angles S et T. A cet effet, le corps du frein (porteur du canon), repose à l'avant sur

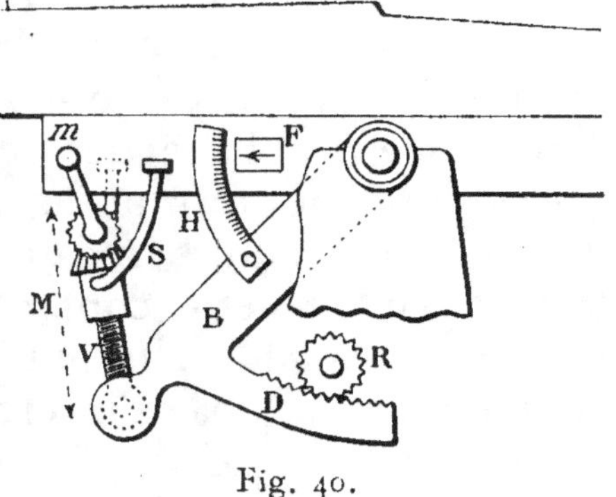

Fig. 40.

---

1. Les tables de tir sont établies pour des distances comptées sur le plan horizontal. Ce qui précède revient donc à dire que si l'on matérialise par la pensée la trajectoire des tables convenant à la distance $D = PO'$, et si l'on fait ensuite tourner cette trajectoire autour de P d'un angle S, elle passera par le point O. C'est l'hypothèse de la « rigidité de la trajectoire » qui se vérifie très exactement dans les canons à tir tendu, tel le canon de 75.

ses tourillons (fig. 40) et à l'arrière, par l'intermédiaire du mécanisme M, sur le bâti B, formé
de deux lames parallèles et appelé « berceau ».
Celui-ci a même centre de rotation que le
frein, mais il tourne indépendamment de lui.
Sur le berceau est monté un niveau à bulle d'air
dont la graduation est au zéro lorsque la pièce
est horizontale [1]. Supposons qu'on lui fasse marquer l'angle S ; pour ramener la bulle entre ses
repères, c'est-à-dire pour donner au canon l'inclinaison S, il suffit d'agir sur un volant placé
le long du flasque gauche de l'affût, lequel actionne la roue R en prise avec un secteur denté D
faisant corps avec l'une des lames du berceau.
L'angle de site étant acquis, et le volant de commande calé, il ne reste plus qu'à y ajouter
l'angle T, c'est-à-dire à donner la hausse, sans
modifier la position du berceau. Pour cela, sont
fixés : 1° sur l'aile droite du berceau, un secteur
gradué en distances (ou « hausse » H), ayant
son centre sur l'axe des tourillons ; 2° sur une
pièce cylindrique, mobile, reliant les extrémités
des deux lames du berceau, une vis V qui, par le
fait même de cette construction, ne peut tourner. En revanche, elle guide l'écrou E que met
en mouvement, par l'intermédiaire d'un engrenage, la manivelle M. L'écrou E, descendant (ou
montant) le long de la vis V immobile, le canon,
entraîné par le support oscillant S, suit le mouvement. Dans sa course, la flèche repère F, gra-
vée sur le corps du frein, passe devant les gra-

---

1. Ce niveau est à gauche de l'affût, comme le volant qui commande le coulissement de la pièce sur l'essieu, comme aussi le
volant qui sert à marquer l'angle de site et dont il est parlé quelques lignes plus loin.

duations de la hausse H ; elle est arrêtée en face de la division correspondant à la distance D, et la manivelle est calée [1].

Dans la description schématique qu'on vient de lire, on a pu remarquer non seulement que les divers organes de commande du pointage sont adaptés soit au berceau, soit à l'affût, c'est-à-dire à des parties du matériel dont l'immobilité est assurée pendant le tir, mais encore que le volant d'angle de site (ou de pointage en hauteur) est disposé à la gauche de l'affût tandis que la manivelle de hausse est à la droite ; il résulte de cette circonstance que les deux opérations, exécutées par deux servants différents et commodément assis, peuvent s'effectuer simultanément. Cette heureuse division du travail, d'ailleurs généralisée dans le service de la bouche à feu, est une cause nouvelle de rapidité du tir venant s'ajouter à celles déjà énumérées et notamment à la plus importante d'entre elles : la permanence du pointage.

L'affût est complété par des boucliers verticaux, placés à droite et à gauche de la tête d'affût et donnant surtout protection aux deux servants dont il vient d'être fait mention. Ils sont en tôle d'acier, très minces pour en diminuer le poids, mais cependant capables de résister à la pénétration de la balle de notre fusil d'infanterie à distance de 150 mètres. On a peine aujourd'hui à comprendre les résistances qu'éprouvèrent les inventeurs du matériel de 75 pour faire adopter par leurs chefs ces minimes plaques de

---

1. Dans la pratique, les divisions de la hausse étant difficiles à lire en raison de leur rapprochement, les distances sont lues, non pas sur la hausse elle-même. mais sur un tambour amplificateur.

blindage dont l'utilité avait été si bien mise en évidence par les travaux du général Langlois. Il s'en fallut de peù qu'ils ne fussent taxés de pusillanimité, et cela donne une explication de l'amplitude insuffisante des boucliers qui couvrent actuellement le personnel de notre artillerie. Nous verrons que les puissances étrangères, engagées après nous dans la voie de la rapidité du tir et de la protection des servants, n'ont pas eu les mêmes scrupules : force nous sera bientôt de suivre leur exemple et d'augmenter la surface de nos plaques de blindage.

LE CAISSON. — Un canon à tir rapide deviendrait vite un objet inutile et encombrant, s'il n'était immédiatement accompagné d'un lot considérable de munitions. Depuis l'adoption du matériel de 75, le canon et le caisson forment donc un groupement inséparable.

L'avant-train mis à part [1], le caisson (fig. 41) se compose d'une boîte métallique, en forme de parallélipipède allongé dans le sens longitudinal ; elle se divise en trois compartiments, dont un, central (contenant un coffre à avoine et un « débouchoir [2] ») et deux, latéraux, renfermant 72 cartouches [3].

---

1. Les avant-trains de canon et de caisson sont semblables. Ils ne paraissent pas sur la ligne de feu et les munitions qu'ils contiennent (24 cartouches chacun) sont, très en arrière de la position, transbordées dans les coffres des caissons qui vont ravitailler la batterie au cours du combat.

2. Cet ingénieux instrument, destiné au percement exact des fusées d'obus, est décrit plus loin,

3. On voit, dans la figure 41, que les coffres latéraux sont eux-mêmes divisés en trois parties dont deux seulement renferment des projectiles, tandis que celle du milieu ne comporte que des tiroirs T, porteurs de divers objets de rechange et d'armement. Cette disposition était nécessaire. La longueur des cartouches, et la profondeur

La flèche qui relie l'arrière-train à l'avant-train est articulée à sa naissance et peut se rabattre vers l'avant, tandis que la caisse peut basculer vers l'arrière et venir reposer sur des butées B. Elle se présente alors comme une sorte d'armoire à deux portes, où les servants, à genoux, n'ont

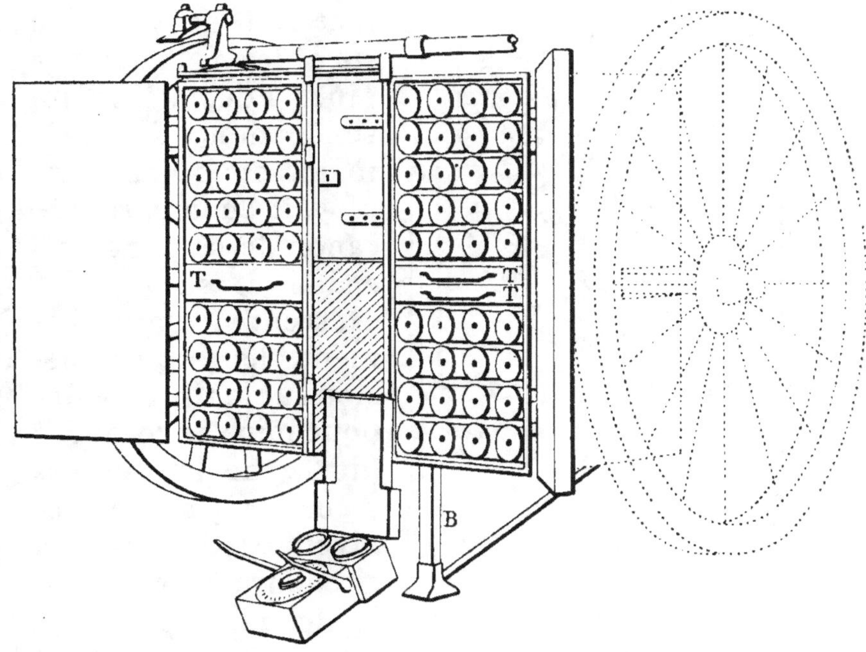

Fig. 41.

plus qu'à puiser les cartouches en les sortant des alvéoles qui les maintiennent et leur évitent les chocs.

de la caisse, par conséquent, sont, en effet, relativement grandes. Sous peine d'élever le centre de gravité de la voiture jusqu'à une hauteur incompatible avec sa stabilité, on a dû renoncer à faire reposer directement les coffres sur l'essieu ; la plaque de fond a été recourbée en forme d'U renversé, et, dans le vide, on a logé l'essieu. C'est au-dessus de son logement que sont disposés les tiroirs.

Une plaque de blindage en tôle d'acier, de même résistance que les boucliers du canon, est fixée au fond des coffres du caisson dont les portes sont également blindées ; le personnel, agenouillé en arrière, en tire une excellente protection.

Le « débouchoir » est une des innovations du matériel de 75 ; il a succédé à l'ancienne pince à déboucher qui se manœuvrait à la main et qu'on employait encore avec le canon de 90 [1]. Sa précision et sa rapidité exercent naturellement leur répercussion sur le tir. Le « débouchoir » se compose (fig. 42) de deux ogives creuses O, d'une manivelle M, d'un cadran circulaire C gradué en distance (50 en 50 mètres), de deux poinçons d'acier P montés sur des tiges T et de deux leviers L, le tout contenu dans une boîte métallique à mécanisme intérieur. Les ogives O, ou « boîtes d'ogives », reproduisent en creux la surface externe de l'ogive du projectile [2]; la manivelle M commande simultanément le cadran C dont la graduation passe devant un trait de repère R et

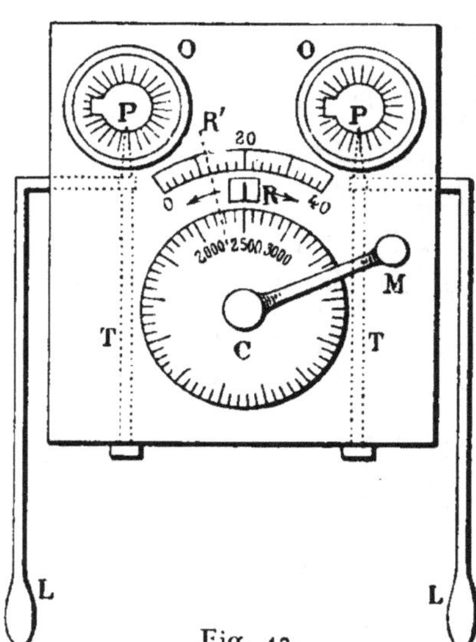

Fig. 42.

1. Voir page 111.

2. La fusée est munie d'un tenon et la boîte d'ogive d'une encoche correspondante ; le placement du projectile, le culot en l'air, dans la boîte d'ogive, est donc exactement assuré.

la rotation, suivant un mouvement hélicoïdal en hauteur, des deux boîtes d'ogives ; les poinçons P sous la pression des leviers L pénètrent, à travers une fente ménagée à cet effet, à l'intérieur du cylindre creux qui prolonge chaque boîte d'ogive et qui reçoit la fusée de l'obus ; d'autre part, le mécanisme intérieur est organisé de telle sorte que la spire fusante de la fusée présente toujours, en face du poinçon P, le point exact qu'il faut percer pour assurer l'éclatement du projectile à la distance marquée par le cadran C des distances. Comme le débouchoir a deux boîtes d'ogives fonctionnant simultanément, les évents de deux projectiles peuvent donc être débouchés presque instantanément par un même servant.

Pour diverses raisons, le point d'éclatement du projectile sur la trajectoire de la distance D indiquée par le trait de repère R peut n'être pas à la bonne hauteur au-dessus de l'objectif[1] ; il

1. Cette circonstance se produit en particulier lorsqu'on commet une erreur sur l'angle de site réel de l'objectif. Si, pour un objectif O,

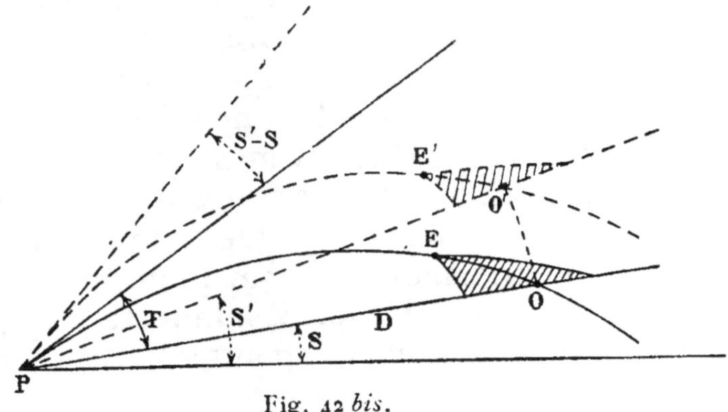

Fig. 42 *bis*.

situé à distance D, on apprécie l'angle de site égal à S' (fig. 42 *bis*) alors qu'il est, en réalité, égal à S, le projectile au lieu d'éclater en E, éclatera en E', c'est-à-dire trop haut.

importe, en ce cas, de pouvoir modifier le point d'éclatement de manière à obtenir toujours le maximum d'efficacité, ou l'observation facile du sens de l'éclatement par rapport au but. A cet effet, le trait de repère R n'est pas fixe, mais gravé sur un curseur qui se déplace à la fois devant les graduations en distance du cadran circulaire et devant une bande concentrique au cadran et graduée en un certain nombre de divisions correctrices, ce qui lui a fait donner le nom de « correcteur ». On voit que si l'on repousse R d'un certain nombre de divisions vers la gauche, jusqu'à R′ par exemple, et si l'on ramène ensuite la distance 2.500 antérieurement marquée par R en face de R′, cela ne revient pas à autre chose qu'à laisser R immobile et à faire marquer au cadran une distance de 2.900 environ. Comme, d'autre part, on ne modifie pas la hausse employée, 2.500, tout projectile débouché dans ces conditions, ira encore éclater sur la trajectoire de 2.500 mais, cette fois, à 2.900 mètres, c'est-à-dire plus bas que dans le premier cas. Si donc, la correction a été convenablement appréciée, le sens du second coup deviendra observable, alors que le précédent ne l'était pas.

Avant-trains. — Les avant-trains de caisson et de canon sont identiques ; tous deux sont surmontés d'un coffre, sur lequel trois servants peuvent être transportés et qui renferme 24 cartouches[1]. Le premier approvisionnement de projectiles immédiatement disponibles, sans parler

---

1. Les roues ont même diamètre et même épaisseur que celles de l'arrière-train : l'essieu, tubulaire, passe dans un logement ménagé à la base du coffre, ainsi qu'il a été expliqué déjà pour l'arrière-train du caisson.

des munitions contenues dans les deux caissons supplémentaires qui accompagnent toute batterie au feu, s'élève donc à 120 coups par pièce.

La liaison des deux trains n'a pas varié depuis 1827 ; elle est du système dit « à suspension », dans lequel l'extrémité de la flèche de l'arrière-train est munie d'une lunette qu'on suspend à un crochet fixé à l'essieu de l'avant-train ; un battant, poussé par un fort ressort, ferme le crochet et s'oppose à la séparation accidentelle des deux trains.

Divers dispositifs accessoires permettent de transporter des objets de rechange et notamment un timon. Enfin, les crochets auxquels se fixent les traits des chevaux sont montés sur ressorts, ce qui, d'après les expériences de Marey, réduit d'un quart environ l'effort de traction nécessaire pour entraîner la voiture.

Cette courte description du matériel de 75 n'a porté, hormis quelques perfectionnements pratiques de nature diverse, que sur les détails de construction entraînant une augmentation considérable de la rapidité du tir qui s'est subitement élevée de 2 à 3 coups jusqu'à 20 et 25 à la minute. Cette propriété certainement très importante n'acquiert cependant, à nos yeux, son entière valeur, que combinée avec la possibilité de porter à coup sûr le feu d'un canon sur un point quelconque de l'horizon, à la manière de l'eau d'une lance d'arrosage, et cela par l'émission du commandement le plus simple qu'il soit possible d'imaginer, car il se borne à un seul chiffre. Cette propriété nouvelle dont, au début, les artilleurs eux-mêmes n'avaient pas discerné toutes les conséquences, nous la devons à la hausse indépendante d'abord, à l'organisation et à la graduation en millièmes des appareils de pointage ensuite.

§ 3. — Le millième et les appareils de pointage.

LE MILLIÈME DE L'ARTILLEUR. — Au temps où le matériel de 90 était réglementaire, l'artilleur était fort embarrassé pour se reconnaître entre les diverses unités servant à la mesure des grandeurs dont il est contraint de faire un usage courant. Le niveau de pointage était gradué en degrés et minutes, la hausse en distances métriques, la durée de combustion des fusées en secondes et dixièmes de secondes ; la hauteur d'éclatement des projectiles s'évaluait en millièmes de la distance ; enfin la correspondance entre deux ou plusieurs des données précédentes s'effectuait au moyen d'une échelle commune graduée en millimètres. Il serait oiseux d'insister sur les inconvénients d'une pareille complexité. Aujourd'hui, l'artillerie ne connaît plus d'autre unité, hormis celle en mètres de la hausse, que le « millième ».

On appelle millième, l'arc de circonférence égal à la millième partie du rayon ; les deux rayons aboutissant aux extrémités d'un arc d'un millième pris sur des circonférences concentriques forment donc un angle constant quel que soit le rayon de la circonférence. En d'autres termes, à quelque distance qu'il soit de l'observateur, le millième est toujours vu sous le même angle.

Géométriquement, la circonférence contient un nombre incommensurable de millièmes, égal à 6.283,2... On comprend qu'il soit difficile d'utiliser pratiquement une division de la circonférence en un nombre incommensurable d'unités. L'artilleur lui a substitué la division en 6.400 parties (1.600 par quadrant), en sorte que son millième est quelque peu plus petit que le millième géométrique. Il a, de plus, assimilé l'arc à sa corde ; finalement, le millième peut être défini : l'angle sous lequel on voit une droite de 1 mètre à 1.000 mètres, de 2 mètres à 2.000 mètres...

On dira bientôt quelles facilités procure la graduation en millièmes des appareils de pointage pour les changements d'objectifs, la préparation du tir et la répartition des coups d'une batterie sur un front donné ; dès maintenant, on peut se rendre compte de quelques-unes des applications pratiques de la nouvelle unité de mesure.

« *Déploiement en tirailleurs.* — Le règlement prescrit d'assigner à la file de base de chaque section un point de direction particulier. Si chaque compagnie de première ligne déploie deux sections en tirailleurs et que le déploiement commence à 1.000 mètres, il doit y avoir 75 millièmes d'écart entre les points de direction de deux sections voisines...

Lecture de la carte. — Il arrive couramment qu'ayant devant soi plusieurs villages, on les confonde l'un avec l'autre, bien qu'on ait la carte entre les mains... Pour éviter toute erreur, voici ce qu'on peut faire. Considérons le village A sur lequel il ne peut y avoir aucun doute, son clocher étant très reconnaissable. Sa distance, mesurée sur la carte, est de 3 kilomètres. Le village dont on cherche le nom est de 500 millièmes à droite de A. Il y a donc, entre les deux villages, un intervalle de 1.500 mètres dans le sens de la largeur ; prenons ces 1.500 mètres sur l'échelle de la carte et portons-les à la droite du clocher de A. En joignant l'extrémité de cette longueur au poste d'observation, on détermine un alignement qui passe par le village dont on cherchait le nom [1].

Inversement, on peut se demander dans quelle direction se trouve le village de B qui est marqué sur la carte et qu'on n'arrive pas à découvrir sur le terrain. A cet effet, on mesure sur la carte l'intervalle qui existe entre B et A, dans le sens de la largeur, à la distance de A. Supposons qu'on trouve 1.200 mètres. En divisant 1.200 par 3, on obtient 400 millièmes ; la direction de B est déterminée.

Exécution des croquis perspectifs. — La mesure en millièmes des écarts angulaires permet de représenter sur le papier, en un croquis perspectif, établi à une échelle régulière, le panorama très exact des points remarquables du terrain...

Mesure des fronts. — Constamment, au cours des manœuvres, et il en sera de même à la guerre, on est amené à se demander ce que l'on a devant soi. Quel est l'effectif de cette troupe ? Quelle est l'étendue de cette lisière de bois ou de cette crête ? Combien l'ennemi pourrait-il y mettre de fusils ou de canons ? Le seul moyen de faire à ces questions une réponse raisonnable, c'est de mesurer le front en millièmes et de le

---

1. Le fait de prendre la corde pour l'arc n'entraine, dans ce cas, qu'une erreur d'une vingtaine de mètres.

multiplier par la distance présumée. Faute de prendre cette peine, on se trompe du simple au triple ; on confond bataillon, régiment ou brigade ; on prend un groupe de batteries pour une artillerie de corps ; on est ainsi conduit à engager contre l'objectif plus de force qu'il n'est nécessaire.

Exemple. — L'objectif est une ligne d'artillerie en batterie derrière une crête dont la distance est évaluée à 2.500 mètres. On n'aperçoit que les lueurs des coups ; on ne peut pas compter les pièces, mais on a pu repérer la direction des lueurs extrêmes, mettons 80 millièmes. En multipliant 25 par 8, on trouve 200 mètres. L'objectif est donc un groupe de trois batteries de quatre pièces, et non une batterie, une artillerie divisionnaire ou une artillerie de corps.

Evaluation des distances. — Il arrivera assez fréquemment que l'on connaisse une dimension de l'objectif ; en divisant la dimension connue par l'angle sous lequel on l'aperçoit, on a la distance de l'objectif.

Exemples. — L'objectif est une ligne d'artillerie dont on a pu compter les 12 pièces. C'est donc un groupe dont le front est d'environ 200 mètres. Il est couvert par 70 millièmes. En divisant 200 par 70, on trouve 2,8. La distance est de 2.800 mètres.

De la terrasse de Saint-Germain-en-Laye, la tour Eiffel est vue sous un angle de 20 millièmes. En divisant 300 par 20, on trouve 15. La distance est 15 kilomètres.

La route que l'on suit a 6 mètres de largeur. Au point où elle franchit la crête, elle produit une tache blanche de 2,5 millièmes. En divisant 6 par 2,5 on trouve 2,4. La distance de la crête est de 2.400 mètres[1] ».

La notion du millième, introduite dans l'armée par les artilleurs, « comporte donc des applications militaires qui intéressent les officiers de toutes armes » ; on peut même dire sans exagération qu'elle leur est indispensable.

Divers procédés permettent de mesurer la valeur en millièmes d'un écart angulaire. Les mesures les plus exactes se font au moyen d'une lunette terrestre dont chaque batterie possède un exemplaire ; le champ de cet instrument est micrométré et fournit avec grande approximation le nombre des millièmes contenus dans les petits angles ; pour les écarts plus considérables, la lunette peut tourner autour d'un axe vertical entraînant un index qui se meut devant les divisions d'un plateau circulaire. Des indications moins précises peuvent être données par une réglette linéaire, tenue à l'extrémité d'une ficelle de longueur donnée et graduée en conséquence, ou bien encore par des jumelles stéréoscopiques, munies ou non de micromètres, et dont on connaît l'étendue du champ. Enfin, lorsqu'il s'agit de mesures n'exigeant pas une très grande exactitude, on arrive, par des exercices quelque peu répétés, à étalonner, une fois pour toutes, la largeur de la main tendue à bout de bras, les doigts relevés ; de 4 ou 3 doigts, d'un seul doigt ; on apprend vite à connaître combien de millièmes couvrent le poing fermé, le bras tendu ; combien en interceptent deux rayons visuels passant par

---

1. Général Percin. *Le millième et ses applications militaires.* Journal des sciences militaires, 15 mars 1910, pp. 135 et suivantes.

les sommets des articulations de l'index et du médius, du médius et de l'annulaire... La mesure rapide et sûre d'un écart angulaire est aujourd'hui devenue l'une des nécessités les plus courantes pour l'artilleur ; les moyens d'y parvenir ne lui font pas défaut.

LES APPAREILS DE POINTAGE. — On a dit précédemment que le fait de disposer une pièce pour tirer sur un objectif déterminé dont le site par rapport à l'horizontale et la distance linéaire sont connus, consiste à donner successivement à cette pièce l'angle de site du but, puis l'angle de tir convenant à la distance [1], mais il est, en outre, indispensable que le canon soit placé en direction, c'est-à-dire que le plan vertical défini par son axe passe par l'objectif [2]. On sait que l'angle de site, une fois marqué sur le niveau de pointage fixé au berceau de l'affût, est également donné au canon, par le simple mouvement de ramener la bulle du niveau entre ses repères [3]. L'angle de tir est alors ajouté au moyen de la hausse dont le principe du fonctionnement fut expliqué en son temps [4].

La direction est donnée au moyen de l'appareil de pointage. Il se compose d'une colonne de laiton, adaptée, comme le niveau, à un support attenant au berceau, et surmontée d'un « collimateur » de visée. Le collimateur, dont

---

1. Voir page 151.

2. En réalité, la trajectoire n'est pas plane, à cause de la dérivation, mais cette faible cause d'erreur se corrige systématiquement au cours du réglage.

3. Voir page 152. Le niveau est gradué en millièmes ; lorsqu'il est au zéro en même temps que la hausse, le canon est horizontal.

4. Voir page 152.

l'axe est perpendiculaire à la colonne, comprend un couple de lentilles formant système convergent ; au foyer, se croisent deux traits rectangulaires très fins, l'un horizontal, l'autre vertical, qui laissent seuls passer la lumière au travers d'un disque argenté : ce sont les « lignes de foi ». Par construction le plan déterminé par la ligne de foi verticale et l'axe du collimateur est parallèle au plan vertical passant par l'axe du canon ; il suffit donc, pour diriger celui-ci sur le but, de modifier la position de la pièce jusqu'à ce que l'objectif apparaisse sur la ligne de foi verticale du collimateur [1].

Si l'appareil de pointage se bornait simplement à permettre cette opération, il ne présenterait, sur l'ancienne hausse du canon de 90, que de bien faibles avantages ; il nécessiterait, en particulier, que le pointeur voie le but, c'est-à-dire que le matériel, de son côté, restât toujours exposé, au moins partiellement, aux vues de l'ennemi ; il obligerait surtout à désigner l'objectif au pointeur, ce qui serait à la fois une cause de perte de temps et une source féconde d'erreurs. Il a donc été construit de manière à éviter l'un et l'autre de ces deux inconvénients.

A cet effet, la colonne de l'appareil n'est pas fixe, mais bien mobile autour de son axe ; elle tourne au centre d'un plateau (gradué de 200 en 200 millièmes) (fig. 43), divisé en 6.400 millièmes (1.600 par quadrant). Un trait de repère vertical, gravé sur le pied de la colonne, peut donc venir

---

1. Dans le cas où le but est visible, la ligne de foi horizontale permet de donner à la pièce l'angle de site exact de l'objectif. Cette circonstance étant très rare, ainsi qu'on le verra par la suite, l'emploi de la ligne de foi horizontale est peu fréquent.

successivement se placer devant les graduations du plateau. En outre, on réalise la rotation continue de la colonne, c'est-à-dire du collimateur, entre deux des graduations du plateau, lesquelles diffèrent de 200 millièmes, au moyen d'un tambour annexe, gradué de 0 à 200. De cette manière, la colonne peut effectuer un tour complet d'horizon et marquer un nombre quelconque de millièmes compris entre 0 et 6.400, à partir de l'origine de la graduation du plateau. Par construction, lorsque le plateau est au zéro et le tambour à 100, le plan vertical passant par l'axe du collimateur est parallèle au plan vertical passant par l'axe du canon, et, comme ces deux plans sont à un intervalle très petit, comparé aux distances de tir, on peut dire qu'ils sont en coïncidence.

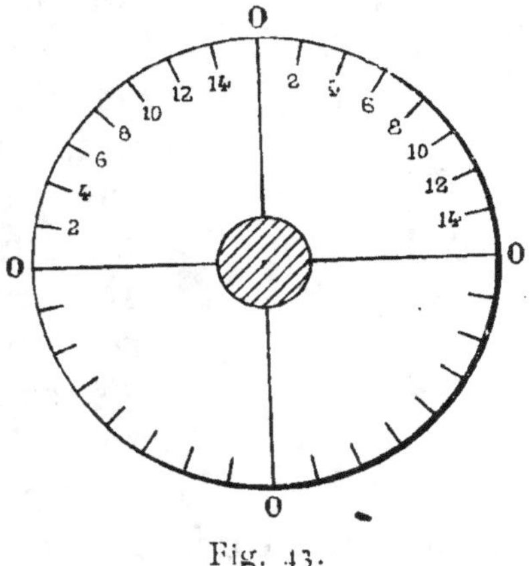

Fig. 43.

On aperçoit de suite les conséquences importantes qui résultent de cette organisation de l'appareil de pointage. Supposons qu'une pièce P (fig. 44) ait été amenée par un procédé quelconque dans une direction PD et que le pointeur, d'autre part, ait dirigé sa ligne de foi verticale sur un point de repère R situé dans son horizon personnel, bien visible et, par conséquent, toujours facile à retrouver. On pourra désormais modifier la direction du canon et cependant rester toujours capable de la ramener dans la direction D, à la seule condition de ne pas toucher, entre temps, à l'appareil de pointage : il suffira de repointer sur R. Mieux encore, tandis qu'une pièce est dirigée sur D, on peut vouloir tirer sur un objectif O ; on mesurera l'écart angulaire α et on l'indiquera au pointeur qui, sans faire remuer le canon, ajoutera α millièmes à la quantité, déjà marquée par son appareil [1] ; le plan de visée viendra en PR' ; dès lors, si le pointeur fait, cette fois, varier la position de son canon de manière à repointer sur R, mais sans toucher à la nouvelle dérive, le plan de tir sera reporté de PD en PO ainsi qu'on le désire. Un chiffre, sans autre discours, suffit désormais à assurer l'exactitude d'une opération qui exigeait naguère des explications aussi longues que souvent incomprises.

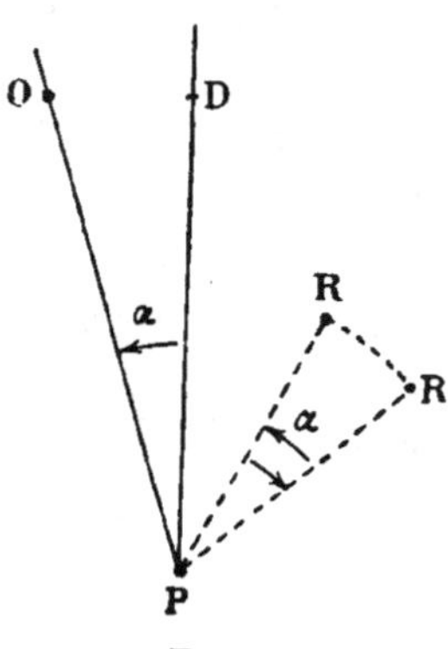

Fig. 44.

Là n'est pas le seul avantage dû à la disposition de l'appareil de pointage ; on comprend que le pointeur, placé en P, n'a aucun besoin de voir l'objectif sur lequel il tire. Pourvu que son chef connaisse la direction PD, pourvu que lui-même ait dans son horizon un point R sur lequel il puisse diriger son plan de visée, point qu'il peut, d'ailleurs et faute d'objet saillant, matérialiser par un simple jalon, peu importe que le

---

1. Cette quantité s'appelle « dérive ». L'appareil est construit de telle sorte que pour porter les coups vers la gauche de D, il faut augmenter la dérive, et que, pour les porter à droite de D, il faut, au contraire, la diminuer. Si α est égal à 50 millièmes, le commandement à faire sera simplement : « Augmentez de 50. »

canon soit en contre-bas d'une crête du terrain, ou masqué par une ligne de bois, ses coups n'en porteront pas moins sur tous les points que le chef aura la volonté d'atteindre [1]. La rapidité du tir ne serait qu'un perfectionnement de moyenne importance, s'il n'était allié à la double propriété, que possède pleinement la nouvelle artillerie, de pouvoir céler son matériel et son personnel aux regards indiscrets en se couvrant du terrain, et de pouvoir aussi diriger son feu, au moyen d'un mécanisme aussi simple que rapide, sur un point quelconque de son horizon. Grâce au coulissement de l'affût sur l'essieu, cette action quasi-instantanée peut même s'obtenir, dans un secteur relativement considérable, sans qu'il soit besoin de modifier la base triangulaire (bêche de crosse et patins de frein de roues) qui maintient le système attaché au sol, c'est-à-dire sans qu'on ait à relever le frein de roues. Dans son coulissement total, le canon peut, en effet, prendre deux positions extrêmes différant entre elles de 100 millièmes, 50 de part et d'autre de la position médiane. Ceci revient à dire qu'à la distance de 3.000 mètres, un seul canon, dans un temps relativement très court, peut arroser de ses coups une bande de terrain large de 300 mètres ; dans la même situation, une batterie de quatre pièces peut battre sans lacunes, en ne modifiant en rien son assiette sur le sol, un front de 1 200 mètres. Il semble que ce chiffre soit bien de nature à mettre en évidence les progrès immenses réalisés par le matériel dit à tir rapide.

1. Il n'y a qu'une restriction à faire, et elle est d'ailleurs évidente, c'est que la trajectoire passe au-dessus du couvert qui masque la pièce aux vues de l'ennemi.

§ 4. — Le service de la bouche à feu.

Le service du canon de 75 est assuré par six servants, commandés par un chef de pièce [1]. Un pointeur donne l'angle de site et la direction ; assis sur le siège de gauche de l'affût, il a sous la main les deux volants de pointage en hauteur et en direction, et, sous les yeux, le niveau et l'appareil de pointage. Un tireur qui prend place sur le siège de droite, a dans ses attributions le maniement de la hausse, l'ouverture et la fermeture de la culasse, la mise de feu. Un chargeur ainsi que son nom l'indique, reçoit les cartouches qui lui viennent du caisson et les introduit dans le canon ; sa place est entre le caisson et la pièce, à hauteur de la culasse de cette dernière [2]. Deux pourvoyeurs, agenouillés devant chacun des coffres à projectiles du caisson, en extraient les cartouches et les introduisent dans les boîtes d'ogives du débouchoir. Le déboucheur est uniquement chargé du percement des fusées et, ceci fait, de passer les obus au chargeur ; le déboucheur, placé entre les deux pourvoyeurs, auprès de son instrument, est à genoux comme ses deux voisins. Le chef de pièce surveille l'exécution du service et ordonne la mise de feu ; il se tient du côté gauche du canon, en arrière du chargeur, ayant tout son personnel sous les yeux.

La division du travail est ainsi complètement

1. Ce nombre n'est pas indispensable, et 4 hommes, y compris le chef de pièce, peuvent, pendant le tir et sans qu'on puisse constater un ralentissement sensible dans la vitesse du feu, suffire au service.

2. En batterie, le caisson est placé à 50 centimètres à gauche du canon.

assurée. Lorsque le pointage est effectué, un commandement ordonne successivement, à quelques secondes d'intervalle, le correcteur qui convient au percement de la fusée, le nombre de cartouches à déboucher puis la distance. Exemple : « Correcteur 20 — par 2 — 2,500 ».[1] Les opérations se succèdent alors ainsi qu'il suit. Le déboucheur dispose le trait de repère de son débouchoir en face de la division 20 du correcteur, puis le trait 2.500 dans le prolongement du trait de repère. Il n'a plus, les boîtes d'ogives étant constamment garnies de projectiles par les pourvoyeurs, qu'à presser sur l'un et sur l'autre de ses deux leviers pour amener le débouchage automatique des fusées. Aussitôt qu'il a débouché l'une des deux cartouches, il la passe au chargeur qui, trouvant la culasse ouverte par le tireur, introduit l'obus dans le canon. Le tireur qui, à l'énoncé du commandement 2.500, a déjà disposé la hausse pour cette distance, ferme la culasse et saisit la poignée du tire-feu qui doit actionner le marteau et frapper sur le percuteur à l'indication « Feu » du chef de pièce. Le coup parti, le pointeur vérifie, et rectifie au besoin, la position de la bulle de son niveau, ramène s'il est nécessaire la coïncidence de la ligne de foi verticale de son collimateur avec le point sur lequel sa pièce est repérée ; le tireur ouvre la culasse, ce qui éjecte la douille du projectile précédent ; le déboucheur passe la deuxième cartouche débouchée par lui au chargeur qui la pousse dans le canon, etc.

S'il arrive qu'entre deux séries de coups, il soit

---

1. Le correcteur permet d'élever ou d'abaisser de 20 millièmes la hauteur normale d'éclatement. Il comporte, à cet effet, 40 divisions, la division médiane — 20 — donnant l'éclatement normal.

nécessaire de modifier la direction d'une faible quantité (moins de 50 millièmes théoriquement), le pointeur modifie la dérive marquée par son reil de pointage du nombre de millièmes indiqué, puis ramène ensuite la ligne de visée sur son point de repère, en agissant sur le volant de pointage en direction. Dans le cas où le coup doit être reporté plus à gauche, ou plus à droite, d'une quantité supérieure à 50 millièmes, force est de relever le frein de roues, puis d'abattre la pièce dans la nouvelle direction. Les roues du canon étant poussées hors de leurs patins, le pointeur augmente ou diminue la dérive de la quantité ordonnée, et, l'œil fixé sur le collimateur indique par des gestes de la main, aux deux pourvoyeurs appliqués aux poignées de la crosse d'affût, les déplacements à donner à la flèche du canon pour que le plan de pointage vienne passer sur le point de repère dont il fait usage. Dans cette position, la pièce est abattue, selon le mode connu[1], la nouvelle direction restant respectée autant qu'il est possible.

Il est fort important que l'abatage soit correctement exécuté, c'est-à-dire que les mouvements successifs de relèvement et d'abaissement de la crosse destinés à faire monter les roues sur leurs patins, s'effectuent bien dans le plan vertical passant par l'axe du canon. S'il n'en est pas ainsi, le plan de pointage ne contient plus le point de repère du pointeur qui doit, pour réparer l'erreur, manœuvrer dans le sens convenable son volant de pointage en direction, autant dire déplacer l'affût du milieu de l'essieu. Dès

---

1. Voir page 148.

lors, le champ du coulissement disponible est diminué d'un certain nombre de millièmes du côté où l'affût vient d'être ramené. « Pour qu'un abatage soit bien fait, dit le règlement, il faut que le levier pivotant soit perpendiculaire à la flèche et que le nombre de tours de volant à donner pour achever le pointage ne soit pas supérieur à cinq [1] ». Le tour de volant correspondant à 2 millièmes, le champ du coulissement, du côté où il est diminué, reste donc encore au moins égal à 40 millièmes, soit 120 mètres à 3.000 mètres.

Il est d'ailleurs parfaitement possible de tirer sans abattre, et, dans certaines circonstances, on ne s'en fait point faute. Les dépointages, toujours très faibles, ne se produisent qu'aux premiers coups ; dès que la bêche est enfoncée dans le sol, lorsque la pièce est « assise » suivant l'expression réglementaire, ils deviennent si minimes que pointeur et tireur, jusque-là tenus de se maintenir hors des roues, peuvent enfourcher leurs sièges et continuer le tir dans les conditions normales.

Quel que soit le genre de tir employé, le service de la pièce ne diffère que par des détails. Le tir est percutant ou fusant. Percutant, il est le plus généralement exécuté avec des obus explosifs qui constituent le chargement d'un certain nombre de caissons. Ces projectiles sont transportés non amorcés ; ils ne sont munis de leurs détonateurs que sur le terrain même du combat [2]. L'opération de mise en place est très

---

1. *Règlement provisoire de manœuvre de l'artillerie de campagne*, III, p. 36.

2. Par mesure de précaution. Si l'un des obus détonait, il ferait éclater les autres par influence.

rapide et ne diminue que fort peu la vitesse du tir. D'ailleurs, les obus explosifs ne trouvent guère leur emploi que contre des objectifs fixes dont la disparition soudaine n'est pas à craindre. Que l'on fasse usage de projectiles de ce genre ou d'obus à balles tirés percutants, le déboucheur n'a évidemment pas à se servir de son débouchoir [1].

Fusant, le tir peut être effectué sur une ou plusieurs hausses. Le premier cas a servi précédemment à fixer les attributions des différents servants. Dans le tir sur plusieurs hausses, ou bien les distances — variant généralement de cent en cent mètres — sont successivement commandées, en même temps que le correcteur et le nombre de coups à tirer sur chacune d'elles [2], ou bien elles découlent d'un commandement unique — « tir progressif » — entraînant le déclanchement automatique d'un tir de huit coups succesifs, à raison de deux pour chacune des hausses employées, lesquelles sont au nombre de quatre [3]. Le tir sur une ou plusieurs hausses, progressif ou non, peut comporter le « fauchage », c'est-à-dire la modification de la direction, par coulissement de l'affût sur l'essieu, entre chaque coup. Le fauchage est simple ou double : dans le premier cas, deux coups sont séparés par trois tours de volant de pointage en direction (6 millièmes), dans le second cas ils le sont par 6 tours (12 millièmes). Le tir pro-

---

1. Commandement : « Tir percutant, par N, 2.700 », ou « A obus explosifs, 2,700 ».

2. Exemple : « Correcteur 20, par N, 2.700; 2.800, etc. ».

3. Commandement : « Correcteur 20, tir progressif, 2.700. » La pièce tire, avec correcteur 20, 2 coups à 2.700, 2 coups à 2.800, 2 coups à 2.900, 2 coups à 3,000.

gressif consomme alors 12 coups au lieu de 8, attendu que le nombre de coups tirés sur chaque hausse est porté de deux à trois [1].

En toute circonstance, les pourvoyeurs n'ont d'autre souci que de maintenir le débouchoir approvisionné en cartouches et le déboucheur de percer le nombre voulu de fusées au correcteur et à la distance prescrits ; le chargeur alimente le canon, sans trop se préoccuper de savoir la nature du tir en cours d'exécution ; le tireur est attentif aux commandements de hausse et aux mouvements du chargeur [2] ; le pointeur maintient en place la bulle du niveau et la ligne de visée verticale du collimateur ; il fauche, simple ou double, le cas échéant. En résumé, le maniement et les mécanismes de tir du matériel de 75 sont simples à ce point qu'hormis le pointeur, il est relativement facile et prompt de former, avec des hommes ni instruits, ni intelligents, une équipe de servants très convenables.

1. Le commandement est : « Correcteur 20, tir progressif, fauchez (ou fauchez double), 2.700. » Sur la hausse 2.700, il est tiré : 1º Un premier coup puis, le pointeur ayant donné trois (ou six) tours de volant à gauche, un deuxième coup, enfin un troisième après trois (ou six) nouveaux tours de volant. On fait de même sur la hausse 2.800, mais en revenant de gauche à droite, et ainsi de suite sur 2.900 et 3.000. Le dernier coup parti, le canon se retrouve placé dans sa direction initiale. Le tir à hausses commandées, avec fauchage, est ainsi ordonné : « Correcteur 20, par N, fauchez (ou fauchez double), 2.700 », puis, s'il y a lieu, 2.800, etc. A chaque distance, le sens du fauchage est modifié ; on fauche à gauche pour la première, à droite pour la deuxième, et ainsi de suite. Après le dernier coup, le pointeur amène la ligne de visée verticale du collimateur sur son repère, si elle n'y est déjà.

2. Encore est-il averti que le chargement est effectué par un léger mouvement que la cartouche imprime à la culasse au moment où elle arrive à sa position. Le tireur dont les mains sont posées sur la manivelle de culasse, pourrait donc, à la rigueur, effectuer opportunément la fermeture, les yeux fermés.

CHAPITRE II

LES PROJECTILES ET LEUR EFFICACITÉ

§ 1. — Organisation des projectiles.

Si perfectionné que soit un matériel d'artillerie, il n'est, au fond, qu'une machine à débiter des projectiles. L'ingéniosité déployée par ses constructeurs peut, sans doute, en augmentant considérablement le débit, accroître aussi le rendement, mais, en dernière analyse, la valeur du projectile reste toujours seule à donner la mesure de sa puissance. L'histoire, nous l'avons pu montrer, offre une série d'exemples d'armes à feu déjà vieillies et redevenues à peu près adéquates aux nécessités de l'heure présente, par simple perfectionnement des mobiles propulsés. Le canon de 90, pour ne pas remonter plus loin, reçut de l'obus à mitraille un surcroît de puissance manifeste contre les buts animés ; le projectile explosif le fit redoutable pour certains obstacles du champ de bataille. De nos jours, pareil phénomène vient encore de se reproduire ; si le fusil modèle 1886, dit « Lebel », peut encore aujourd'hui passer pour une arme excellente, capable par sa puissance balistique de soutenir la comparaison avec celles des armées étrangères, cela tient uniquement à l'adoption récente de la balle de cuivre cylindro-ogivale, assez analogue, en tant que forme, aux projectiles de l'artillerie. Il est fort possible que, dans un laps de temps relativement court, la substitution du tungstène (densité 17) au plomb durci (densité 12,65) pour la fabrication des balles enfermées dans les shrapnels, accroisse dans une proportion notable l'efficacité de cette sorte de projectiles ; on pourrait, en effet, réduire le diamètre de chaque balle tout en lui conservant une vitesse restante au moins égale, et, par suite, augmenter considérablement le nombre total des balles. Il n'est pas non plus impossible que les fusées, artifices déjà très perfectionnés puisqu'ils fonctionnent au dixième de seconde, deviennent l'objet de nouvelles améliorations ; en ce cas, peut-être pourra-t-on munir les obus explosifs de fusées fusantes, et le problème du tir fusant contre un personnel abrité dans une tranchée, ou protégé par des boucliers, serait pratiquement résolu. On ne saurait donc mettre en trop vive lumière l'importance de l'organisation interne des projectiles et des artifices qui en assurent le fonctionnement régulier.

Le canon de 75 tire deux sortes de projectiles : un obus à balles, communément dénommé « shrapnel » et un obus explosif dit « à mélinite ».

Dans la construction de l'obus à balles, on a voulu éviter que l'éclatement de la charge intérieure vînt, ainsi qu'il arrivait dans l'obus à mitraille du 90 où elle siégeait dans l'ogive, ralentir la vitesse restante des balles et, partant, diminuer la profondeur de leur zone d'action efficace ; aussi l'a-t-on fait de deux types : à charge arrière, ou à charge mélangée aux balles, mais s'enflammant par l'arrière.

Dans le premier cas, la charge postérieure C (fig. 45) est reliée à la fusée qui reste toujours l'agent inflammateur[1], par un tube T se terminant dans l'ogive par une sorte de petite cuvette où vient s'encastrer la queue de la fusée. Les balles sont réparties dans le corps de l'obus, leurs

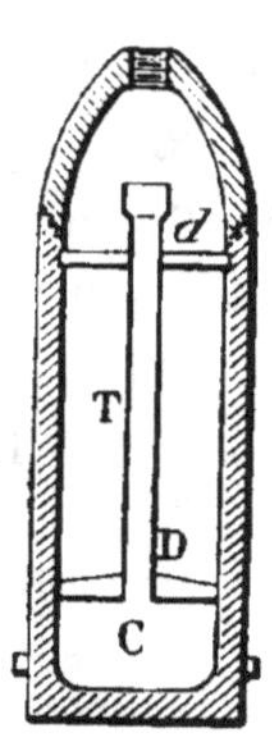

Fig. 45.

interstices étant remplis par un mélange de résine et de cire ; elles prennent appui sur deux diaphragmes *d* et D. Ainsi organisé, l'obus dont les parois d'acier embouti sont relativement épaisses et dont l'ogive est simplement vissée sur la partie cylindrique, « peut être considéré comme une sorte de petite bouche à feu qui, transportée à quelques mètres de l'ennemi, projette à la fois son ogive et une gerbe de mitraille »[2]. Cette gerbe est plus étroite, et par conséquent plus dense, que celle de l'ancien obus à mitraille ; la fumée qui accompagne l'éclatement est lancée hors du corps d'obus et forme un nuage bien visible, circonstance favorable à la bonne observation des coups, base de tout réglage du tir. Néanmoins, le shrapnel à charge arrière n'est pas sans présenter quelques inconvénients : en particulier, diaphragmes, parois épaisses, tube central faisant communiquer charge et fusée, constituent

---

1. On a pensé à munir l'obus d'une fusée de culot communiquant directement avec la charge intérieure, mais en raison de la difficulté d'assurer l'étanchéité des joints — indispensable pour éviter les éclatements prématurés —, on y a renoncé.

2. Commandant CHATIN. *Munitions d'artillerie*, p. 30.

à la fois des poids morts et une cause de diminution de la capacité intérieure du projectile, c'est-à-dire du nombre des balles. C'est pour accroître ce nombre au maximum qu'on a imaginé l'obus du deuxième type à charge et balles mélangées. Sa forme est analogue à celle de l'obus précédent ; l'ogive est également vissée, mais les diaphragmes sont supprimés [1]. Les balles sont plongées dans la masse de la poudre, laquelle est additionnée d'une substance spéciale ayant pour effet d'éviter la rupture du corps de l'obus au moment de la déflagration de la charge ; le tout est soumis, à la presse, à une compression comparable à celle subie pendant le tir. Un tube central, communiquant avec la fusée, renfermant une planchette d'inflammation garnie de mèches, et percé de trous à sa partie inférieure, canalise le feu de la fusée et amène la combustion de la charge en commençant par le bas. Les balles garnissent toute la cavité interne, y compris l'ogive où elles se répartissent autour d'une sorte de tulipe qui les isole de la queue de fusée.

Un obus de ce genre, du calibre de 75 millimètres, peut contenir près de 300 balles de 12 grammes, faites de plomb durci à l'antimoine, et recevant de la charge intérieure un surcroît de vitesse de 100 mètres environ. Les facilités d'observation sont plus grandes encore qu'avec l'obus à charge arrière, car la quantité de poudre est plus considérable, et, comme elle est comprimée d'autre part, sa vitesse de combustion est

---

1. Dans l'obus à charge arrière, le diaphragme inférieur, le plus lourd, est absolument indispensable, afin qu'au départ, les balles n'exercent pas sur la charge une compression de nature à en provoquer l'échauffement puis l'explosion.

plus lente ; le nuage de fumée produit par l'éclatement est à la fois plus volumineux et plus persistant. Enfin, les propriétés incendiaires deviennent tout à fait remarquables.

On peut se faire une idée des progrès accomplis dans la confection des obus depuis un demi-siècle, en comparant le coefficent balistique (que représente le poids par unité de section) et le rendement (rapport du poids des balles ou éclats au poids total) des divers types[1].

Le poids par unité de section n'était « que de 78 grammes par centimètre carré avec le shrapnel de 1858 pesant $4^{kgr},600$; il a passé par 127 et 129 avec les projectiles de Reffye et de Bange et tend actuellement vers 165. La France tient le record avec 163. Pour les artilleries étrangères, il est compris entre 143 et 151 (Angleterre); en Allemagne, il n'est que de 147.

Le rendement a également suivi une progression continue. Avec les shrapnels à enveloppe de fonte de 3 calibres, ceux de Reffye par exemple, contenant des balles de 15 grammes et tirés à des vitesses voisines de 400 mètres, il variait seulement entre 10 et 20 p. 100. Il est porté à 30 p. 100 avec les shrapnels à enveloppe d'acier, de 3 calibres, qui se succèdent jusqu'en 1890,

---

1. L'accélération retardatrice de la résistance de l'air est exprimée par la formule $J = D \cdot i \cdot F(v) : p / a^2$ où D est la densité balistique de l'air ; i, un coefficient de forme; F (v), une fonction qui croît avec la vitesse ; p, le poids du projectile ; a, la surface de sa section transversale. On voit donc que, pour un projectile de forme donnée, la résistance est en raison inverse du poids par unité de section. On comprend aussi que, plus augmente la vitesse initiale ce qui accroît F (v), plus il est nécessaire d'augmenter aussi le poids par unité de section, c'est-à-dire d'allonger le projectile. Le rendement suit alors une progression ascendante puisque le nombre des balles devient plus considérable.

avec des balles de 13 à 15 grammes et des vitesses voisines de 450 mètres. Ces projectiles sont pour la plupart à charge arrière. En Allemagne, ils sont à charge centrale et, en France, on emploie des obus à mitraille à charge avant. En 1890, l'Espagne adopte un shrapnel de 78^{mm},5 à charge arrière, de 3 cal., 5 avec des balles de 13 grammes et 510 mètres de vitesse : le rendement atteint 41 p. 100. Il en est de même pour le shrapnel anglais de 76^{mm},2, à charge arrière, qui a 3 cal. 5 de longueur, des balles de 11 grammes et 472 mètres de vitesse. En 1896, l'Allemagne éleva à 43 p. 100 le rendement de son shrapnel de 77 millimètres à charge arrière, de 3 cal., 46, avec des balles de 10 grammes et 465 mètres de vitesse. En 1897, la France, après un premier essai de shrapnel à charge mélangée aux balles, adopte un shrapnel de 75, de même espèce, de 3 cal., 64, avec des balles de 12 grammes et 529 mètres de vitesse ; le rendement atteint 49,7 p. 100. C'est ce même rendement que donne le shrapnel du matériel Krupp de 75, avec des balles de 9 grammes et une vitesse de 500 mètres, qui a été récemment adopté par l'Italie et par quelques États secondaires. Les shrapnels actuels des autres puissances ont un rendement compris entre 48 p. 100 et 41 p. 100 (Suisse). Le nouveau canon allemand tire l'ancien shrapnel modèle 1896, dont le rendement est de 43 p. 100[1] ».

En ce qui concerne les fusées, aucun perfectionnement notable n'est à signaler depuis plusieurs années. Le modèle adopté pour les obus

---

1. CAMPANA. *Loc. cit.*, p. 22.

à balles reste celui qu'on a décrit dans les pages 108 et 109.

Le deuxième des projectiles en service dans l'artillerie de campagne est l'obus explosif, ou « à mélinite ». Les premiers obus de ce genre furent de simples obus ordinaires, en fonte, remplis de substance explosive ; ils ne fournissaient qu'une solution imparfaite du projectile destiné à détruire les obstacles matériels, car il leur était impossible de concilier les deux conditions contradictoires suivantes : présenter des parois suffisamment épaisses pour résister au choc à l'arrivée tout en accomplissant un certain travail de pénétration, renfermer une charge puissante d'explosif. Aussi, dès le moment où les progrès de l'industrie métallurgique le permirent, s'empressa-t-on de substituer l'acier à la fonte, et d'amoindrir l'épaisseur des parois.

Les obus explosifs sont fabriqués avec des disques en acier qui subissent à chaud une série d'emboutissages[1] ; ils sont d'une seule pièce. Le métal est surépaissi : au culot, pour résister au choc au départ ; à hauteur de la ceinture, pour regagner l'affaiblissement qui résulte du logement de cette dernière ; vers la pointe de l'ogive, pour assurer la pénétration et compenser la moindre résistance provenant de l'orifice taraudé où se visse la fusée. La paroi interne est étamée en vue d'assurer la conservation de la mélinite et d'éviter son contact avec l'acier, source de décomposition pouvant amener des complications dangereuses.

---

1. Cette opération qui s'exécute au rouge cerise consiste à refouler le disque d'acier, au moyen d'un poinçon mû par une presse, dans une série de matrices de forme convenable.

L'obus explosif est muni d'une fusée percutante du système connu (p. 109), mais cet artifice serait insuffisant à lui seul pour provoquer la déflagration de la charge de mélinite [1]. Comme intermédiaire, on fait usage d'une gaine d'acier G (fig. 46) contenant un détonateur D. Celui-ci comprend une charge de mélinite pulvérulente, une amorce de fulminate A, un bouchon porte-retard B. Il est calé à l'intérieur de la gaine sur une rondelle de feutre R. Lorsque la fusée vient frapper un obstacle, elle enflamme la composition du porte-retard qui brûle avec une relative lenteur et permet ainsi la pénétration du projectile à l'intérieur de la masse à détruire ; bientôt l'amorce de fulminate s'enflamme à son tour et agit sur la mélinite pulvérulente ; l'obus éclate.

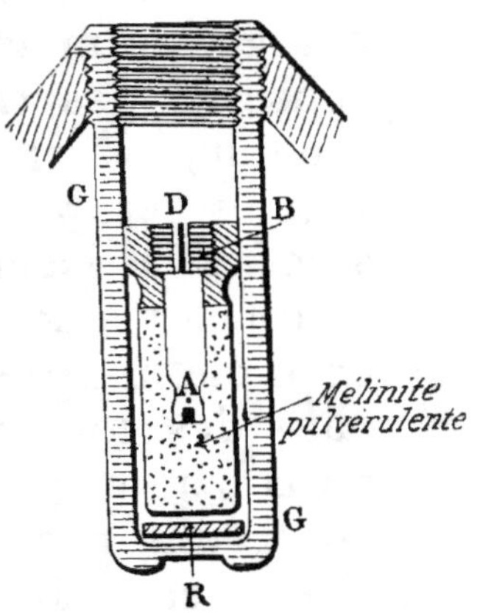

Fig. 46.

L'explosion produit une abondante fumée noirâtre favorable à l'observation des coups.

§ 2. — Notions sur la dispersion du tir.

Écart moyen et écart probable. — L'efficacité des projectiles en service étant fonction des lois de leur dispersion, il est naturel d'inaugurer l'étude résumée de l'efficacité par un exposé succinct de ces lois.

Plusieurs coups tirés dans le même canon, avec

---

1. Poids de la charge de l'obus de 75 : 825 grammes.

des projectiles de même espèce, avec les mêmes éléments de tir initiaux, ne suivent pas exactement, comme on le pourrait croire, une trajectoire unique. Les écarts observés résultent des différences, très faibles mais néanmoins effectives, existant entre les conditions du tir de deux coups consécutifs. Outre que deux projectiles ne sont jamais absolument identiques, que deux cartouches ne renferment pas exactement deux charges de même poids, que la bouche à feu ne conserve pas rigoureusement une position immuable, les circonstances atmosphériques elles-mêmes, et partant la résistance de l'air, sont sujettes à légères modifications. Si donc, on reçoit sur une vaste cible plane, verticale par exemple, tous les coups tirés par le même canon dans des conditions théoriquement identiques, on constate que chacun d'eux donne lieu à un point d'impact particulier. Tous ces coups se répartissent autour d'un « point moyen » dont les coordonnées par rapport à deux axes perpendiculaires quelconques tracés dans le plan de la cible, sont la moyenne algébrique des abscisses et ordonnées de tous les autres. Si, au lieu d'une seule cible, on en disposait une série sur le parcours des projectiles tirés, on obtiendrait sur chacune d'elles un point moyen, et le lieu de tous ces points moyens serait la « trajectoire moyenne » qu'on peut considérer comme la trajectoire normale du projectile pour les conditions de tir adoptées.

Autour du point moyen, les coups ne se dispersent pas anarchiquement ; ils se groupent, au contraire, suivant une loi dont la connaissance est aussi nécessaire pour l'appréciation des valeurs relatives de deux bouches à feu différentes que pour la conduite du tir d'un canon en particulier.

Sur la cible verticale dont nous avons parlé, traçons, par le point moyen O, deux axes perpendiculaires ; l'un, vertical, YY', représentant le plan de tir, l'autre horizontal, XX' (fig. 47). Il arrive alors ceci :

1° La moitié des coups est à droite de YY', l'autre moitié à gauche ; la moitié des coups est au-dessus de XX', l'autre moitié au-dessous ;

2° Deux bandes de même largeur, prises à égale distance de part et d'autre d'un des axes, contiennent le même nombre de coups ; autrement dit, la répartition est symétrique par rapport aux axes ;

3° Plus les bandes s'éloignent des axes, plus le nombre des points d'impact qu'elles renferment est petit, c'est-à-dire que la densité des groupements est d'autant moindre qu'on s'éloigne davantage du point moyen.

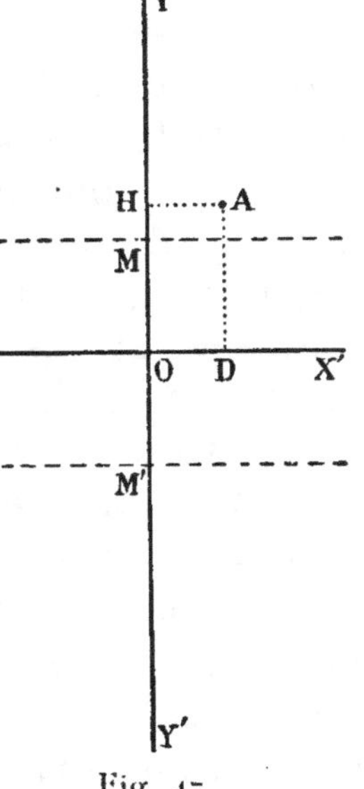

Fig. 47.

Dans la pratique du tir, les écarts qu'il est important de considérer pour un point d'impact A, sont : l'écart en hauteur donné par OH ; l'écart en direction fourni par OD, et enfin l'écart en portée qu'on obtient en multipliant OH par la tangente de l'angle de chute. En faisant, pour une série de coups, la somme des écarts en hauteur, celle des écarts en direction et celle des

écarts en portée, abstraction faite de leur sens,
puis en divisant chacune de ces sommes par le
nombre de coups tirés, on a l'écart moyen en
hauteur, l'écart moyen en direction et l'écart
moyen en portée. Ces divers nombres caracté-
risent la précision du tir ; elle est d'autant plus
grande qu'ils sont plus petits.

En artillerie, on fait moins usage de l'écart
moyen que de « l'écart probable », lequel conduit
à des déductions plus pratiques, comme cela ressort de sa définition même. On appelle, en effet,
écart probable, celui qui a autant de chances de
ne pas être atteint que d'être dépassé [1]. En
d'autres termes, si l'on tire mille coups et qu'on
en détermine le point moyen, 500 d'entre eux se
trouveront, de part et d'autre de ce point, à une
distance inférieure à l'écart probable, et les
500 autres à une distance supérieure [2].

On peut obtenir une valeur approchée de
l'écart probable en hauteur (ou en direction, ou
en portée) en relevant les écarts en hauteur (direction ou portée) de 1.000 coups par rapport au
point moyen et en les rangeant par ordre de
grandeur croissante : l'écart probable en hauteur
(direction ou portée) sera compris entre celui du
coup 500 et du coup 501. On peut encore tracer
sur la cible qui reçoit les points d'impact, de
chaque côté de XX', deux horizontales intercep-
tant entre elles 50 p. 100 des coups ; l'écart probable en hauteur sera OM. Pratiquement, on
calcule l'écart moyen par des mesures directes

---

1. On démontre, d'ailleurs, dans la théorie des probabilités, que
l'écart probable R est lié à l'écart moyen E, par la relation :
R = 0,845 E.

2. Ceci n'est vrai que pour un très grand nombre de coups.

et l'on en déduit l'écart probable par la formule R = 0,845 E. L'utilité de la considération de l'écart probable ressortira de ce qui va suivre.

Zone de dispersion. — Si, sur la cible verticale dont nous avons déjà fait usage, nous traçons par le point moyen O, les deux axes YY' et XX (fig. 48) et si nous divisons la cible, parallèle-

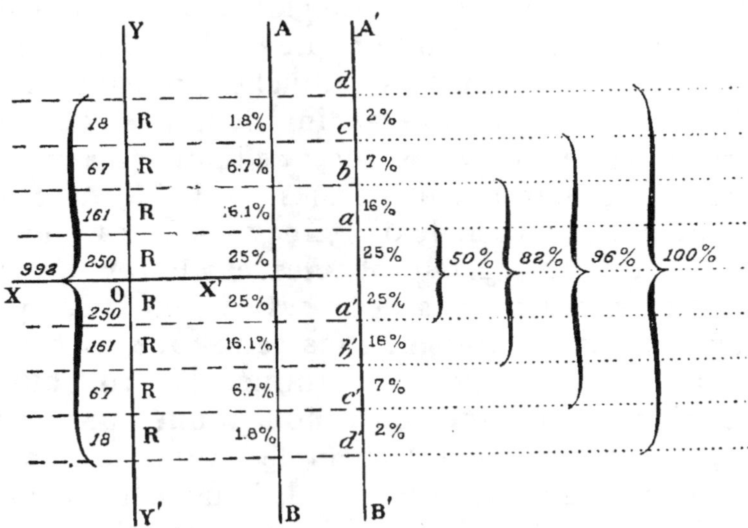

Fig. 48.

ment à XX' en huit bandes larges d'un écart probable, nous constaterons que, pour 1.000 coups tirés, la presque totalité (992) tombera à l'intérieur de ces huit bandes qu'on nomme « zone de dispersion » et s'y répartira ainsi qu'il est indiqué ci-dessus. L'échelle AB s'appelle « échelle de dispersion ». Dans la pratique, on la remplace par l'échelle A'B', en arrondissant les chiffres, ce qui revient à admettre que la zone de dispersion renferme la totalité des coups. Cette échelle de dispersion, jointe à quelques notions sur la théorie des probabilités, suffit à résoudre, avec une extrème facilité, une foule de problèmes élémentaires qui se présentent couramment dans le tir des bouches à feu. Nous en donnerons quelques exemples.

En se reportant à la figure qui précède, on voit que la probabilité d'atteindre, avec un coup de canon, la bande aa' est égale à 50 p. 100, cela est évident par définition même de l'écart probable. La probabilité de toucher la bande bb', c'est-à-dire d'avoir un écart inférieur à deux écarts probables, est de 82 p. 100 ; celle de toucher cc', écart inférieur à trois écarts probables, est de 96 p. 100 ; enfin celle d'atteindre dd', écart inférieur à quatre écarts probables, est de 100 p. 100 ; c'est la certitude, car nous savons, en effet, que tous les coups tombent dans cette zone dd' [1].

De même, on peut déterminer la probabilité de n'avoir pas, avec un canon donné, un écart supérieur à 2^m,20 par exemple. Admettons que l'écart probable pratique [2] de la bouche à feu considérée soit 1^m,10 ; le problème revient à trouver la probabilité de n'avoir pas un écart supérieur à deux écarts probables, et nous savons, par la

---

1. Il faut bien comprendre que l'échelle de dispersion ne permet pas d'affirmer que, sur un nombre *limité* de coups, il s'en trouvera tant p. 100 qui atteindront telle ou telle bande, mais qu'elle donne simplement la probabilité de toucher cette bande. Aussi, dans le réglage du tir, se garde-t-on de décider du sens des coups donnés par une hausse, sur l'observation d'un seul coup. Il en faut au moins deux du même sens pour amener la conviction. Le réglage qui, avec le canon de 75, se fait, ainsi qu'on le verra plus loin, par salves de 4 coups sur chaque hausse à observer, est particulièrement favorable à la sûre détermination du sens des coups.

2. L'écart probable pratique est double de l'écart probable théorique donné par les tables de tir. Pour diverses causes, les tirs de guerre sont en effet, moins précis que les tirs de polygone.

table de dispersion, que cette probabilité est 0,82.
Le rapport de l'écart à ne pas dépasser à l'écart
probable — égal à 2 dans le cas présent — s'appelle
« facteur de probabilité » et se désigne par la
lettre m. Lorsque ce rapport est fractionnaire, on

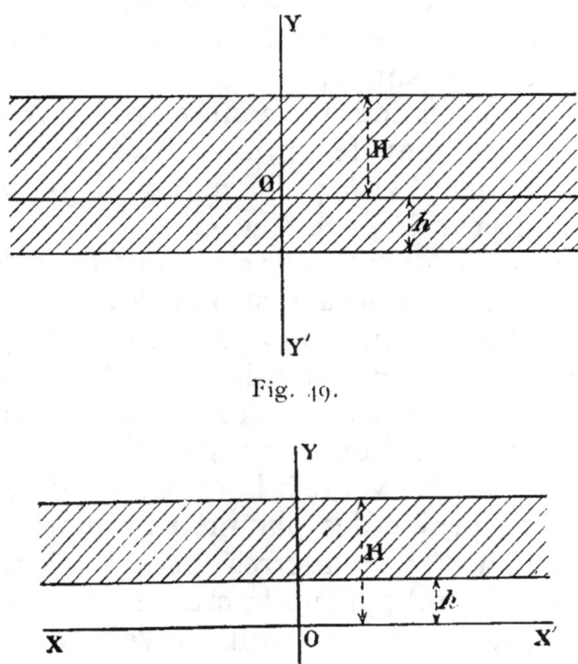

Fig. 49.

Fig. 50.

tourne la difficulté, sans erreur grave, en admettant que, dans chaque bande, les coups se répartissent également. Dès lors, pour le facteur de
probabilité $m = 2,7$ par exemple, on dira que la
probabilité d'atteindre est égale à celle que don-
nerait $m = 2$, soit 0,82, augmentée des $7/10^e$ de
la différence des probabilités données par $m = 3$,

0,96, et $m = 2, 0,82$. La probabilité finale sera donc : $0,82 + 7/10 (0,96 — 0,82) = 0,918$.

On peut aussi se proposer de déterminer la probabilité d'atteindre une bande de hauteur h, confinant aux XX′, mais située d'un seul côté de cet axe. En ce cas, la probabilité est la moitié de celle convenant à une bande de hauteur $2h$ exactement à cheval sur XX′.

Enfin, si la bande ne confine pas à XX′, on calcule séparément les probabilités d'atteindre les deux bandes H et h, puis l'on en fait la somme (fig. 49), ou la différence (fig. 50).

L'application de ces données au tir en brèche contre un mur en fera ressortir toute l'importance pratique. Supposons qu'une batterie de 75 ait à faire dans un mur de parc de 2 mètres de hauteur, à 1.500 mètres, une brèche de 20 mètres, et admettons, comme point de départ, que le mur soit renversé à la condition de placer 16 kil. 5 de projectiles par mètre courant, soit 45 coups dans les 20 mètres visés [1]. Il est clair que les coups tombant sur le mur seront d'autant plus nombreux que le point moyen se rapprochera davantage de la mi-hauteur, ce qu'on obtiendra par le réglage ainsi qu'on va le voir. Dès lors, l'écart probable pratique du canon de 75 étant de $0^m,60$ à 1.500 mètres, et l'écart à ne pas dépasser étant de 1 mètre, le facteur de probabilité est 1,66, et la probabilité elle-même : $0,50 + 0,66 (0,82 — 0,50) = 0,71$, ou, en chiffres ronds, 0,70. Ce qui revient à dire que 70 p. 100 des coups devront atteindre le mur, tandis que 30 p. 100 tomberont en dehors, dont 15 p. 100 en avant.

---

1. Poids du projectile de 75 : $7^{kg}.240$.

Pour que le réglage soit exact, il sera donc nécessaire qu'il y ait un coup court sur 6 ou 7 tirés. D'autre part, si, sur 100 projectiles, 70 atteignent le but, il n'en faudra tirer, pour accomplir la destruction demandée, que $\dfrac{45 \times 100}{70} = 63$. En supposant que, dans ce tir de précision, la vitesse n'atteigne que 5 coups à la minute, soit 20 coups par batterie, l'œuvre sera accomplie en trois minutes environ [1].

Un simple tableau résumant les données et les solutions du même problème appliqué aux matériels en usage en France depuis la guerre de 1870, est de nature à bien mettre en évidence les progrès immenses réalisés par l'artillerie depuis cette époque [2].

	75	90	80	12	4
Ecart probable pratique en hauteur	$0^m,6$	$1^m,10$	1^m	5^m	$6^m,30$
Facteur de probabilité.	1,66	0,91	1,00	0,2	0,16
Probabilité d'atteindre.	0,71	0,46	0,50	0,10	0,08
Nombre de coups devant atteindre	45	40	55	28	84
Coups à tirer après réglage.	63	88	110	280	1050
Poids de munitions dépensé	450 kg	765 kg	693 kg	3300 kg.	4200 kg.
Temps nécessaire après réglage [1]	3'	15'	18'	1 h. 33'	4 h. 22'

1. On suppose les vitesses de tir suivantes : 20 coups par batterie de 75 ; 6 coups par batterie de 90 ou de 80 ; 3 coups par batterie de 12 et 4 coups par batterie de 4, à la minute.

1. Plus la durée du réglage, laquelle est d'autant plus faible que le matériel est plus précis.

2. Extrait du *Cours d'artillerie de l'École de guerre*. FAYOLLE, I. p. 31.

« Il convient d'ajouter qu'on aurait obtenu le résultat cherché en un quart d'heure avec les batteries de 12 et de 4, mais à la condition de rapprocher la première à 700 mètres et la seconde à 250 mètres seulement. C'est ce qui explique que, dans la dernière guerre, l'artillerie ait été si souvent impuissante à ouvrir des brèches dans des murs (Buzenval, Cœuilly, Champigny). Elle ne le pouvait faire, parce qu'il lui était impossible de venir, sous le feu de l'infanterie, s'établir à une distance suffisamment rapprochée. Sans doute, on aurait pu suppléer à l'insuffisance d'une batterie par la concentration des moyens, mais les batteries de 12, les plus puissantes, étaient l'exception ; quant à réaliser la concentration des feux de 18 batteries de 4 sur un front de 20 mètres seulement, c'était une opération matériellement impossible [1] ».

OVALE DE DISPERSION. — Tout ce qui précède est relatif à la dispersion dans le sens de la hauteur, mais les projectiles se dispersent également en largeur, et suivant la même loi [2] ; il en résulte que, sur une cible verticale, tous les coups tirés dans les mêmes conditions de tir, sont reçus dans un rectangle MNPQ (fig. 51) ayant son centre au point moyen et, comme dimensions, 8 écarts

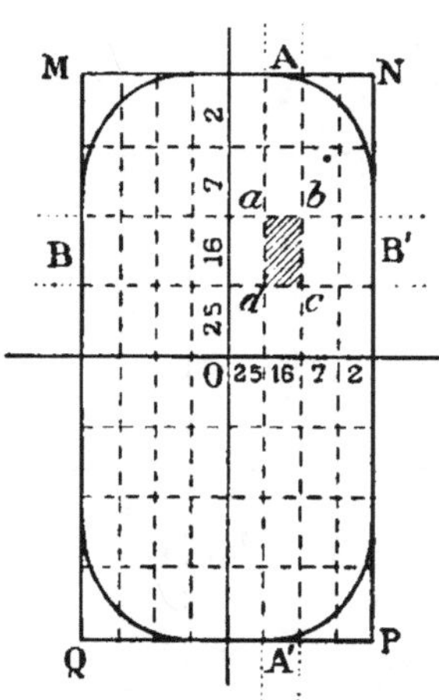

Fig. 51.

1. FAYOLLE. *Loc. cit.*, I, p. 32.

2. Cette loi est générale et s'applique à tous les événements soumis à l'intervention du hasard.

probables en hauteur et 8 écarts probables en largeur. C'est le « rectangle de dispersion » auquel, vu le petit nombre de points d'impact atteignant les coins, on substitue pratiquement un « ovale de dispersion » ayant aussi son centre au point moyen et ses sommets tangents aux milieux des côtés du rectangle.

On peut dès lors calculer la probabilité d'atteindre la surface *abcd* formée par l'intersection des bandes AA′ et BB′. Elle est représentée par le produit des probabilités de frapper chacune de ces bandes, soit 0,16 × 0,16 = 0,256. De là, on peut passer au calcul de la probabilité d'atteindre une surface quelconque, car il suffit de décomposer cette surface en rectangles. Exemple : un canon de 75 est chargé de détruire une pièce ennemie (canon et caisson), située à distance de 2.000 mètres et bien visible. L'ensemble de cet objectif présente 1 mètre de hauteur sur 2 de largeur ; le point moyen étant au centre du but, circonstance consécutive à un réglage exact, l'écart à ne pas dépasser est égal, dans les deux sens, à une demi-largeur de but : 0^m,50 et 1 mètre. L'écart probable pratique étant de 1^m,20 en hauteur comme en largeur, pour la distance de 2.000 mètres, les facteurs de probabilité sont : $\frac{0,50}{1,20} = 0,41$ et $\frac{1}{1,20}$ = 0,83. La probabilité de toucher est, par suite : 0,41 × 0,50 = 0,20 en hauteur et 0,83 × 0,50 = 0,41 en direction. Ce qui donne pour la probabilité finale : 0,20 × 0,41 = 0,082. Autant dire que 8 p. 100 des coups tirés, soit 1 sur 12, ou 2 sur 25, traverseront l'objectif[1]. En admet-

---

1. 8 p. 100 des coups tombent sur le but, 92 p. 100 seront en dehors et 46 p. 100 seront courts, d'où l'on déduit la règle pratique

tant, ce qui est exagéré, qu'il faille deux projectiles pour mettre le matériel visé hors de service [1], on voit qu'il en faudrait tirer 25 au total ; autrement dit, une batterie de quatre pièces, au prix de 100 projectiles, un caisson environ, est assez forte pour consommer la ruine complète d'une batterie de même force qui s'est imprudemment exposée à sa vue ; et cela, en 5 minutes [2], à raison de cinq coups par pièce, bien pointés, à la minute, ce qui n'offre aucune difficulté particulière.

On comprend désormais pourquoi l'artillerie recherche de plus en plus les couverts du terrain et s'ingénie sans cesse à trouver de nouveaux moyens de donner à l'infanterie tout l'appui qu'elle lui doit, mais en s'efforçant de rester elle-même invisible.

Tir percutant en profondeur. — La faible durée de visibilité des objectifs de la guerre moderne conduit souvent l'artillerie à limiter au maximum le temps consacré au réglage et à se contenter de connaître deux hausses, quelquefois différentes de plusieurs centaines de mètres, entre lesquelles son objectif est sûrement compris. En ce cas, force est de battre systématiquement toute la profondeur de la zone suspecte par séries de coups, tirées sur des hausses échelonnées entre les deux limites. Le groupement total des coups se compose alors de la superposition des coups de chacune des séries et

de réglage : avoir un peu moins de coups courts que de coups longs, ou au but.

1. En ce cas, on tire généralement à obus explosifs et l'un de ces obus ne ferait-il qu'endommager une pièce ou un caisson, qu'il ne manquerait pas de tuer ou blesser tout le personnel.

2. Temps du réglage mis à part.

l'échelle de dispersion permet à la fois de se rendre compte de la probabilité d'atteindre les bandes successives de terrain et de connaître le meilleur échelonnement qu'il convient de donner aux hausses successives pour battre régulièrement et avec la probabilité maxima toute la profondeur de la zone suspecte. Si l'on échelonne les hausses de trois écarts probables en portée, par exemple, les échelles de dispersion des diverses séries de coups seront, à partir de la

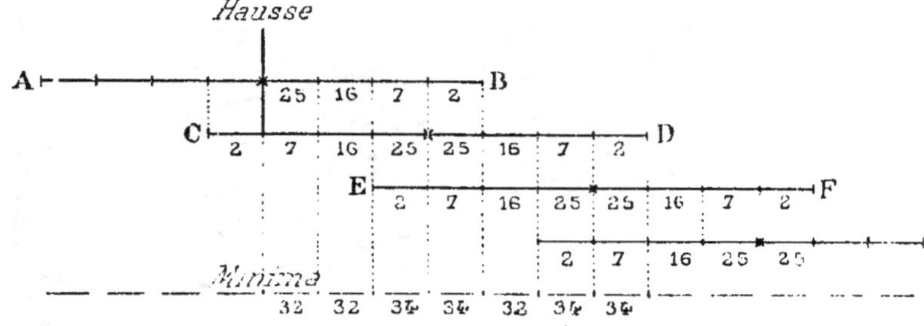

Fig. 52.

hausse minima, AB, CD, EF (fig. 52), et les probabilités d'atteindre les bandes successives seront 32, 32, 34, 34, 34 p. 100, c'est-à-dire que le nombre de coups tombant dans chaque bande ne variera qu'entre 32 et 34 p. 100. Si l'échelonnement était de quatre écarts probables au lieu de trois, la probabilité se tiendrait en 23 et 27 p. 100 ; elle deviendrait beaucoup plus faible pour un échelonnement plus grand ; d'autre part, un échelonnement inférieur à trois écarts probables serait généralement trop petit pour être facilement enregistré par la hausse (graduée de 50 en 50 mètres) et le tir en profondeur exigerait trop de projectiles et trop de temps ; d'où l'on conclut que, dans ce genre de tir, il faut adopter un échelonnement des hausses égal à trois ou quatre fois au plus l'écart probable. Cette règle s'applique évidemment à la répartition du tir en largeur.

DISPERSION DU TIR FUSANT. — Dans le cas du tir fusant, une nouvelle cause de dispersion intervient qui résulte des variations dans le fonc-

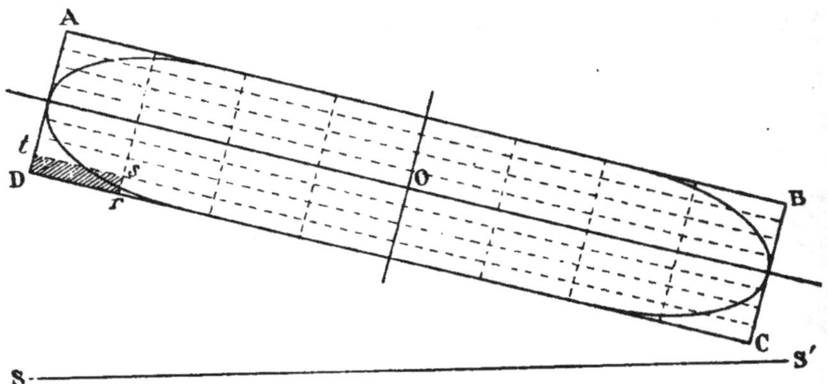

Fig. 53.

tionnement des fusées. Un observateur placé sur un des côtés du plan de tir, à hauteur des éclatements, verrait tous les coups se projeter à l'intérieur d'un rectangle ABCD (fig. 53) ayant son centre au point moyen O et des dimensions égales à huit écarts probables en hauteur et huit écarts probables d'éclatement de la fusée en portée [1]. Pratiquement, ce rectangle est remplacé par un ovale en raison du très petit nombre de coups (4 sur 1.000) qui éclatent dans les rectangles tels que *rst*D.

---

1. Ecart probable particulier à la fusée, combiné avec l'écart en portée du canon.

En regardant ainsi les éclatements en projection, notre observateur ne tient aucun compte des écarts en direction ; or, nous savons que les projectiles ne se maintiennent pas dans le plan de tir moyen et passent tantôt à droite, tantôt à gauche en se conformant d'ailleurs aux lois de la dispersion. Il en résulte que, dans le cas du tir fusant, c'est à l'intérieur d'un parallélipipède de dispersion que viennent se produire tous les éclatements. Dans le cas du canon de 75, pour la distance de 2.500 mètres, l'écart probable de la fusée en portée étant de 22 mètres, et les écarts probables en hauteur et en direction étant d'un mètre environ, ce parallélipipède a 176 mètres de profondeur et 8 mètres seulement de hauteur et de largeur [1] ; il est donc très long et très étroit. Il peut être pratiquement remplacé, pour la raison déjà dite à propos du rectangle de dispersion, par un ovoïde de dispersion tangent aux centres de ses différentes faces.

Le très grand allongement de ce volume dans le sens de la trajectoire moyenne pourrait faire supposer que, vus des environs du canon, les éclatements doivent apparaître à des hauteurs très diverses ; il n'en est rien, à cause de la hauteur très faible (3 millièmes de la distance) [2] recherchée pour le point moyen et de l'inclinaison considérable de la trajectoire moyenne [3].

---

1. Fayolle. *Loc. cit.*, I, p. 90.

2. Cette hauteur, déterminée par expérience comme donnant le maximum d'efficacité, est dite « hauteur-type ».

3. A 2.500 mètres, pour une hauteur-type de 3 millièmes (7^m,50), le but est horizontalement à 80 mètres de la projection du point moyen. C'est dire que la trajectoire moyenne n'est même pas inclinée de 1/10°. Dans ces conditions, l'immense majorité des éclatements reste à moins d'une hauteur-type au-dessus et au-dessous du point moyen.

Il resterait à étudier, à propos des obus fusants, la répartition des balles du projectile à l'intérieur de la gerbe produite par son éclatement, mais cette question est directement liée à l'efficacité et sera développée dans le paragraphe suivant.

§ 3. — L'efficacité des projectiles.

PROJECTILES PERCUTANTS. — Le projectile percutant perd toute efficacité sérieuse lorsque sa trajectoire rencontre le sol sous un angle supérieur à 8 ou 10 degrés (correspondant, en terrain horizontal, à la distance de 4.000 mètres) ; en ce cas, il s'enfonce en terre, éclate, et ne projette, hors de la cavité où il a « fait fougasse », que des balles sans vitesse. Au contraire, s'il tombe sous une inclinaison inférieure à 8 ou 10 degrés, il ne trace sur le terrain qu'une sorte de rigole peu profonde, se relève peu à peu, « ricoche » en un mot, et vient éclater sur la branche ascendante d'une nouvelle trajectoire dont l'inclinaison est d'ailleurs toujours moindre que celle de la première. Les balles, projetées en l'air, rasent d'autant moins le sol que l'angle de relèvement de la trajectoire est plus considérable, c'est-à-dire que la distance de tir est plus grande. D'autre part, leur vitesse effective, représentée par la somme de la vitesse restante de l'obus et de la vitesse imprimée par la déflagration de la charge intérieure, diminue d'autant plus que le contact avec le sol a été plus complet, c'est-à-dire encore que la distance de tir s'accroît.

On comprend donc que, pour des objectifs éloignés, la gerbe de l'obus percutant puisse passer tout entière au-dessus du but, tandis que pour des objectifs plus rapprochés, la grande majorité des balles puisse être efficace, mais à la condition toutefois que l'éclatement se produise à courte portée du but (50 mètres au plus). Aux très courtes distances (moins de 1.000 mètres), il peut même arriver que l'efficacité soit supérieure à celle du tir fusant, mais cela suppose un terrain favorable aux ricochets; or, on ne sait jamais que peu de choses, dans la réalité, sur la nature et l'inclinaison du sol que viendra frapper le projectile; les effets sont donc incertains. Il est clair, en outre, que, dans une série de coups, la profondeur de la zone battue est moindre que dans le tir fusant, puisque les balles ne possèdent qu'une vitesse restante diminuée. Toutes ces raisons expliquent pourquoi le tir fusant est devenu le tir normal de l'artillerie de campagne. Il est des cas néanmoins où le tir percutant conserve la supériorité, par la raison simple qu'un tir fusant serait complètement inefficace. Des troupes abritées par un ouvrage de fortification passagère, ou par tout autre obstacle naturel ou artificiel impénétrable aux balles du shrapnel, doivent être attaquées par le tir percutant; il en est de même des servants d'une batterie qui, après avoir cessé le feu sont venus chercher protection derrière leurs boucliers[1].

PROJECTILES FUSANTS. — Lorsqu'un projectile de 75 éclate sur sa trajectoire descendante, en un point O (fig. 54), ses balles se répartissent également[2] à l'intérieur d'un cône de révolution

---

1. Il est d'ailleurs préférable, en ces cas, de tirer à obus explosifs.
2. « Également », en raison de la symétrie de l'obus autour de son axe.

ayant pour axe la tangente OA à la trajectoire et,
pour génératrices supérieure et inférieure, les
droites OC et OB[1]. Puis, la pesanteur fait
tomber les balles tout d'abord dirigées suivant
OC, OA, OB, en C′, A′, B′. Si l'on reçoit les
balles sur un plan horizontal, elles sont incluses
en un ovale *ce′ b′ f′*, très allongé et tangent en

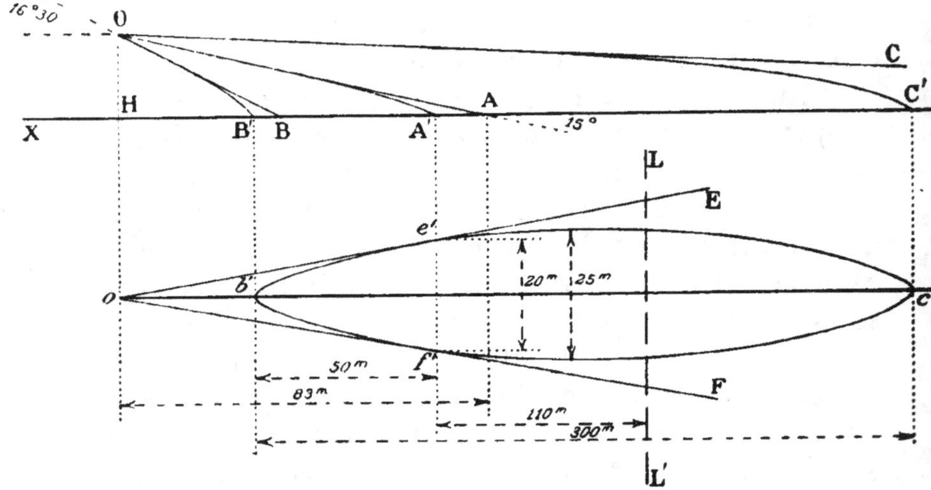

Fig. 54.

e′ et *f′* aux droites OE et OF qui représentent
la projection du cône d'éclatement[2]. A l'intérieur
de l'ovale, les balles ne sont pas également

1. Ouverture du cône pour la distance de 2.500 mètres ; 16°30.
Cette ouverture n'est pas constante pour toutes les distances ; elle
dépend, en effet, de la vitesse restante du projectile (augmentée de
la vitesse imprimée aux balles par la charge intérieure) et de la
vitesse de rotation, laquelle tend à projeter les balles vers l'extérieur et cela d'autant plus que ces balles sont plus éloignées de
l'axe. Comme la vitesse de rotation est à peu près constante, tandis
que la vitesse restante diminue avec l'augmentation de la distance,
l'ouverture de la gerbe tend à s'accroître avec la distance.

2. Cet ovale est long de 300 mètres et large de 25, à 2.500 mètres.

réparties ; la moitié d'entre elles tombent sur la surface e', b'. f', et l'autre moitié sur la surface beaucoup plus vaste, e', c, f' ; la densité des balles va donc en diminuant au fur et à mesure qu'on s'éloigne de b' ; il arrive même qu'à une certaine distance de ce point (160 à 180 mètres), à partir de LL', la vitesse restante des balles n'est plus suffisante pour mettre un homme hors de combat. Cette ligne LL' marque donc la limite de la partie réellement efficace de la gerbe. Sur les bords de l'ovale, les balles sont aussi peu fournies, en sorte qu'on n'évalue qu'à 20 mètres seulement la largeur de la bande efficacement battue par un projectile isolé [1].

Si l'on passe à une série de coups tirés dans des conditions identiques, on obtient une série d'ovales qui peuvent être enfermés dans un ovale-enveloppe un peu plus long — 450 mètres — et un peu plus large — 50 mètres. Mais, cette fois encore, les extrémités et les bords sont très peu touchés ; c'est donc à 25 mètres en largeur et à 200 mètres en profondeur (dont 50 en avant du pied de la trajectoire moyenne) que se réduisent les dimensions de la portion efficace de l'ovale-enveloppe.

Par le moyen d'une suite de panneaux disposés les uns derrière les autres à distance de 50 mètres, on peut déterminer la loi de la répartition des balles à l'intérieur de cette portion efficace de l'ovale. On obtient l'échelle ci-contre (fig. 55) dans laquelle le point O représente le pied de la trajectoire moyenne [2]. L'étude en est

---

1. Bien que l'ovale ait une largeur de 25 mètres.
2. CAMPANA. *Loc. cit.*, p. 53.

instructive en ce qu'elle montre : 1° que le maximum des atteintes est en ce point O ; 2° que le p. 100 va rapidement en diminuant lorsqu'on s'éloigne de ce point et tombe à peu près à rien (8 p. 100) à 150 mètres plus loin; 3° que l'efficacité décroît de plus des trois quarts (de 0,86 à 0,21) si l'on règle le tir 50 mètres trop long [1] ; 4° que cette efficacité ne diminue que de moitié environ (de 0,86 à 0,42) si le tir est de 50 mètres trop court [2] ; d'où l'on conclut qu'il

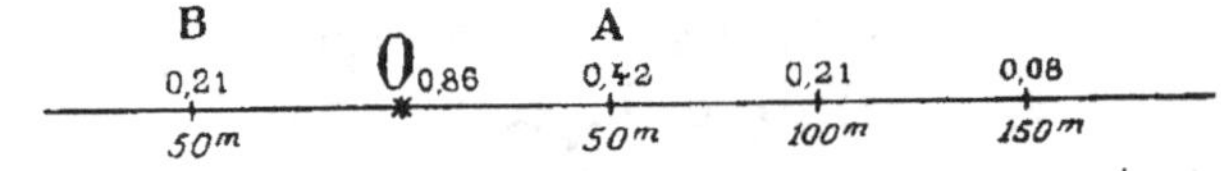

Fig. 55.

est préférable d'avoir un tir court plutôt qu'un tir long.

L'échelle de répartition qui précède suppose en outre, que le point moyen des éclatements est à la hauteur qui, par expérience, donne le maximum d'efficacité et qui, pour cette raison a été appelée « hauteur-type ». Egale aux 3 millièmes de la distance, elle est vue de la batterie sous cet angle constant. Les variations de la hauteur d'éclatement de part et d'autre de la hauteur-type exercent une influence considé-

1. Ce qui revient à laisser le but en O, mais à reporter le point moyen en A : en ce cas, il faut faire glisser l'échelle de répartition d'une division vers la droite et c'est alors l'efficacité 0,21 — au lieu de 0,86 — qui vient en face du but O.

2. Le point moyen est alors en B, le but restant en O. On doit faire glisser l'échelle de répartition d'une division vers la gauche, et le chiffre 0,42 — au lieu de 0,86 dans le réglage exact, et 0,21 dans le réglage trop long de 50 mètres — se présente devant le but O.

rable sur l'efficacité finale. Entre 3 et 5 millièmes la différence n'est pas très sensible, mais les effets décroissent rapidement lorsque la hauteur d'éclatement sort de ces deux limites. Plus basse, elle donne un ovale de dispersion plus dense, mais moins large et moins profond ; plus haute, elle fournit un ovale étalé, peu dense, où

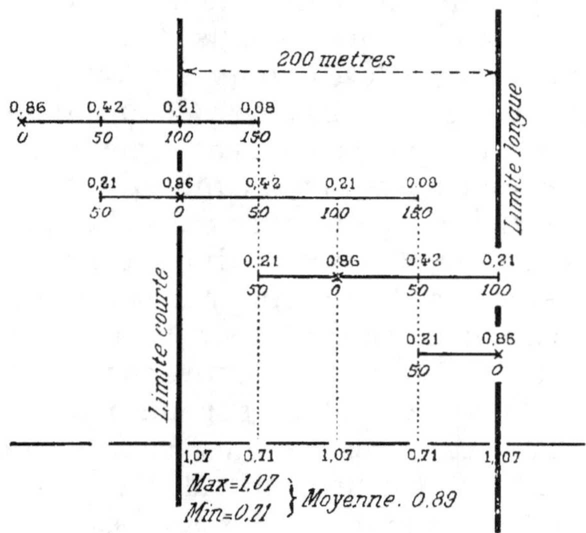

Fig. 56.

les balles perdent bientôt leur force de pénétration.

L'efficacité maxima sera désormais fort difficile à obtenir, car la faible visibilité des objectifs qui hantent aujourd'hui les champs de bataille, permettra rarement d'effectuer un réglage atteignant le degré de précision nécessaire. Force sera donc de se contenter de deux hausses limites, plus ou moins différentes, entre lesquelles on échelonnera des séries de coups tirés sur les hausses intermédiaires. Celles-ci varieront en général de 100 en 100 mètres [1]. Dans le cas du tir progressif, par exemple, lequel s'effectuait, hier encore, sur quatre hausses successives, en partant de la limite courte d'une fourchette de 200 mètres diminuée de 100 mètres, la superposition convenable des échelles de dispersion (fig. 56) montre que, dans la zone contenant l'objectif, la plus grande efficacité obtenue est représentée par 1,07 tandis que la plus faible est 0,71 : moyenne, 0,89. C'est autant dire que le résultat sera très peu supérieur à ce qu'il aurait été en tir sur hausse unique exactement réglé, mais il aura dépensé quatre fois plus de munitions [2].

La répartition en largeur des balles provenant d'une série de coups se déduit de tirs systématiques exécutés sur un seul panneau. On constate que les atteintes se disposent, de part et d'autre du plan de la trajectoire moyenne, suivant les lois de la dispersion et sur un front total de 50 mètres. Il en résulte que, si l'on partage ce front en huit tranches verticales, larges chacune de $6^m,2$, 82 p. 100 des balles tomberont dans les quatre bandes les plus rapprochées du centre, c'est-à-dire sur 25 mètres. Ainsi s'explique qu'on

---

1. L'échelonnement de 50 mètres peut être employé dans deux cas : 1° Lorsque les hausses limites diffèrent de 100 mètres seulement : les efficacités sont alors comprises entre 1,70 et 1,07 — moyenne : 1,40 ; 2° Dans les tirs aux grandes distances (voisines de 5.000 mètres), car il importe de ne pas laisser subsister de lacunes pouvant provenir de la diminution de la profondeur de la zone efficace.

2. Le tir progressif s'exécute maintenant sur 4 hausses successives en partant de la limite courte d'une fourchette de 400 mètres. (*Règlement provisoire du 8 septembre 1910*). Si, dans la figure 56, on prolonge de 100 mètres, vers la droite, l'échelle de dispersion inférieure, on voit que l'efficacité tombera désormais à 0,42, et même à 0,21, aux environs de la limite longue de la fourchette.

ait fixé à 25 mètres seulement la largeur du front efficacement battu par deux ou plusieurs projectiles tirés sur une même hausse.

De même que la loi de la répartition en profondeur, la loi de la répartition en largeur ne varie pas sensiblement avec la distance et peut être considérée comme générale. On en peut conclure qu'une batterie de quatre pièces de 75, à la condition de tirer au moins deux coups par pièce, est en état de battre sans lacune un front de 100 mètres. Ce front est porté à 200 mètres si l'on fait usage du fauchage simple (3 coups par pièce, séparés chacun par 3 tours de manivelle du volant de pointage en direction).

Quelle efficacité pratique est-on en droit d'attendre d'un tir fusant exactement réglé, en direction, en portée et en hauteur ? La réponse à cette question ne peut, bien évidemment, résulter que de tirs d'expérience, et elle est d'ailleurs variable suivant la nature de l'objectif. On peut admettre qu'une batterie de 75 tirant deux coups par pièce sur un front de 100 mètres, mettra, dans une batterie de constitution analogue, tenant 100 mètres de front et dont le personnel est à son poste de tir, 7 à 8 hommes hors de combat[1] ; comme la batterie ne présente au feu qu'une trentaine d'hommes, l'efficacité atteint donc 25 p. 100 environ. Lorsque le personnel cesse le feu et s'abrite derrière ses boucliers, seules les balles qui ont passé sous les plaques de blindage[2], restent efficaces, mais elles n'atteignent plus que 3 ou

---

1. On suppose que cette batterie n'est perceptible que par les lueurs de ses coups, sinon on l'attaquerait par le tir percutant pour détruire son matériel.

2. Lesquelles ne tombent pas jusque sur le sol.

4 hommes, soit 10 à 12 p. 100[1]. Enfin, si, en même temps que les servants s'abritent, ils prennent soin d'obstruer par une levée de terre les intervalles qui séparent les boucliers du sol, l'efficacité devient nulle.

Contre l'infanterie, les résultats sont très variables suivant la formation de la troupe. Une ligne de tirailleurs de 100 mètres, où chaque fantassin tiendrait un mètre, perdrait, au cours d'un tir réglé et exécuté à raison de deux coups par pièce, plus de la moitié de son effectif; un tir en profondeur produirait des ravages plus grands encore. Aussi peut-on prévoir que l'infanterie évitera désormais de se montrer sous forme de lignes pleines de tirailleurs; elle ouvrira largement ses intervalles, progressera par petits groupes se déplaçant au pas de course pour se coucher ensuite, de manière à ne jamais offrir au canon que des objectifs fugitifs, très peu vulnérables, paraissant indignes d'une dépense de munitions[2]. Or, contre l'infanterie couchée, l'efficacité est déjà considérablement diminuée.

Dans sa marche d'approche, pour traverser les zones de terrain qu'elle croira dangereuses, l'infanterie se disposera en colonnes de sections par le flanc, sur 4 ou 2 hommes de front, à grands intervalles et à distances plus grandes encore; le mouvement de ces sortes d'échiquiers s'opérera comme il a été dit plus haut, par bonds de sections, suivis de la position couchée. Dans ces conditions, le réglage du tir sera très difficile et

---

1. Ces données correspondent à une distance de tir de 2.500 mètres.

2. Nous nous retrouvons en présence de la loi historique de l'amincissement de la ligne de feu provoqué par les perfectionnements des armes.

la conduite du feu, contre des objectifs surgissant soudain de points divers pour disparaître bientôt, ne le sera pas moins.

Contre des fantassins postés dans une tranchée, l'artillerie sera sans action réelle aussi longtemps que les défenseurs de l'ouvrage ne se découvriront pas pour tirer sur l'infanterie assaillante; alors seulement on pourra les frapper, et très efficacement[1]. Ceci démontre que, dans l'attaque d'une position fortifiée, les longues canonnades précédant l'engagement effectif de l'infanterie — la guerre sud-africaine nous en a fourni de multiples exemples — n'aboutissent à d'autre résultat qu'à un inutile gaspillage de minutions. C'est l'infanterie marchant sur son adversaire qui l'oblige à se découvrir pour tirer et motive l'intervention de l'artillerie.

De ces quelques considérations, on peut déduire que les effets du canon seront réellement foudroyants contre les troupes à pied qui commettront la faute de cheminer sans précautions dans les zones du terrain repérées par l'artillerie[2]; les erreurs se paieront cher. En revanche, une infanterie qui saura judicieusement utiliser les couverts du sol, se disperser dans les zones découvertes pour se réagglomérer dans les parties qui échappent aux vues du canon ennemi, progressera malgré ce canon, si rapide soit-il, et finira, sans trop de risques, par venir établir sa ligne de

---

1. 25 p. 100 pour un tir en profondeur de deux coups par pièce exécuté contre une tranchée tenue par des défenseurs espacés d'un mètre.

2. Une zone de terrain peut être repérée par suite de tirs antérieurs dont on a conservé les données, ou par suite d'un tir à ce destiné exécuté préventiment.

fusils à quelques centaines de mètres de celle de son adversaire [1]. A partir de ce moment, la marche rapide par bonds et la station couchée seront ses seules ressources... avec l'appui de son propre canon.

Contre l'artillerie blindée, visible par ses lueurs, l'efficacité sera considérable lorsque le personnel tiendra son poste de tir ; il deviendra nul, ou à peu près, si les servants cessent le feu et recherchent la protection de leurs boucliers. D'où l'on peut tirer quelques conclusions : 1° De deux batteries entrant en lutte, celle qui, la première, aura terminé son réglage, tirera de ce fait un important avantage ; 2° une artillerie défilée peut, si elle se sent inférieure, différer la lutte, en cessant le feu et en abritant son personnel ; 3° le silence imposé à une batterie ne saurait être interprété comme un indice de destruction ou de démoralisation ; 4° les luttes d'artillerie masquée contre artillerie masquée seront très lentes et dureront probablement longtemps ; 5° la seule manière d'en finir sûrement avec une artillerie étant de détruire son matériel, aucune occasion de frapper une batterie visible ne doit être perdue.

Ce genre de tir de destruction s'effectue généralement avec les obus explosifs dont nous allons maintenant parler.

PROJECTILES EXPLOSIFS. — La gerbe des éclats d'un obus explosif n'est en rien comparable à celle d'un projectile fusant. On sait que l'obus explosif est muni d'une fusée percutante à laquelle est

---

1. Toutes ces précautions expliquent la lenteur des combats modernes.

adapté un détonateur et un bouchon porte-retard ;
il ne déflagre qu'au contact d'un objet résistant
(matériel, sol, mur, maçonnerie) et quelques ins-
tants après ce contact. Les éclats, découpés pour
la plupart en lamelles striées, sont alors projetés
avec une très grande vitesse, perpendiculaire-
ment aux parois. Ils forment ainsi trois groupes.
Le principal provient de la partie cylindrique et

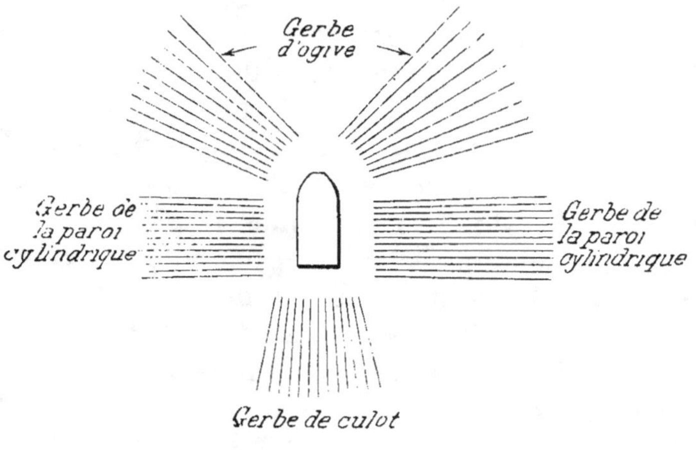

Fig 57.

forme une nappe épaisse, normale à l'axe de l'obus
(fig. 57), renfermant la grande majorité des fragments. L'ogive fournit une gerbe conique, très
peu fournie, dirigée vers l'avant et dont la partie
centrale est vide. Le culot enfin donne naissance
à une troisième gerbe, pleine, conique, contenant
dix fois moins d'éclats que la première. Entre ces
trois gerbes, existent des espaces vides.

En raison de l'irrégularité de leur forme, les
éclats gouvernent très mal dans l'air, perdent
rapidement leur vitesse initiale et, par suite, leur
efficacité. On estime qu'à 20 mètres du point

d'éclatement, ils ne suffisent plus à mettre un homme hors de combat; en revanche, à distance moindre, ils conservent des effets éminemment destructeurs.

Les obus explosifs peuvent être employés contre les objectifs matériels ou animés. Murs et maisons sont rapidement transformés en un amas de ruines ; les bois sont hachés et transformés en inextricables abatis; une bouche à feu touchée est mise hors de service et tout le personnel placé dans le voisinage est plus ou moins grièvement atteint.

Contre les retranchements en terre, les effets sont de peu d'importance en raison de la faible charge d'explosif renfermée dans l'obus; en revanche, les coups qui frappent l'épaulement à proximité de la crête et viennent éclater immédiatement au-dessus de la tranchée, fauchent, pour ainsi dire, tous les hommes qui se trouvent blottis dans un rayon de 15 à 20 mètres des points d'éclatement. Le résultat est le même pour un projectile qui, venant prendre contact avec le sol à quelques mètres seulement en avant d'une batterie, détone à hauteur de la ligne des pièces. « L'emploi des obus explosifs constitue actuellement le moyen le plus sûr, le plus rapide et le moins onéreux, de venir à bout d'une artillerie blindée [1] ».

1. FAYOLLE. *Loc. cit.*, I. p. 220.

CHAPITRE III

ORGANISATION ET TACTIQUE DE LA BATTERIE

§ 1. — **Personnel et matériel**.

Deux voitures — un canon et un caisson — commandées par deux gradés montés (dont un sous-officier), mises en œuvre par six servants, traînées par autant de conducteurs et d'attelages à deux chevaux, constituent la cellule primitive de l'artillerie qu'on dénomme « pièce ». Cette expression, nous l'avons employée maintes fois déjà comme synonyme de bouche à feu ; l'usage l'a fait également adopter pour désigner l'ensemble du personnel et du matériel groupé autour d'un canon pour son service ; étendant même cette dernière signification, on a fini par utiliser le mot « pièce » pour caractériser des groupements d'hommes, chevaux et voitures, commandés par des sous-officiers, mais ne comportant aucun canon ; c'est ainsi qu'il existe des pièces simplement formées de véhicules divers, tels que caissons, forges, chariots, fourgons, et du personnel les accompagnant. Afin d'éviter toute confusion, nous entendrons désormais par « pièce », un ensemble de personnel et de matériel placé sous les ordres d'un sous-officier, le vocable « canon » étant réservé à la bouche à feu proprement dite.

L'artillerie ne saurait être une juxtaposition

de pièces, car la puissance intrinsèque du canon, incontestablement très grande, ne se maintient telle qu'au prix d'une direction éclairée. Faute de chefs suffisamment instruits pour la bien commander en toute circonstance, une pièce n'aurait qu'un rendement fort restreint; or, le nombre des pièces est si considérable dans une grande nation, que le personnel manque pour en assurer la direction efficace. D'ailleurs, l'émiettement de l'arme sur le champ de bataille qui résulterait d'une pareille division, suffirait à rendre vaine la valeur du commandement et impraticable toute coordination des efforts. Enfin, si l'on peut admettre qu'à la rigueur, une pièce, même médiocrement conduite, peut encore prétendre à un rendement positif, le personnel et les chevaux ne sauraient subsister qu'à la condition d'être rattachés à un groupement plus important, pour eux véritable centre de vie. Cet agrégat de cellules-pièces, cet organe possédant une vie propre et tenant l'échelon inférieur dans la hiérarchie des unités d'artillerie est la « batterie ».

L'artillerie n'ayant qu'un seul mode d'action, son feu, la batterie est avant tout, organisée de manière à tirer de ce feu le meilleur parti possible. Sa structure fondamentale est donc basée sur le nombre de canons qui, commandés par un seul homme, paraissent devoir assurer le maximum de rendement. On sait de quelles ardentes controverses cette question a naguère fourni l'occasion : la loi du 24 juillet 1909 a tranché le différend et fixé définitivement à quatre le nombre des bouches à feu de la batterie. Dès lors, les quatre premières pièces de cette unité sont naturellement constituées chacune par un canon et un caisson, accompagnés du personnel et des chevaux correspondants.

Une pièce de ce genre transporte dans les coffres de ses deux voitures 120 projectiles [1] : ce lot de munitions est notoirement insuffisant pour alimenter le feu d'un canon à tir rapide pendant plusieurs heures ; or, ce ne sera pas avant un moindre laps de temps que pourront parvenir à portée de la ligne de combat les approvisionnements transportés par les arsenaux roulants qui marchent à la suite des troupes combattantes. Il est par suite nécessaire qu'une première réserve soit à la disposition immédiate de la batterie. Cette réserve est forte de huit caissons supplémentaires, constituant trois nouvelles pièces qui portent les numéros 5 (2 caissons) [2], 6 (3 caissons), 7 (3 caissons) et renferment 768 nouvelles cartouches, soit 192 par canon. L'approvisionnement total de chaque bouche à feu s'élève ainsi à 120 + 192 = 312 coups [3].

Cette organisation ne vise encore qu'à doter la batterie de tous les moyens propres à un combat d'une certaine durée, mais il est d'autres exigences à satisfaire. Il est indispensable, en particulier, que les chevaux puissent être ferrés ; que ceux blessés soient aussitôt remplacés ; qu'à des objets dont la perte ou la détérioration sont faciles, on puisse substituer des objets sem-

---

1. 72 (arrière-train) + 24 (avant-train) = 96, dans le caisson : 24 dans l'avant-train de canon. Total : 120.

2. La composition de la 5e pièce sera justifiée au paragraphe traitant de la formation de combat de la batterie.

3. On profite de l'existence des coffres de ces voitures dont la majeure partie n'apparaît pas sur la ligne de feu, pour transporter du personnel de complément.

blables ; que le matériel de cantonnement ou de bivouac se trouve à portée dès le moment du besoin. A cet effet, la batterie possède une forge de campagne, un chariot de forme spéciale, des attelages de complément, le tout réuni en une 8ᵉ pièce.

Enfin, avant de se battre, il faut vivre. Une 9ᵉ pièce est précisément destinée au transport des vivres des hommes et de l'avoine des chevaux. Elle comprend un certain nombre de fourgons à vivres et à bagages, et un chariot-fourragère dont le nom indique suffisamment l'objet.

Ainsi constituée en neuf pièces, la batterie représente un groupement de 171 hommes et de 168 chevaux, sans parler de 22 voitures[1]. A sa tête est placé un capitaine secondé par deux lieutenants.

§ 2. — Marches, prises de position, formation de combat.

La 9ᵉ pièce, exclusivement affectée au transport des vivres, fait toujours partie de colonnes spéciales qui cheminent à part, en arrière des troupes combattantes, et ne rejoignent leurs unités que dans les cantonnements de la soirée ; il en résulte que la batterie ne marche à la bataille qu'avec ses huit premières pièces. Parmi celles-ci, cinq seulement s'avancent jusqu'à la position de tir, et constituent la « batterie de tir ». Ce sont les quatre pièces canon-caisson, et la 5ᵉ pièce, faite de deux caissons qui servent à la

---

1. *Règlement provisoire de manœuvre de l'artillerie de campagne*, I, p. 41. — Sur ces 171 hommes de troupe, on compte 15 sous-officiers, dont un adjudant.

fois d'organe de premier ravitaillement, d'abris et d'observatoires pendant le tir pour les officiers. Les trois autres pièces sont dites « échelon de combat » ; leur commandement est confié soit à l'un des deux lieutenants, soit à l'adjudant. C'est une seconde réserve de munitions, d'hommes et de chevaux.

Sur les routes, l'artillerie marche encadrée dans les colonnes d'infanterie : une simple batterie tient une profondeur de 350 mètres environ, y compris la distance qui doit la séparer de l'unité suivante. Aussi longtemps qu'on chemine sur route, batterie de tir et échelon de combat restent réunis, mais dès le moment où l'on s'engage à travers champs pour aller prendre position, ces deux éléments se séparent. L'échelon de combat suit alors la batterie de tir à quelques centaines de mètres, en se reliant à elle par des jalonneurs à cheval qui signalent son itinéraire et ses mouvements (arrêts, modification d'allures, prises de position). Lorsque la batterie de tir prend position, l'échelon s'arrête en un point défilé des vues et des coups de l'ennemi, distant de quelques centaines de mètres, et présentant avec la batterie des communications faciles et sûres.

Avant de faire prendre position à la batterie de tir, le capitaine est mis au courant des dispositions des troupes amies et des nouvelles recueillies sur l'ennemi, dans la zone d'action où il va lui-même assumer un rôle ; il reçoit, en outre, toutes indications utiles sur la mission à lui confiée, et sur la parcelle de terrain qui lui est dévolue. Il exécute alors une reconnaissance minutieuse, choisit son poste d'observation personnel et détermine l'emplacement exact où devra venir la ligne de ses pièces. Cette reconnaissance est un prélude indispensable à la prise de position : le sort futur de l'unité et l'efficacité du concours qu'elle sera en état de donner aux autres armes, en dépendent immédiatement. Tandis qu'elle s'exécute, la batterie de tir est au besoin arrêtée, en arrière du terrain à occuper, en un endroit où rien ne puisse déceler sa présence.

L'emplacement dont le capitaine peut faire choix est limité par deux conditions : 1° la mission qui lui incombe, laquelle se traduit finalement par la possibilité d'atteindre certains points déjà tombés au pouvoir de l'adversaire ou susceptibles d'y tomber ; 2° la nécessité de se couvrir au maximum des accidents du sol pour échapper, autant qu'il est possible, aux vues et aux coups du canon ennemi. C'est cette dernière considération qui amène généralement l'artillerie à prendre des positions en arrière des crêtes, des lignes d'arbres ou de constructions. On dit qu'elle est défilée à hauteur d'homme à pied, ou d'homme à cheval, par rapport à une hauteur dangereuse, suivant qu'étant placé auprès d'elle, un homme à pied (1^m,70 environ), ou à cheval (2^m,60 environ), est contraint de faire un ou deux pas, pour apercevoir cette hauteur au-dessus du couvert protecteur. Si la batterie est établie dans l'une ou l'autre de ces deux situations, l'artilleur ennemi, placé sur la crête opposée, ne peut rien distinguer du personnel et du matériel ; en revanche, dès que le tir commence, il ne manquera pas de percevoir les lueurs d'un certain nombre de coups. Le défilement n'est absolu que si l'emplacement est au moins à quatre mètres en contre-bas du sommet de l'obstacle couvrant; on dit alors qu'on est défilé aux lueurs. Encore ce défilement reste-t-il relatif car, par temps sec, la poussière soulevée, par temps humide, la fumée provenant de la condensation de la vapeur d'eau, constituent toujours des indices plus ou moins révélateurs.

Quoi qu'il en soit, si la question de protection entrait seule en ligne de compte, le commandant de la batterie ne manquerait jamais de faire choix d'un emplacement lui assurant au minimum le défilement aux lueurs, mais telle n'est pas la plus importante des conditions à satisfaire : il faut avant tout pouvoir frapper l'objectif indiqué. Or, la distance de cet objectif entraine l'angle de tir à donner au canon et il se pourrait, si ce dernier était placé par trop en contre-bas, que la trajectoire s'en allât ficher dans la crête couvrante : l'emplacement choisi serait inutilisable. En résumé, la recherche du point convenable se réduit à la solution du petit problème de géométrie suivant (fig. 58) : C est la crête couvrante, C' la crête dangereuse, O le point à atteindre, situé à la distance D. Le capitaine veut savoir s'il lui est loisible de placer sa batterie en A, au-dessous du plan de défilement CC'. Il le peut si, retranchant de l'angle de tir T qui convient à la distance D du point O, l'angle de site S de ce même point par rapport à l'horizontale AH, il obtient un excès, égal ou supérieur à CAH. La condition nécessaire et suffisante se traduit donc par $T\text{-}S \geqq P$[1]. Dans la

---

1. Lorsque O est situé au-dessus de l'horizontale AH, au lieu d'être au-dessous, la formule devient $T+S \geqq P$.

pratique, l'angle P peut être confondu avec la pente du terrain entre A et C, pente que le capitaine mesure avec un instrument spécial appelé « sitomètre », ou apprécie à vue. Exemple : La pente du sol entre A et C est de 5 p. 100, soit 50 millièmes ; la distance D est égale à 2.500 mètres environ ce qui correspond à l'angle de tir de 65 millièmes ; l'angle de site de O au-dessous de l'horizontale est de 10 millièmes ;

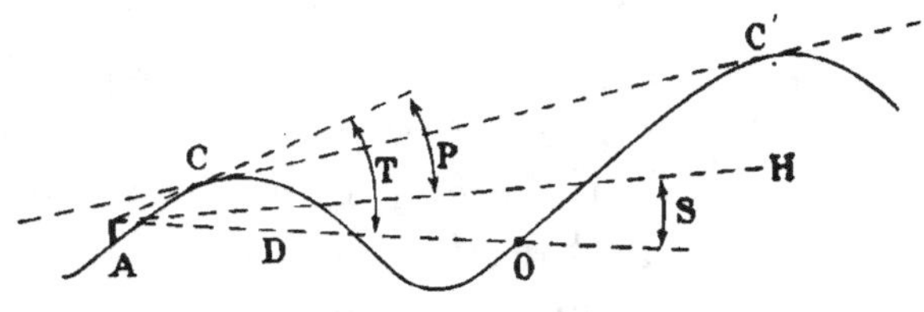

Fig. 58.

T — S = 55 millièmes qui est plus grand que 50 millièmes ; le point A est utilisable.

On voit par cet exemple que le rapprochement du point O peut conduire à l'adoption d'un point A situé au-dessus du plan de défilement ; c'est-à-dire que la batterie sera vue de la crête dangereuse. A l'expression « l'artillerie se défile au maximum », il convient donc d'ajouter le correctif, « dans les limites de la mission qui lui est imposée » ; et cette mission peut comporter la mise en batterie en pleine vue des canons ennemis. On comprend aussi que le défilement sera d'autant plus facile à réaliser que les objectifs seront plus éloignés, les angles de tir étant alors plus considérables. Il en sera de même dans les terrains à larges mouvements ondulés parce que les pentes y sont peu accentuées et les angles de site de faible grandeur ; d'où l'on tire cette conclusion, paradoxale en apparence, que les régions tourmentées, présentant de fortes et nombreuses dénivellations, sont celles qui se prêtent le moins bien au défilement de l'artillerie.

Quels que soient le terrain et le défilement, le capitaine fixe donc l'emplacement sur lequel il

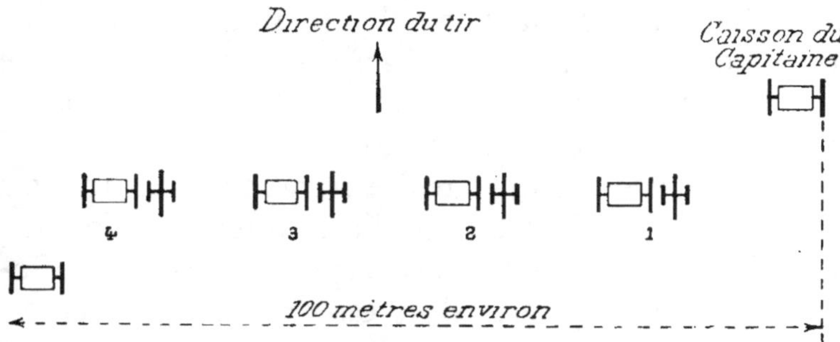

Fig. 59.

entend établir sa batterie en formation de combat. Dans cette formation (fig. 59), chaque canon a auprès de lui et à sa gauche, son caisson ; des intervalles variables, aussi grands que possible afin de diminuer la quantité de personnel englobée dans un même tir de l'adversaire, suffisamment restreints néanmoins pour faciliter le commandement du capitaine [1], séparent chacun

---

1. Les intervalles réglementaires sont de 16 mètres entre pièces. Toutes les fois qu'il est possible, on les prend plus considérables, et 20 mètres peuvent être considérés comme des intervalles normaux. Si l'on veut bien se rappeler que le tir d'un canon, répété deux fois seulement, couvre efficacement, aux distances moyennes de combat (2.500 à 3.000 mètres), une largeur de 25 mètres, on en

des quatre groupes ainsi formés ; des deux caissons de la 5ᵉ pièce, l'un sert d'abri et, au besoin, d'observatoire pour le capitaine ; il occupe, par suite, la place où doit se tenir cet officier pour commander et observer le tir ; l'autre est maintenu sur la ligne des canons, où il est utilisé comme première réserve de munitions. Les avant-trains de toutes les voitures, réunis sous les ordres d'un gradé préposé à cette fonction, sont rejetés en arrière de la position, généralement hors des ailes de la batterie, protégés contre les coups destinés à cette dernière par un obstacle du sol ; leur emplacement peut coïncider avec celui de l'échelon de combat.

Pour passer de la marche à travers champs, ou de la position d'arrêt qui l'a suivie, à la formation de combat, la batterie opère de façon différente suivant qu'elle doit entrer en batterie en pleine vue, au défilement de l'homme à pied, ou au défilement de l'homme à cheval[1]. Dans le premier cas, la batterie est mise en bataille, hors des vues de l'ennemi, c'est-à-dire que les deux voitures des quatre pièces-canon sont disposées sur quatre files parallèles, les caissons en tête, à intervalles de vingt mètres environ, puis amenées au trot sur la position. Les caissons

conclut que, pour n'être pas englobés dans le tir d'un seul canon ennemi, deux canons voisins devraient être séparés par un intervalle au moins égal à 25 mètres, mais l'artillerie est aujourd'hui si nombreuse que, pour la placer toute, il faudra souvent se résoudre à la serrer davantage. D'ailleurs il importe que, dans le bruit des détonations, les commandements du capitaine puissent être nettement perçus, et cette condition impose la réduction du front de la batterie à 100 mètres environ.

1. Il est clair que si le défilement est plus considérable que celui de l'homme à cheval, il n'est pas nécessaire de prendre les précautions plus loin décrites.

sont arrêtés sur la ligne choisie comme emplacement de la batterie, et rejoints par les canons ; les avant-trains, rapidement séparés, sont emmenés vers l'arrière. Des deux caissons de la 5e pièce, l'un se place au poste d'observation du capitaine, l'autre gagne généralement le flanc opposé.

La manœuvre est commandée par un lieutenant sur les indications que le capitaine lui a fait parvenir par voie d'agent de liaison, mais, pour qu'il n'y ait aucune hésitation sur l'emplacement à occuper et sur la formation à prendre pour y venir, le capitaine prend soin, sa reconnaissance faite, de matérialiser l'axe de la batterie au moyen de deux jalonneurs dont le plus avancé se tient sur la ligne où doivent précisément s'arrêter les quatre pièces-canon.

Si l'on doit s'établir au défilement de l'homme à pied, le capitaine marque avec ses deux jalonneurs, les emplacements des pièces extrèmes ; la batterie est formée en une colonne de deux voitures de front (caisson et canon correspondant) dont la tête est dirigée sur l'un des jalonneurs ; avant de pouvoir être aperçu de l'ennemi, tout le personnel monté met pied à terre et les servants sautent à bas des coffres des voitures ; arrivée au premier jalonneur, la tête de colonne tourne à droite ou à gauche suivant le cas, et prend sa direction sur le deuxième ; chaque pièce étant ensuite arrêtée à hauteur de la place qu'elle doit occuper, le canon est mis à bras dans la direction du tir prochain.

Le mouvement s'exécute d'une manière analogue si la position comporte le défilement de l'homme à cheval, mais il n'y a plus intérèt à faire mettre pied à terre au personnel.

La « mise en batterie » est une opération délicate, exigeant beaucoup de prudence alliée à une grande célérité, car elle constitue une période de crise qu'il est essentiel de céler aux regards de l'ennemi et d'abréger le plus possible ; il suffirait, en effet, que l'artillerie adverse ait déjà tiré sur le terrain à occuper pour que la batterie soit surprise au moment où, sans défense possible, elle présente le maximum de vulnérabilité. Même si l'adversaire, sans posséder encore les éléments d'un tir aussitôt efficace, a seulement aperçu le mouvement, il en tire une importante supériorité, puisque, le premier, il est en situation d'ouvrir le feu et de terminer son réglage. Pour ces raisons, il est également fort important que les reconnaissanees préparatoires à la prise de position soient faites avec une extrême discrétion, car de leur apparition sur une crête, un observateur attentif peut conclure à l'arrivée prochaine de la batterie, et, mis en éveil, interpréter avec certitude un indice qu'en toute autre circonstance, il eut considéré comme insignifiant ou douteux.

§ 3. — Préparation du tir.

Les pièces étant venues sur leurs emplacements, il reste à les disposer de manière qu'elles puissent instantanément diriger leurs coups sur un objectif, autrement dit à « préparer le tir ».

Le cas le plus général est celui où la batterie, faisant face à une zone du terrain que l'on sait occupée, ou devoir être bientôt occupée par l'ennemi, doit pouvoir diriger soudainement son feu sur un but quelconque apparaissant à l'intérieur de la zone à surveiller. Dans cette hypothèse, la préparation du tir consiste à mettre d'abord le canon de droite dans la direction d'un point remarquable (arbre, clocher) appelé « repère », puis à disposer les plans de tir des trois autres canons, à la gauche du premier, et suivant un écartement régulier dépendant de la largeur du front que le capitaine désire pouvoir battre. Il est clair que si ces conditions sont réalisées, il suffira, avant d'entamer le tir sur un objectif quelconque, de faire tourner le faisceau des plans de tir de la batterie de l'écart angulaire compris entre le repère et la droite du but [1].

Le problème de la préparation du tir se réduit donc aux deux opérations suivantes : 1° diriger le canon de droite sur un point déterminé du terrain ; 2° relier les plans de tir des 2e, 3e et 4e canons à celui du premier, suivant une loi géométrique qui les rende convergents, parallèles ou divergents.

Lorsque la batterie n'est pas défilée par rapport au repère, ou si elle ne l'est qu'à hauteur d'homme à pied, rien n'est plus facile que d'orienter le premier canon sur le repère, car il suffit de faire passer par ce point la ligne de foi verticale de l'appareil de pointage [2] préalablement placé pour marquer Plateau 0, Tambour 100 [3]. Les 2e, 3e et 4e canons sont pointés de

---

1. La droite et la gauche d'un but s'entendent de ses extrémités vues de la batterie.

2. Chaque pointeur, pour surhausser son collimateur, dispose de deux rallonges d'appareil qui élèvent la ligne de foi à $1^m,50$ et $1^m,80$ au-dessus du sol.

3. Par constructruction (voir page 167), le plan de tir et le plan de pointage sont alors parallèles, et comme ils sont très voisins, on peut dire qu'ils coïncident.

la même manière après qu'on a fait marquer à leurs appareils de pointage des divisions allant en croissant suivant une progression arithmétique dont la raison est 5, 10, 15 ou 20 millièmes, selon la largeur du faisceau désiré[1]. Une fois pointés, les canons sont laissés immobiles, et chacun des pointeurs manœuvre son appareil de pointage de manière à en faire passer la ligne de foi verticale par un point du sol facile à retrouver et non exposé à disparaître[2]. Ce point, spécial à chaque pointeur et connu de lui seul, est dit « point de repérage[3] ». Pour peu que le pointeur ait inscrit sur le bouclier qui lui fait face, la dérive alors marquée par son appareil, le canon peut se déplacer, des modifications peuvent être apportées à la dérive — pour effectuer un transport du tir par exemple, — on pourra toujours ramener la bouche à feu à sa position initiale[4].

Mais le cas très simple que nous venons d'envisager sera toujours exceptionnel, l'artillerie ayant intérêt à rechercher le plus grand défilement compatible avec sa mission. Dès lors, il arrivera fréquemment que le pointeur n'aura sous les yeux qu'une bande ascendante du terrain, une ligne d'arbres ou de constructions, qui

---

1. Cette raison est appelée « échelonnement des dérives ». En règle générale, on la prend égale à 15 ou 20 millièmes. Cet étalement préalable du faisceau est favorable au réglage du tir, ainsi qu'on le verra plus loin.

2. Il est important que ce point ne soit pas choisi dans la zone des objectifs possibles, car la fumée des projectiles pourrait, par la suite, en amener la disparition.

3. On ne doit donc pas confondre « point de repère » et « point de repérage ».

4. Il faut toutefois que le point de repérage soit au moins à 50 mètres du canon.

le masqueront aux regards de l'ennemi, mais limiteront aussi son horizon à courte distance. Dans ces conditions, il est encore possible de concevoir un grand nombre de procédés permettant d'amener le plan de tir du premier canon sur le point de repère ; nous n'en décrirons que quelques-uns.

a) On peut opérer par jalonnement. Un servant A (fig. 60) se rapproche de la crête couvrante C jusqu'à ce qu'il aperçoive le repère R ; un autre jalonneur B se place entre R et A, de manière à voir A et la colonne de l'appareil de pointage du canon P. Les deux hommes se font alors des signes pour avancer ou reculer parallèlement à la crête, et ne s'arrêtent qu'au moment où A voit B dans l'alignement de R et B voit A se détachant sur P. La ligne RP est alors matérialisée ; il

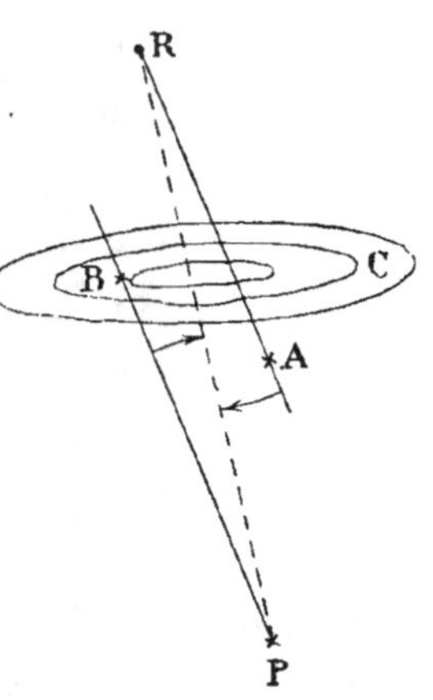

Fig. 60.

ne reste plus, l'appareil de pointage marquant Plateau o, Tambour 100, qu'à déplacer le canon jusqu'à ce que la ligne de foi verticale passe par la ligne des boutons de l'un ou l'autre des deux jalonneurs ; le canon est dirigé sur R.

Ce procédé, aussi rapide que pratique, présente le grave inconvénient d'exiger le séjour sur la crête couvrante de deux servants qui peuvent attirer l'attention de l'ennemi et annihiler toutes les précautions antérieurement prises pour dissimuler la mise en batterie ; aussi tend-on à lui en substituer d'autres.

b) Le canon étant arrivé en P (fig. 61), dans la direction approximative du repère R, on inscrit sa direction sur le sol au moyen de deux piquets A et B, l'emplacement de A étant choisi de telle sorte qu'on y puisse apercevoir R. Le capitaine se porte en A, prolonge fictivement AB jus-

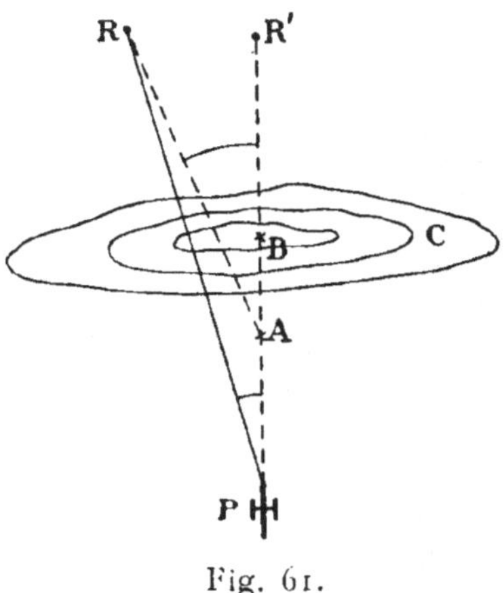

Fig. 61.

qu'en R′ et mesure en millièmes l'écart angulaire RAR′. Eu égard aux dimensions respectives de RA et AP, on peut substituer, sans erreur sensible, RAR′ à RPR′. L'appareil de pointage marquant Plateau o, Tambour 100 + RAR′ et la ligne de foi verticale étant pointée sur B, le canon est dirigé sur R ′.

c) Dans la même situation, on peut encore utiliser la « lunette de batterie ». Cet instrument se compose d'une lunette terrestre, à fort grossissement, entrant à frottement dans un manchon supporté par une colonne cylindrique creuse [2], mobile autour de son axe et dont un niveau assure la verticalité. L'axe de la colonne est monté sur un trépied se terminant par un pla-

1. Une erreur légère dans la direction est sans importance, car elle peut être corrigée immédiatement après l'observation du premier coup tiré. L'exactitude absolue de la direction serait d'ailleurs sans avantages, l'évaluation subséquente de l'écart angulaire compris entre le repère et la droite du but pouvant elle-même être entachée d'une erreur de quelques millièmes.

2. La cavité intérieure de la colonne sert de gaine protectrice à la lunette proprement dite, pendant les transports.

teau circulaire gradué en millièmes comme l'appareil de pointage. Un index, muni d'un trait de repère, peut être fixé à la base de la colonne cylindrique, en face d'une des divisions du plateau gradué, puis suivre ensuite les mouvements de la colonne, c'est-à-dire de la lunette [1].

Il est donc facile de mesurer les écarts angulaires avec exactitude. Soit P la colonne de l'appareil de pointage du canon (fig. 62) et L la lunette placée en un point d'où l'on aperçoit le repère R. On vise successivement R et P ce qui donne l'angle α ; si le pointeur du canon, partant de la dérive Plateau o, Tambour 100 $+\alpha$, fait déplacer son canon

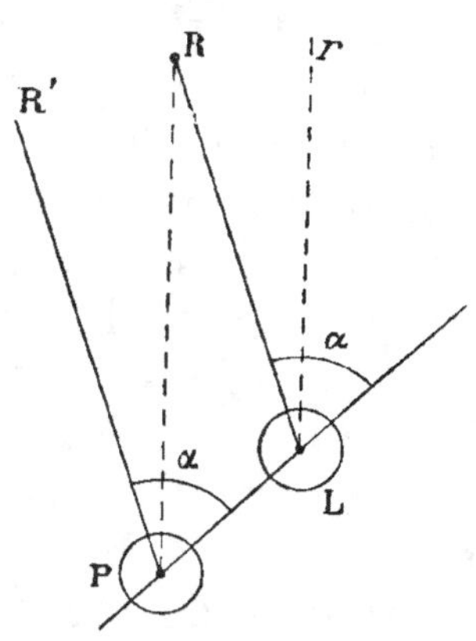

Fig. 62.

jusqu'à viser la colonne de la lunette, le plan de tir viendra en PR' et sera parallèle à LR. Pour pallier la petite erreur provenant de l'écartement latéral de la lunette, l'opérateur, au lieu de viser directement sur R, remplace ce point par un autre, fictif, r, situé plus à droite d'une quantité qu'il apprécie au jugé.

Quel que soit le procédé employé, il faut ensuite passer à la deuxième opération : former le faisceau des plans de tir des quatre canons suivant un « régime » déterminé. L'un des moyens les plus pratiques consiste à rendre les

---

1. Pour la mesure des petits écarts, on fait usage du micromètre tracé sur le diamètre horizontal du champ de la lunette. Celle-ci pouvant tourner dans son manchon, permet encore de mesurer les angles de site et les hauteurs d'éclatement.

plans de tir des 2ᵉ, 3ᵉ et 4ᵉ canons parallèles au premier par visées réciproques. On opère comme avec une lunette, l'appareil de pointage du premier canon tenant lieu de cet instrument. Parallèles, les plans de tir sont ensuite rendus divergents ou convergents par une augmentation ou une diminution convenable de l'échelonnement des dérives des 2ᵉ, 3ᵉ et 4ᵉ canons [1].

La formation du faisceau s'obtient encore de la manière suivante. S'il existe un point très nettement visible, situé à grande distance et sur le prolongement du front de la batterie [2], le pointeur du premier canon, sans modifier la position de celui-ci, amène sur ce point la ligne de foi de son appareil de pointage, lit la dérive ainsi obtenue et l'annonce à haute voix. Les trois autres pointeurs donnent cette dérive à leur propre appareil, et, par déplacement de leur canon amènent à leur tour leur ligne de foi sur le point de pointage latéral ; ceci fait, les quatre plans de tir de la batterie sont devenus parallèles.

En procédant d'une manière analogue sur un point de pointage situé en arrière de la batterie, on obtient un faisceau qui diverge vers l'avant, et cela d'autant plus que le point choisi est moins éloigné.

Les deux derniers procédés qu'on vient d'indiquer sont rapides et d'exécution facile, mais, outre qu'ils ne sont pas applicables en toute circonstance, ils exigent que le capitaine fasse

---

1. Le parallélisme des plans de tir correspond à un échelonnement des dérives de 5 millièmes environ ; pour avoir l'échelonnement de 15, il suffit d'augmenter respectivement de 10, 20 et 30 millièmes les dérives des 2ᵉ, 3ᵉ et 4ᵉ canons.

2. Ce point est dit « point de pointage latéral ».

comprendre aux pointeurs le point exact de l'horizon dont il a fait choix. L'expérience a montré que ces sortes de désignations entraînent souvent des confusions. Aussi, le procédé par visées réciproques, s'il est plus lent, est-il considéré comme plus sûr ; il n'exige aucun discours et sa généralité est complète.

De quelque manière que le faisceau ait été formé, les points de pointage, s'il en a été fait usage, ne sont que des auxiliaires aussitôt oubliés qu'utilisés, et les canons sont immédiatement repérés sur des points de repérage. Dans le cas du défilement, faute d'objets saillants à quoi les pointeurs puissent accrocher leur ligne de foi verticale, on emploie de simples piquets qu'un des servants va fixer dans le sol, en se défilant le plus possible, à 50 mètres au moins du canon correspondant. La préparation du tir est alors terminée.

Les deux opérations qu'elle nécessite ne s'effectuent pas nécessairement dans l'ordre que nous avons indiqué ; rien ne s'oppose à ce que le faisceau des plans de tir soit formé tout d'abord, après quoi, la direction du canon de droite ayant été reconnue, on la ramène sur le point de repère par une modification d'ensemble de toutes les dérives.

§ 3. — Méthodes de tir. Tirs de réglage et tirs d'efficacité. Commandement à distance.

Tirs de réglage. — Le tir ainsi préparé, les dérives de chaque canon inscrites à la craie par le pointeur sur le bouclier qui lui fait face, la batterie est dite « en position de surveillance », ou, plus simplement « en surveillance ». Elle est, en effet, en situation de tirer immédiatement sur un objectif se révélant dans la zone dont elle assume la surveillance. Mais, il ne suffit pas de tirer, il faut frapper avec certitude d'atteindre le but, et cela exige une nouvelle série d'opérations qui constitue le « réglage du tir ».

Le réglage consiste : 1° à amener le faisceau des plans de tir dans la direction de l'objectif, c'est-à-dire à réaliser quatre coups régulièrement espacés, englobant toute la largeur du but, et rien que cette largeur ; 2° à déterminer deux hausses, plus ou moins voisines suivant la visibilité de l'objectif et l'intérêt qu'il peut y avoir à frapper vite, entre lesquelles le but se trouve nécessairement compris ; 3° à obtenir des éclatements donnant l'efficacité maxima [1].

Le premier soin du capitaine est d'amener son faisceau en direction. A cet effet, il mesure, ou apprécie, l'angle de site du but, puis l'écart angulaire qui sépare sa droite du point de repère. L'angle de site est pris par tous les canons, les dérives sont modifiées de l'écart angulaire annoncé et les canons repointés sur les points de repérage : le tir de la batterie est désormais dirigé sur l'objectif.

Suivant la largeur de ce dernier, le transport du faisceau des plans de tir peut être accompagné de son ouverture, ou de sa fermeture, de manière à l'adapter exactement au front à battre, c'est-à-dire d'une augmentation, ou diminution, de l'échelonnement des dérives. Exemple : un

---

1. On a vu précédemment (voir page 197) que la hauteur d'éclatement donnant cette efficacité maxima, ou hauteur-type, est vue de la batterie sous un angle constant égal à 3 millièmes de la distance.

but est à 10 millièmes au-dessous du plan horizontal passant par la batterie ; sa droite est à 120 millièmes à gauche du repère ; son front est de 45 millièmes alors que l'étalement initial du faisceau est de 60 (échelonnement 20) ; le capitaine commande : « Angle de site, moins 10, Augmentez de 120[1]. Diminuez l'échelonnement de 5 ».

Les pointeurs mettent leur niveau à la graduation moins 10, et, manœuvrant le volant de pointage en hauteur, ramènent la bulle entre ses repères ; le premier augmente ensuite sa dérive de 120, ce qui porte son plan de tir exactement sur la droite du but ; le deuxième augmente de 120 et diminue de 5, soit une augmentation totale de 115[2] ; le troisième augmente de 120 et diminue de 10, soit 110[3] ; le quatrième augmente de 120 et diminue de 15, soit 105[4]. Finalement, le faisceau dont la largeur est réduite de 60 à 45 millièmes se trouve exactement appliqué et réparti, en direction, sur tout le front de l'objectif[5]. Si les mesures ont été bien faites et, en ce

---

1. On sait que, pour porter les coups à gauche (droite), on augmente (diminue) les dérives.

2. L'échelonnement des dérives étant primitivement de 20, l'augmentation de 120 porterait le plan de tir à 20 millièmes à gauche de la droite du but ; la diminution de 5 l'en ramène à 15 seulement.

3. S'il n'y avait pas eu diminution d'échelonnement, le plan de tir aurait été à 40 millièmes à gauche de la droite du but ; il en vient à 30.

4. De 60 millièmes à gauche de la droite du but, où il se serait trouvé avant la diminution d'échelonnement, le plan de tir du 4e canon s'en rapproche à 45.

5. Le premier coup tombera exactement dans la direction de la droite de l'objectif, le 2e à 15 millièmes plus à gauche, le 3e à 30 millièmes (15 du précédent), le 4e à 45 millièmes (15 du précédent), c'est-à-dire sur la gauche du but.

qui concerne l'écart angulaire, la lunette de batterie, ou des jumelles micrométrées, ou l'étalonnage de la main et des doigts, ne laissent que peu de prise à l'erreur, le capitaine ajoute : « Abattez [1] ».

Le véritable réglage commence. Il s'opère par salves de batterie, les canons tirant chacun un coup, de la droite à la gauche, rarement de la gauche à la droite, à quelques secondes d'intervalle, sur des hausses et avec des correcteurs ordonnés par le capitaine [2]. La hausse de départ est celle estimée la plus proche de la distance du but ; le correcteur peut être fourni par des batteries ayant déjà tiré ; à défaut, on prend le correcteur 18 [3]. Exemple : l'objectif paraît être à

1. Ce mouvement, ainsi qu'on l'a vu (pp. 148 et 172), a pour conséquence de fixer au sol les patins de roues et la bêche de crosse. Dès lors, les modifications à la direction ne peuvent plus s'obtenir que par coulissement du canon sur son essieu ; si donc il y avait erreur sur l'écart angulaire compris entre le repère et la droite de l'objectif, ou encore si le canon de droite n'avait pas été tout d'abord exactement dirigé sur le repère, il faudrait compenser cette erreur, révélée par la direction du premier coup, au moyen du coulissement. Le champ du déplacement du canon en largeur, autant dire sa puissance dans le sens latéral, serait donc réduit d'autant, du côté où s'effectuerait le coulissement. En cas d'indécision, le capitaine agira donc sagement en ne faisant abattre qu'après la première salve, suivie d'une modification générale des dérives égale à l'erreur constatée.

2. Il ne peut y avoir intérêt à tirer de gauche à droite que dans le cas où la direction du vent porterait la fumée d'un coup sur le coup suivant et rendrait l'observation difficile.

3. Pour la raison développée page 157, renvoi 1, l'indication du correcteur obtenu par une batterie voisine ne va jamais sans celle de l'angle de site utilisé. Le débouchoir est construit de manière telle que le trait de repère du curseur étant placé en face de la division 20 du correcteur le projectile tiré avec la hausse alors marquée par le cadran des distances, éclate à la hauteur-type. Pour avoir un éclatement dont on puisse observer le sens — à un millième environ au-dessus du pied du but — on diminue le correcteur de 2 millièmes, soit 18.

3.000 mètres ; le vent porte de gauche à droite ; le capitaine commande : « Par la droite par batterie, correcteur 18, 3.000 ». Le service de chaque pièce s'exécute comme il a été dit au § 4 du chapitre Ier (2e partie); les coups se succèdent de la droite à la gauche ; le capitaine observe simultanément leur répartition dans la salve, leur hauteur au-dessus du but, leur sens (court ou long) par rapport à ce but. De cette observation peuvent résulter : une modification générale de la direction de la salve ayant pour effet de porter exactement le coup du premier canon sur la droite de l'objectif, une modification dans l'échelonnement des dérives, à l'effet de battre exactement le front du but ou des modifications particulières aux dérives des 2e 3e et 4e canons visant à assurer leur exacte répartition dans la série des éclatements, un changement de correcteur, relevant ou abaissant les éclatements, enfin l'annonce d'une hausse plus longue ou plus courte suivant que la première a été observée courte ou longue[1]. Exemple : le coup du premier canon a éclaté à 10 millièmes à la gauche de la droite du but, le faisceau a la largeur voulue, mais la répartition des 2e et 3e coups est mauvaise, le 2e étant trop à gauche de 10 millièmes, le 3e trop à droite de 5 ; enfin les quatre coups ont été percutants et sont nettement tombés en avant de l'objectif. Le capitaine commande : « Diminuez de 10 — 2e, diminuez de 10 — 3e, augmentez de 5 — correc-

---

1. Un capitaine très exercé est seul capable de saisir, dès la première salve, la totalité des corrections à ordonner. Dans la pratique, les modifications sont successivement prescrites, en cours de réglage, et le tir se perfectionne au fur et à mesure que s'accroît le nombre des salves tirées.

teur 22 — 3.400 ». La première correction de 10 s'applique à tous les canons ; la seconde ne concerne que le 2ᵉ qui fera deux diminutions successives de 10 ; l'augmentation de 5 n'est applicable qu'au 3ᵉ canon qui finalement diminuera seulement de 5 ; tous les obus de la deuxième salve seront débouchés avec le correcteur 22, pour la distance de 3.400 [1].

Si cette salve (3.400) est longue, on dit que la fourchette de 400 mètres est obtenue, et le capitaine adopte la hausse intermédiaire, 3.200. Il continue ainsi jusqu'à ce qu'il ait trouvé la fourchette désirée ; 200, 100 ou 50 mètres, suivant le cas.

Durant tout le réglage, le sens d'une hausse n'est considéré comme certain que si deux coups sur quatre ont été observés. Le sens de la hausse constituant la limite courte de la fourchette est tout particulièrement important à fixer avec certitude, car il est démontré qu'un tir long réduit l'efficacité dans une proportion beaucoup plus grande qu'un tir trop court de la même quantité [2]. Aussi le règlement prescrit-il, dans le cas où la

---

1. Suivant le nombre de coups percutants, 2, 3 ou 4, on augmente le correcteur de manière à ce que la hauteur moyenne soit égale à un millième. Les coups percutants sont considérés comme ayant la hauteur zéro. Les lois de la répartition du tir montrent que sur 4 obus tirés à la hauteur de un millième, il y a probabilité pour que l'un d'eux soit percutant. Lorsque les éclatements sont au-dessus de un millième, on diminue le correcteur de manière à ramener à ce taux la moyenne des hauteurs d'éclatement.

Sauf dans le cas où des indices certains démontrent que la première salve était très rapprochée du but (masse des éclats arrivant jusqu'à lui par exemple, ou frappant le sol à courte distance en arrière), la deuxième hausse diffère de la première de 400 mètres.

2. Voir page 202.

dernière hausse employée forme limite longue de la fourchette, de tirer une nouvelle salve sur la limite courte pour la bien contrôler [1].

Le sens des coups est basé sur l'observation des nuages de fumée produits par les éclatements ; il est réputé court lorsque les nuages occultent l'objectif, et long si ce dernier se détache sur la fumée. Depuis que les méthodes de tir ont acquis la simplicité qu'on vient de dire, tout l'art du capitaine réside dans ses facultés d'observateur. Mieux il sait observer, mieux il discerne les parties du terrain qui cachent son objectif, et poursuit quand même la recherche d'une fourchette, meilleur tireur il est; plus promptement il arrive à réduire l'amplitude de sa fourchette, plus il économise minutes et projectiles, plus sûre est l'efficacité de son tir ultérieur. L'importance d'une juste observation du sens des coups est capitale, car une erreur est sans remède, rien ne la révèle dans la suite du tir ; la direction et la hauteur, au contraire, restent toujours passibles de correction parce que toujours perceptibles.

A partir du moment où, dans le réglage, les éclatements se produisent à bonne hauteur et sont régulièrement espacés, le capitaine peut cesser d'opérer par salves et agir par « rafales » (de un coup par canon), lesquelles n'en diffèrent que par la suppression de l'ordre des coups. On gagne ainsi quelques secondes, et nulle occasion de passer tôt au tir d'efficacité, notamment dans la lutte d'artillerie, n'est à négliger.

Le réglage, en effet, n'est, quoiqu'indispen-

---

1. Pour cette raison, cette salve est dite « de contrôle ».

sable, qu'un accessoire ; il tend, sans doute, à produire une certaine efficacité lorsque se resserrent les limites de la fourchette, mais il n'en est pas moins un simple moyen d'arriver au plus vite à la connaissance de données autorisant seules une action réellement et sûrement effective. Vis-à-vis d'objectifs aussi fugitifs que ceux de la guerre moderne, le réglage entraîne même de graves inconvénients ; infanterie et artillerie, peu à peu encadrées entre des salves de plus en plus rapprochées, ne peuvent conserver de doute sur le sort qui leur est destiné si elles ne se soustraient rapidement au danger ; l'infanterie se couche derrière un accident du sol, l'artillerie abrite son personnel sous ses plaques de blindage, et toutes deux, à peu près invulnérables, attendent le passage de l'orage. Le tir de réglage est, pour l'ennemi, comme un avertissement des rafales prochaines ; il est destructeur d'un des moyens d'intimidation les plus puissants : la surprise ; il n'est donc pas étonnant que l'artillerie cherche à s'en affranchir.

Elle ne le peut entièrement. Si perfectionnés que soient les appareils de mesure des distances dont on puisse la doter, ils ne sauraient résoudre le problème du tir instantanément efficace, car distance et hausse ne sont pas les mêmes ; force sera toujours, d'autre part, de régler la direction et la hauteur d'éclatement. Néanmoins, si la solution intégrale est impossible, en l'état actuel des choses, on s'en peut rapprocher par des stratagèmes. L'un d'eux repose sur le « repérage du terrain ». Une batterie qui n'a plus à craindre de révéler sa présence, soit parce qu'elle a déjà tiré, soit parce que beaucoup d'autres sont en position dans son voisinage, peut, avec un seul de ses canons, déterminer l'angle de site, le correcteur et la hausse (ou les hausses limites d'une fourchette) convenant à un certain nombre de points remarquables du terrain à surveiller. Un objectif vient-il à se montrer non loin d'un de ces points que le capitaine, possesseur des autres éléments de son tir, n'a plus qu'à assurer la direction et la répartition de ses coups. Pour cela, il lui est loisible de tirer une salve, haute pour la bien distinguer, à une distance sciemment erronée pour ne pas inciter l'ennemi à se soustraire au danger, puis, toutes corrections faites, les canons assis, à passer au tir d'efficacité. Il est à présumer qu'à l'avenir, le tir sur terrain repéré, par la raison même qu'il ménage l'effet de surprise, si impressionnant au point de vue moral, sera de plus en plus employé. Il le deviendra davantage encore, plus rapidement et à moins de frais, quand l'artillerie décidera l'adoption d'un télémètre pratique et de grande précision. Alors, en quelques coups de canon, on déterminera le correcteur et la hausse (ou fourchette) convenant à l'un des points de la zone à surveiller, point dont on connaîtra la distance exacte. Comme la différence entre la hausse dite « du jour » et la distance suit une loi connue, il sera facile, sans plus tirer, de dresser un tableau des hausses convenant à tous les autres points ; il suffira d'en connaître les distances. Le tableau sera complet si l'on y ajoute les angles de site [1].

Tel qu'il a été précédemment décrit, le réglage

1. On possède dès maintenant, d'excellents sitomètres, et si le télémètre précis qu'exige le repérage automatique du terrain n'est pas encore en usage, il n'en existe pas moins.

par salves de batterie s'applique surtout à des objectifs importants — longues lignes d'infanterie, artillerie en position — pour lesquels la dépense en projectiles est en proportion des résultats attendus, mais lorsqu'il s'agit seulement d'agir contre de petites fractions d'infanterie cherchant à s'infiltrer au travers du terrain sans présenter jamais de buts considérables, le même procédé ne saurait convenir. Sous peine d'atteindre des consommations de munitions incompatibles avec les effets produits, il faut se résigner à renoncer à la batterie pour demander au canon isolé de donner toute la puissance dont il est capable. Il ne sera pas rare de confier la surveillance d'une bande de terrain large de 600 à 1.000 mètres à une seule batterie [1]. Sur un aussi vaste front, les objectifs, multiples mais fort exigus, ne se montreront pas tous à une distance unique, les points du sol à l'abri desquels ils chercheront un asile momentané, seront également très diversement répartis. Chaque canon aura donc sa zone propre de surveillance ; il y effectuera un repérage du terrain et se tiendra prêt à frapper économiquement.

Tirs d'efficacité. — Le réglage terminé, le tir d'efficacité, le seul qui importe, suit aussitôt. Selon que la fourchette est large (200 mètres ou davantage), ou étroite (100 mètres et au-dessous), selon que l'objectif est très vulnérable ou l'est peu, le tir est effectué sur une plus ou moins

---

1. Chaque canon pouvant coulisser sur son essieu de 50 millièmes environ à droite et à gauche, soit 100 millièmes au total, est capable de battre 250 mètres à 2.500 mètres. La zone d'action possible d'une batterie est donc de 1.000 mètres à 2.500 mètres ; 800 mètres à 2.000 mètres ; 600 mètres à 1.500 mètres.

grande profondeur, étalé sur un front plus ou moins considérable.

L'étalement convenable en largeur s'obtient, comme on sait, par modification de l'échelonnement des dérives, complétée s'il y a lieu par le fauchage [1].

Le tir d'efficacité en profondeur s'exécute sur deux modes : le tir « par rafales échelonnées au commandement du capitaine » et le « tir progressif ». Dans le premier, le capitaine commande le correcteur, le nombre de coups que tirera chaque canon, les hausses successives, lesquelles diffèrent généralement de 100 mètres et partent d'une des limites de la fourchette. Exemple : le but a été encadré entre les hausses 2.500 et 2.700 et le capitaine estime qu'il y a lieu de lancer des rafales de trois coups par canon ; il commande : « correcteur 20 — par 3 — 2.500 » [2], puis, la rafale partie, « 2.600 », et enfin « 2.700 [3] ».

Le tir progressif diffère du précédent en ce qu'il comporte une succession automatique de rafales succédant à l'émission d'un simple commandement. Il comporte quatre rafales de deux coups par canon, tirées sur quatre hausses différant de 100 mètres, en commençant par la limite courte d'une fourchette de 400 mètres. Exemple :

1. Au cours du réglage, le capitaine est intéressé à ne pas rétrécir son faisceau, afin de bien distinguer et régulièrement répartir ses éclatements. Au moment de passer au tir d'efficacité, il ferme, s'il y a lieu, le faisceau de la quantité convenable.

2. Si le correcteur 18 donne des éclatements à un millième de hauteur, il faut le relever de 2 millièmes, c'est-à-dire adopter le correcteur 20, pour avoir des éclatements à la hauteur-type (3 millièmes).

3. Les indications concernant le correcteur et le nombre de coups ne se répètent pas, aussi longtemps qu'il n'y a pas lieu de les modifier.

le but a été encadré entre les hausses 2.400 et 2.800 et le capitaine estime qu'il doit battre instantanément toute cette profondeur ; il commande : « Correcteur 20 — tir progressif — 2.400 ». Chaque canon tire deux coups sur 2.400, deux sur 2.500, deux sur 2.600, deux sur 2.700, sans autre indication.

Que le tir soit échelonné au commandement ou progressif, il peut comporter le fauchage simple ou double ; dans le tir progressif, la rafale est toujours de trois coups par canon, deux coups consécutifs étant séparés par trois (ou six) tours de manivelle[1] ; dans le tir échelonné, le nombre des coups de chaque rafale est quelconque. On voit que le tir progressif entraîne toujours une consommation de projectiles assez considérable (32 ou 48). Une fois déclanché, d'autre part, il se poursuit sans arrêt, jusqu'à complète exécution, même si ses premières rafales sont passées sur l'objectif, même s'il arrose de ses balles un glacis descendant vers la batterie, auquel cas les dernières rafales peuvent devenir percutantes, au grand dommage de leur efficacité[2] ; enfin le sens de sa progression est toujours invariable. Ce sont là des inconvénients qui lui font souvent préférer, malgré qu'il soit moins rapide, le tir par rafales échelonnées au commandement ; celui-ci permet de battre un front plus large grâce au fauchage double à nombre variable de coups, de doser la dépense en munitions, d'observer les effets d'une rafale avant d'ordonner la suivante,

---

1. Le mécanisme du tir avec fauchage a été décrit à propos du service de la pièce (p. 174).

2. Si le terrain est incliné en sens inverse, les dernières rafales sont alors trop hautes, et le résultat est le même.

d'agir sur le correcteur à la demande du terrain, de commencer le feu par la limite longue et de le ramener vers la limite courte de la fourchette [1].

Le tir « sur hausse unique », employé lorsque la fourchette est étroite (50 mètres) ne comprend qu'une rafale d'un, deux ou plusieurs coups, tirée sur la limite courte de cette fourchette ; il n'est qu'une variante simplifiée du tir sur hausses échelonnées au commandement. Comme lui, il comporte le fauchage simple ou double.

Le tir d'efficacité percutant, généralement dirigé contre des buts visibles et matériels, s'exécute sur une seule hausse qui est la moyenne des deux limites de la fourchette de 50 mètres [2]. On procède par séries de quatre coups dont un au minimum, et deux au maximum, doivent être courts. Si cette proportion est dépassée on allonge la hausse de 25 mètres.

Dans le tir contre artillerie non défilée, après avoir fait passer sur l'adversaire un tir fusant en profondeur pour le contraindre à s'abriter derrière les boucliers et à cesser le feu, on rétrécit la fourchette jusqu'à 50 mètres, puis chaque canon, adoptant la hausse moyenne de cette fourchette, s'attaque à une partie déterminée du matériel ennemi, canon ou caisson. Lorsqu'une de

1. Ce détail est important lorsqu'il s'agit d'atteindre un but dont la ligne amie est à distance rapprochée.

2. Même dans le cas où le tir d'efficacité doit être percutant, ces limites sont le plus souvent recherchées en tir fusant, parce que les globes de fumée offrent l'avantage d'être plus visibles et tout à fait indépendants de la nature et de la forme du sol aux abords de l'objectif. Après réglage fusant, les limites de la fourchette sont toujours vérifiées en tir percutant. Cette précaution est surtout importante si l'on doit ensuite faire usage d'obus explosifs, car ces projectiles, en raison de leur moindre poids, ne parcourent pas la même trajectoire que les obus à balles.

ces voitures a volé en éclats, l'autre est prise pour cible ; on reporte, à cet effet, le plan de tir d'une fraction de tour de volant en direction vers la droite ou vers la gauche.

Le tir percutant en profondeur trouve son application dans le cas particulier où l'on est parvenu à délimiter assez étroitement la position occupée par une batterie ennemie défilée en arrière et à proximité d'une crête. Si l'on sait à n'en pas douter que cette batterie est comprise dans un rectangle de 100 mètres de côté par exemple, on peut espérer détruire la majeure partie du personnel abrité derrière les boucliers, et cela au prix d'une consommation relativement restreinte d'obus explosifs régulièrement répartis sur la surface suspecte [1].

Contre un objectif mobile et visible, les méthodes de tir habituelles, dont la souplesse égale la rapidité d'exécution, et dont les rafales successives battent une grande profondeur de terrain, restent entièrement applicables. Néanmoins, si le but est animé d'une grande vitesse transversale, on peut avoir intérêt à renoncer au tir collectif pour recourir au pointage individuel dans lequel chaque pointeur vise, en direction et en hauteur, sur le quart du but correspondant à sa propre place dans la batterie. En ce cas, le capitaine ordonne une dérive initiale qui tient compte de la mobilité de l'objectif dans le sens transversal, c'est-à-dire du temps

---

1. La répartition régulière en surface est facile à réaliser. Chaque canon se réserve une partie du front à battre et, sur la tranche qui lui est affectée, il exécute une série de tirs en profondeur (hausses échelonnées à 25 mètres), séparées par un certain nombre de tours du volant de pointage en direction.

perdu qui s'écoule entre le moment du départ du projectile et celui de son arrivée à destination. C'est une addition à la dérive nulle (Plateau o-Tambour 100) si le but se déplace de droite à gauche; c'est une diminution, si le mouvement est inverse. Ceci fait, il ajoute l'indication « But mobile » et adopte pour le tir d'efficacité l'un des modes normaux. Exemple : une ligne de cavalerie ennemie surgit d'un pli du sol, à distance de 2.000 mètres environ, et, marchant de droite à gauche, s'élance à la charge contre l'infanterie amie parvenue à 1.500 mètres de la batterie; le capitaine commande : « Plateau o-Tambour 120-But mobile-Correcteur 20-Tir progressif-1.700 ». Chaque pointeur, pendant tout le tir, suit l'objectif en faisant coulisser l'affût sur l'essieu; s'il arrive que le coulissement soit épuisé, l'affût est remis à fond de course à l'extrémité opposée et la pièce est repointée directement après avoir été ou non abattue[1].

Quand un objectif arrive ou surgit à distance rapprochée (moins de 500 mètres), il importe d'enrayer sa progression au plus vite. Le mécanisme de tir est le même que pour le tir sur but mobile sauf que les pointeurs, abandonnant toute visée par le collimateur, utilisent simplement la ligne de mire naturelle et que tous les obus sont débouchés avec le correcteur 20 et pour la distance 200[2]. Le capitaine commande : « Sur tel

---

1. Il est préférable de ne pas abattre, l'opération de l'abatage demandant un temps incompatible avec la rapidité des événements.

2. Cette ligne de mire est parallèle à l'axe du canon. Elle est constituée par un œilleton disposé à la hauteur de la tranche de la culasse et par un guidon placé sur la génératrice supérieure du manchon, à peu près dans le plan des boucliers.

but-Correcteur 20-A volonté- 200 ». En avant de la batterie, se forme une sorte de barrière de mitraille que l'ennemi ne peut franchir. Le nombre des coups à tirer est indéterminé; le tir ne cesse qu'avec les circonstances qui l'ont nécessité.

Depuis peu, ballons dirigeables et aéroplanes sont devenus des engins de guerre d'autant plus gênants que leurs pilotes sont plus indiscrets. En attendant l'adoption de canons spécialement construits pour le tir contre des objectifs de ce genre, l'artillerie de campagne a dû se préoccuper de trouver des moyens d'atteindre les buts aériens. La hauteur à laquelle voguent ballons et aéroplanes est telle que généralement le canon ne peut prendre l'inclinaison convenable qu'à la condition d'avoir sa crosse surbaissée; force est donc de creuser un trou semi-circulaire à l'endroit de la bêche. En ce qui regarde les pointeurs, les visées s'effectuent comme pour le tir sur but mobile, avec cette différence que les mouvements du canon sont dégrossis par déplacement de la crosse et mis au point par coulissement de l'affût sur l'essieu.

La distance du but étant inconnue, aucun réglage méthodique n'est possible, et la nécessité de faire vite oblige à une méthode simple, quasi-automatique. La batterie est donc divisée en deux sections : la première adopte une hausse sûrement courte — 2.400 par exemple — et procède par rafales de deux coups par canon, en augmentant chaque fois la hausse de 200 mètres; la deuxième section part d'une hausse sûrement longue — 5.000 par exemple — et opère de manière analogue, mais en diminuant ses hausses par bonds de 200 mètres. La tenaille ainsi formée se resserre peu à peu, et l'une de ses branches passe fatalement sur le but. Un observateur, placé latéralement à quelques centaines de mètres, observe les éclatements, et s'il voit qu'une des branches de la tenaille a dépassé le but, il l'indique d'un geste du bras (droit ou gauche); la section correspondante fait aussitôt un bond de 1.000 mètres en arrière et recommence ensuite, soit à éloigner, soit à rapprocher ses rafales. Aucun ballon ne saurait impunément se soumettre à ce genre de tir, et les aéroplanes, moins volumineux, ne le braveraient pas sans danger.

Tous les obus sont débouchés avec le même correcteur qu'on a choisi avec intention de manière à donner des éclatements très hauts (correcteur 30). Il importe moins, en effet, d'avoir des balles animées d'une grande vitesse restante, c'est-à-dire très efficaces, que d'obtenir de larges gerbes disséminant leurs éclats sur un vaste espace et atteignant avec certitude leur objectif; une grande force de pénétration n'est pas indispensable pour percer enveloppes et toiles, et obliger l'appareil à descendre.

Le commandement a distance. — De tout ce qui vient d'être dit sur le tir de la batterie, on peut conclure à l'immense importance du rôle joué par le capitaine. Seul il commande le feu, seul il en observe les effets. Qu'il voie le but, et cela suffit; à sa demande, la batterie obéit et frappe à son gré. Tel un capitaine de vaisseau qui, de sa passerelle, domine l'horizon et commande à des mécaniciens enfermés dans les profondeurs du bâtiment, tel le capitaine de batterie procède par indications chiffrées dont les exécutants ignorent le plus souvent, les raisons exactes[1]. Rien que des chiffres, et à sa volonté, il promène sur le terrain étalé devant ses yeux le faisceau de ses plans de tir; il le disperse ou le condense. Des chiffres encore et la vitesse du feu s'accroît, se ralentit ou cesse, les coups s'abattent sur une vaste surface ou sur un espace restreint. Telle est la vertu capitale de l'artillerie moderne que, même plongée dans les ténèbres — pour ainsi dire — elle est capable de déployer toute sa puissance, à la seule condition qu'un homme voie pour elle. C'est à la fois une force très grande et une faiblesse certaine car, disparu, le capitaine se remplace difficilement[2].

Il faut donc que le capitaine voie et, par conséquent, se tienne au bord de l'obstacle qui masque sa batterie aux vues de l'ennemi, mais il faut aussi que la batterie, sa sécurité en dépend, se défile autant que l'autorise sa mission, autant dire qu'elle recule, souvent très loin, sur les pentes de la crête couvrante. De là, séparation nécessaire entre le chef et son unité; de là, maintes fois, interposition de plusieurs centaines de mètres entre celui qui émet les commandements et ceux qui les doivent exécuter. Des organes de transmission deviennent indispensables dont l'emploi a pour premier résultat de ralentir le tir, quand, au passage, il n'en fausse pas les données[3].

1. Un personnel expérimenté, même s'il n'aperçoit rien du paysage, doit néanmoins pouvoir reconnaître, simplement par la contexture et la succession des commandements, la nature de l'objectif sur lequel on tire, sa forme (en largeur ou en profondeur), le sens de son mouvement.

2. Un lieutenant, présent à la batterie, est le seul officier disponible.

3. Aussi, dans les circonstances pressantes, où l'exécution devra

Trois procédés ont été jusqu'ici employés : les relais, les signaux, le téléphone. Les relais consistent à jalonner la distance séparant le capitaine de la batterie par un certain nombre d'hommes qui, se tenant à portée de voix, se transmettent de l'un à l'autre les commandements de leur chef. La lenteur de ce genre de transmission est évidente ; en outre, il n'est pas rare qu'en temps de paix déjà, les indications du capitaine arrivent déformées à leur destination ; à la guerre, dans le vent et dans le tumulte des détonations des batteries voisines, peut-être sous le feu de l'ennemi, les erreurs seront plus fréquentes encore.

Le système des signaux exige un transmetteur qui se tient dans le voisinage du capitaine et traduit ses paroles en gestes, et un récepteur qui, de la batterie, répète les mouvements aperçus pour bien montrer qu'il en a compris le sens. Cette manière d'opérer n'est pas moins lente que la précédente. Bien qu'on ait adopté un code spécial dans lequel chacun des commandements en usage dans l'artillerie est représenté par un geste particulier et facile à comprendre[1], on n'a rien trouvé de mieux, pour les chiffres, que la plus ou moins grande inclinaison des bras. Or, il est bien difficile d'obtenir d'un homme que son bras soit exactement vertical, ou à 45 degrés, et plus difficile encore, à distance, d'apprécier la véritable inclinaison[2]. Dans une longue ligne d'ar-

répondre instantanément au commandement, sera-t-on souvent amené à sacrifier la question de sécurité à celle de la rapidité d'action.

1. Exemple : traduction du commandement « Fauchez » : geste du faucheur à l'ouvrage.

2. Pour éviter les confusions, beaucoup d'artilleurs se sont bor-

tillerie, d'autre part, il arrivera souvent que les capitaines de plusieurs batteries seront plus ou moins réunis sur un même point, par la raison que ce point sera l'observatoire le plus favorable. Comment chaque batterie reconnaîtra-t-elle son propre signaleur? Enfin, le procédé n'est plus applicable lorsque le poste du capitaine n'est pas visible de la batterie, et ce sera le cas quand cette dernière prendra position en arrière d'une bande boisée quelque peu profonde, tandis que son chef se tiendra nécessairement à la lisière opposée.

Le téléphone ne soulève aucun des reproches adressés aux deux autres procédés ; c'est un relai qui reproduit toujours fidèlement les paroles qu'on lui confie. Un personnel dressé n'a aucune peine à poser la ligne en un temps très court, et une surveillance soutenue permet de réparer vite les accidents qui peuvent survenir. En revanche, il faut que l'appareil fonctionne ; or, un appareil micro-téléphonique qui, seul, donne des sons d'une suffisante intensité, exige l'emploi d'une pile, et l'entretien d'une pile est, sinon délicat, du moins astreignant. Dans les loisirs de la paix, on peut y apporter tout le soin désirable, on ne le pourra pas toujours faire à la guerre.

En résumé, des trois procédés de commandement à distance, le téléphone, s'il offre le maximum d'avantages, n'est pas exempt d'inconvé-

---

nés à adopter le code de signaux représentatifs des commandements, tandis que, pour la représentation des nombres, ils ont dressé leur personnel à faire comme s'ils écrivaient simplement sur un vaste et fictif tableau. Cette écriture d'un nouveau genre est lue de la batterie, au fur et à mesure qu'elle se poursuit. Le moyen est préférable au premier : il n'est pas absolument sûr.

nients [1]. Aussi, depuis longtemps, s'est-on mis à chercher le moyen d'élever le capitaine au-dessus du sol pour lui donner des vues au delà de l'obstacle couvrant, sans le séparer de sa batterie. Maintes dispositions ingénieuses ont été proposées pour adapter une sorte d'échelle-observatoire à la flèche préalablement relevée du caisson ; les résultats ont donné satisfaction, mais tous ces projets ont le grave défaut de laisser sans protection contre le tir de l'ennemi, l'homme qui, de tous, est celui qui en a le plus urgent besoin. Ce n'est pas qu'il y ait grandes difficultés à imaginer et construire un observatoire blindé et d'exhaussement réglable à volonté, mais il le faudrait faire porter par une voiture, et l'idée d'ajouter, par batterie, un véhicule nouveau aux colonnes déjà si longues de l'artillerie, a fait jusqu'ici reculer devant l'adoption des modèles mis à l'essai.

1. On a pensé à doter le capitaine d'un porte-voix, et des essais ont été faits en Russie. Par beau temps, un capitaine et un seul homme de relai, tous deux munis d'un porte-voix, ont transmis des commandements à 400 mètres de distance : en revanche, par fort vent debout, le porte-voix n'était plus entendu à 100 mètres. (*Revue d'artillerie*, t. LXXVI, p. 63.)

CHAPITRE IV

COMPOSITION, TACTIQUE ET RAVITAILLEMENT DE L'ARTILLERIE D'UN CORPS D'ARMÉE

§ 1. — Le groupe de batteries. Les artilleries divisionnaires et de corps.

Le groupe de batteries. — La batterie est à la fois unité de tir et unité administrative, mais elle n'est pas unité tactique par la raison qu'étant une elle ne se prête point à combinaisons. Ce rôle est rempli par le « groupe de batteries » dont le commandement est confié à un chef d'escadron.

Outre ses trois batteries dont la composition est connue, le chef du groupe dispose d'un état-major comprenant : 3 lieutenants [1], 9 gradés éclaireurs, auxquels on peut ajouter 4 agents de liaison (un pour chaque batterie, un pour le groupe des échelons de combat). Des trois lieutenants, l'un est détaché auprès du commandant de l'artillerie divisionnaire (ou de corps), un second est « officier d'approvisionnement » du groupe et à ce titre, commande les 9e pièces des trois batteries lesquelles forment « train régimentaire ». Sa mission consiste à conduire chaque jour, en des points fixés par ordre supé-

---

1. Parmi ces officiers, deux proviennent généralement de la réserve de l'armée active.

rieur, au contact soit des magasins administratifs qui roulent à la suite des troupes en marche, soit des trains de denrées amenés par la voie ferrée, les voitures du train régimentaire vidées par la distribution de vivres de la veille. Le troisième lieutenant est le seul adjoint effectif du commandant de groupe pour les opérations purement militaires, il est « officier orienteur » et chef des éclaireurs. Par son intermédiaire, le chef d'escadron se tient au courant des événements qui se déroulent dans le voisinage et, sachant toujours la situation, peut prévoir le cours probable du combat, les positions et itinéraires utiles à reconnaître. Dans le temps que le chef du groupe exécute ses reconnaissances de positions, l'officier orienteur jalonne, au moyen des éclaireurs, la piste que devront suivre capitaines et batteries pour rejoindre, sans perte de temps et sans crainte de révéler leur présence; pendant le tir, il forme des patrouilles de sécurité qui surveillent les directions dangereuses, et peut être envoyé personnellement sur un observatoire latéral afin d'y prendre de meilleures vues sur les objectifs et de lever les doutes existant sur l'efficacité du feu des batteries engagées.

Sur les routes, le groupe marche encadré entre deux unités d'infanterie [1]: il est divisé en deux fractions: les trois batteries de tir, suivies des trois échelons de combat réunis [2]. Lorsque le moment vient de prendre position sur un terrain

---

1. La profondeur d'un groupe en colonne de route dépasse 1.000 mètres.

2. Les échelons de combat réunis sont commandés par le plus ancien officier présent.

que fait connaître le commandant de l'artillerie divisionnaire (ou de corps), le chef du groupe se porte en reconnaissance, en faisant jalonner l'itinéraire que devront successivement suivre capitaines, batteries de tir et échelons de combat. Parvenu sur la position, il examine la zone d'action qui lui est affectée, les objectifs qui s'y montrent, les régions par où l'ennemi pourrait encore se présenter, la partie du terrain qui lui est dévolue pour y établir ses batteries [1]; il fixe l'emplacement de chacune de ces dernières et le marque avec l'agent de liaison correspondant; il met les capitaines au courant de la situation des troupes amies, de leurs projets, et des renseignements connus sur l'ennemi; définit la mission assignée au groupe, effectue le partage des tâches entre les batteries et détermine, en conséquence, le défilement que doit adopter chacune d'elles [2]; il indique enfin quel sera son poste de commandement pendant le combat et le point de repère dont il a fait choix comme origine de ses futures désignations d'écarts angulaires. Chaque capitaine procède alors comme s'il était isolé.

Il entre dans les attributions du chef de groupe de fixer à ses capitaines les objectifs à frapper; dans ce but, il lui est loisible, soit de partager en trois parts égales ou inégales la zone totale confiée

1. Les ordres et renseignements utiles lui sont donnés ou fournis par le commandant de l'artillerie divisionnaire (ou de corps).

2. Le point où se tient l'agent de liaison d'une batterie, sa position à pied ou à cheval, la direction à laquelle il fait face, peuvent constituer, dans un groupe exercé, autant de renseignements conventionnels sur la ligne que les voitures ne doivent pas dépasser, sur la formation à prendre pour la mise en batterie, le degré de défilement exigé, le sens général du tir.

au groupe, chaque batterie ayant sa zone d'action particulière et tirant sur l'ennemi qui s'y montre, soit de ne faire que deux parts et de réserver la troisième batterie pour intervenir en faveur de celle des deux autres qui, par la suite, se trouve avoir la tâche la plus ingrate ; il peut enfin, au fur et à mesure de l'apparition des objectifs, désigner successivement les batteries qui doivent ouvrir le feu [1]. Les circonstances indiquent la solution la plus convenable. Le tir commencé, le chef du groupe n'intervient plus que s'il y a faute commise, erreur d'objectif, ou continuation abusive du feu.

Aucune règle ne limite l'étendue du front occupé par le groupe, si ce n'est qu'elle doit être aussi considérable que le permet le terrain disponible, et, en tout cas, supérieure à 200 mètres. Les batteries ne sont tenues à aucun alignement, elles « épousent » la forme de l'obstacle couvrant, sont en ligne ou échelonnées ; leurs zones d'action sont convergentes, parallèles, divergentes, ou se croisent, tout dépend du cas particulier [2].

Les échelons de combat réunis se tiennent à distance variable des batteries (en moyenne à 500 mètres) hors des vues et des coups destinés

---

1. Sur les trois capitaines, un ou deux sont souvent éloignés de leur chef ; il en résulte que les écarts angulaires envoyés par celui-ci pour situer un objectif, ne sont valables que si le point de repère est sensiblement à la même distance que le but. Dans le cas contraire, pour comprendre, le capitaine doit faire un calcul de parallaxes déjà difficile sur le champ de tir et inapplicable au combat. Aussi donne-t-on souvent la préférence à la division en deux zones, la 3º batterie, réservée, étant celle dont le capitaine est le plus proche du chef d'escadron.

2. Les feux croisés sont souvent favorables, car, en règle générale, c'est de la droite d'une position qu'on découvre le plus complètement la gauche de la zone à surveiller, et inversement.

à ces dernières, à l'endroit indiqué par le chef d'escadron. Leurs agents de liaison restent auprès des batteries de tir, observent les consommations en munitions et provoquent, au besoin des ordres pour leur remplacement[1]. Ils se rendent alors à l'échelon, y demandent le nombre de caissons prescrit et les amènent à la batterie par l'itinéraire le plus favorable. Toutes précautions sont prises pour que ces mouvements de voitures échappent aux regards de l'adversaire. Les arrière-trains complets sont laissés à la batterie et ceux vides, conduits à l'échelon par les mêmes avant-trains qui ont amené les premiers. C'est seulement à l'échelon que les munitions d'avant-trains sont sorties et employées à recharger les arrière-trains vides.

Pendant le combat, le chef de groupe conserve la préoccupation constante de bien connaître les péripéties de la lutte aux abords de la position qu'il occupe; officier orienteur et éclaireurs y sont employés. Très renseigné sur le sort des troupes amies, il peut suivre leur progression ou pressentir leur recul; dans les deux cas, il est en situation de prévoir, c'est-à-dire de faire procéder, à l'avance, aux reconnaissances des positions avantageuses à occuper par la suite, et des itinéraires les plus favorables pour s'y rendre. On exprime quelquefois la nécessité de cet esprit de prévision en disant que le chef de groupe doit « toujours être en avance d'une position ». C'est en cela que réside la véritable liaison; la capacité professionnelle fait le reste; un chef d'escadron,

---

1. Outre l'agent de liaison du chef de groupe, chaque échelon de batterie en a un auprès du capitaine.

doué de quelque activité personnelle, sachant utiliser les agents à sa disposition, bien renseigné, sera toujours au moment opportun, à l'endroit le plus convenable pour donner aux autres armes, et notamment à l'infanterie, le concours qu'il lui doit.

LES ARTILLERIES DIVISIONNAIRES ET DE CORPS. — La division d'infanterie est la première des grandes unités comprenant les trois armes [1]. Son artillerie, forte de trois groupes, 9 batteries, est sous les ordres d'un colonel. L'artillerie de corps, non endivisionnée, relève du commandant de corps d'armée, par l'intermédiaire du général d'artillerie ; un colonel est à sa tête ; elle comprend quatre groupes, 12 batteries. Il en résulte qu'un corps d'armée normal, à deux divisions, peut mettre en ligne 30 batteries, ou 120 bouches à feu [2].

Quoique portant le titre de commandant de l'artillerie du corps d'armée, le général d'artillerie, en droit, n'a sous ses ordres directs que l'artillerie de corps, 12 batteries sur 30, mais, en fait, les exigences de la bataille moderne et le mode d'emploi du nouveau matériel l'obligeront, sous peine de laisser se produire et se perpétuer la confusion, à étendre sa sollicitude aux artilleries divisionnaires. Qu'il soit chargé de répartir les tâches entre les trois grands groupements dont se compose l'artillerie du corps d'armée, ou que l'artillerie de corps soit accolée en tout ou partie

1. Un groupe de deux batteries à cheval est attaché à chaque division de cavalerie ; les corps d'armée ne comptent plus que des batteries montées.

2. Le corps d'armée allemand a 24 batteries de 6 pièces, soit 144 canons.

à l'une des artilleries divisionnaires et qu'il prenne le commandement supérieur de cette masse provisoire de batteries, son action effective est le plus sûr garant d'une judicieuse et productive organisation du travail. Il a, d'ailleurs, des rapports nécessaires avec les artilleries divisionnaires, car il est le chef supérieur du parc d'artillerie de corps d'armée dont il sera parlé plus loin, et, à ce titre, il reste le dispensateur de toutes les munitions transportées à la suite des troupes, hormis celles des batteries.

Le commandant d'une artillerie divisionnaire a sa place marquée auprès du général de division [1]; il s'y trouve au centre des renseignements qui sont les plus propres à l'orienter sur la succession des événements passés et sur le cours probable des événements à venir; là, il assiste à l'élaboration des ordres du commandement dont il n'ignore ni les intentions, ni le but, ni le plan d'engagement. Nulle part il ne serait mieux en situation de connaître le moment et les conditions générales d'utilisation de ses groupes de batteries. Dès qu'il a reçu l'ordre d'entrer en action dans une région déterminée, il ne lui reste plus qu'à choisir la position d'ensemble de son artillerie, à arrêter les tâches qu'il entend confier à chacun des groupes, à fixer en conséquence la partie de la position qu'ils occuperont. Chacun des commandants de groupe se comporte alors comme il a été expliqué plus haut.

D'après la situation du moment, le commandant de l'artillerie désigne les groupes qui doivent

---

1. La situation est la même pour le général commandant l'artillerie vis-à-vis du commandant de corps d'armée.

s'engager et celui (ou ceux) qui restera provisoirement en réserve, à proximité, prêt à renforcer les premiers dès que la situation se précisera ou que les agissements de l'ennemi l'exigeront. Le plus généralement, chaque groupe se verra donner une zone d'action particulière dont l'étendue sera d'autant moins grande que les objectifs à battre y seront plus nombreux ou plus menaçants. Le commandant de l'artillerie, observant les péripéties de l'engagement, exerce alors son action régulatrice en modifiant selon les circonstances la répartition initiale des zones d'action ; tel groupe dont les batteries ne trouvent que peu d'occasions de s'employer peut venir directement en aide à un groupe voisin moins favorisé, si, par simple déplacement de leur point de soudure, l'une des deux zones est élargie et la seconde rendue plus étroite.

Pendant tout le temps qu'il commande ses groupes, le chef de l'artillerie reste en liaison avec le commandant des troupes ; il dispose à cet effet de deux officiers. Observer le développement de l'action, prévoir et préparer les changements de position, est son devoir.

§ 2. — Emploi de l'artillerie sur le champ de bataille.

L'ARTILLERIE DANS L'OFFENSIVE. — La bataille offensive est, pour une armée, l'aboutissement d'une plus ou moins longue série de marches dont la dernière tout au moins s'effectue à proximité de l'ennemi. Ce jour-là, selon la richesse du réseau routier, chacun des corps d'armée qui composent l'armée emprunte un ou deux itinéraires [1]. Quelle place l'artillerie doit-elle occuper dans la (ou les) colonne [2] ? Jusqu'alors, cette question importait peu ; dès qu'il y a probabilité de combat, elle acquiert, au contraire, une grande importance, car vaincre, c'est avancer, disait Frédéric, et avancer malgré l'adversaire. Si donc l'artillerie était reléguée trop loin en arrière, l'infanterie risquerait de rester assez longtemps isolée en face des fusils et des canons d'un ennemi plus prévoyant ; elle n'avancerait que peu ou point. L'utilité d'avoir de l'artillerie disponible, en bonne place, dès le début de l'engagement, est donc certaine, et, comme on ignore toujours à quelles forces on se heurtera et quelle avance l'adversaire peut avoir dans son déploiement, on éprouve une tendance naturelle et justifiée à pouvoir rassembler sur la tête, dans le minimum de temps, le plus de batteries possible. C'est le principe de « la poussée de l'artillerie vers les têtes de colonnes ».

Mais il y faut apporter des tempéraments. L'artillerie ne peut, seule, assurer sa protection ; le concours de l'infanterie, et d'une infanterie d'autant plus nombreuse que le nombre des batte-

---

1. Chaque corps d'armée peut aussi se déplacer à travers champs dans une formation relativement massée, ainsi que le firent les corps de la IIe armée allemande dans la matinée du 18 août 1870 (Saint-Privat). En ce cas, la question de la place à donner à l'artillerie ne se pose pas, puisqu'il n'existe plus, pour ainsi dire, de colonne et que toute l'artillerie peut être considérée comme disponible à peu près au même moment.

2. On rappelle qu'une artillerie divisionnaire (3 groupes) occupe 3.000 mètres de route en colonne de marche, et qu'une artillerie de corps (4 groupes) en tient 4.000. Si toute l'artillerie d'un corps d'armée à deux divisions se suivait, elle aurait 10.000 mètres de profondeur et, à la vitesse de l'infanterie, une durée d'écoulement de deux heures et demie.

ries est plus élevé, lui est indispensable. D'autre part, une infanterie qui se bornerait à protéger des batteries, n'attaquerait pas, n'avancerait donc point; d'où le besoin d'avoir, en tête, une infanterie plus puissante encore. Or, si une artillerie divisionnaire précède un régiment au lieu de le suivre, elle en retarde tout simplement l'arrivée sur le terrain de l'action de trois quarts d'heure. Il faut aussi tenir compte de ce fait que l'artillerie est une arme qui se déplace au trot (200 mètres à la minute) et que, repoussée de trois kilomètres vers la queue de colonne, elle peut rattraper cette distance en un quart d'heure; l'infanterie y mettrait trois fois plus de temps. Enfin, le commandant d'une colonne qui se porte à la bataille, n'a pas, à l'avance, fixé l'emploi définitif de ses forces. Pour étayer son plan de combat, il lui faut de plus amples renseignements que ceux parvenus pendant la route, en sa possession; ces renseignements, il les demande à l'engagement de la mineure partie de sa troupe, à une « avant-garde ». L'action de cet échelon avancé provoque, chez l'ennemi, une réaction qui a précisément pour effet de compléter la connaissance insuffisante qu'on possède de ses dispositions. La forme définitive à donner au combat, c'est-à-dire l'orientation à imprimer peu à peu à la majeure partie des forces, et notamment au gros de l'artillerie, résulte ainsi du combat particulier mené par l'avant-garde. Si donc il y a intérêt à posséder tôt beaucoup de batteries, cet intérêt ne doit pas être inconciliable avec une répartion de l'artillerie dans les colonnes qui ne retarde pas outre mesure l'afflux de l'infanterie vers l'avant.

L'avant-garde dont le rôle de reconnaissance vient d'être indiqué, doit elle-même comprendre de l'artillerie [1]. Cette arme est, en effet, un puissant instrument de reconnaissance, car c'est un fait d'expérience que le canon attire le feu du canon ; or, de la proportion d'artillerie mise en ligne par l'ennemi, on peut presque sûrement déduire la force totale des effectifs d'infanterie qu'il possède. L'avant-garde n'étant qu'une fraction, et la plus faible, de la colonne qu'elle précède, ne comportera que le nombre forcément restreint de batteries qu'elle est en état de protéger sans perdre sa capacité offensive.

Un corps d'armée qui marcherait sur une seule colonne aurait à l'avant-garde une brigade (deux régiments) à laquelle s'adjoindraient deux groupes de l'artillerie divisionnaire [2]. A 2.000 mètres en arrière, viendrait le gros de la colonne comprenant : la deuxième brigade avec le dernier groupe de batteries de la 1re division, l'artillerie de corps, la 2e division et sa propre artillerie. A lui seul, le gros de la colonne compterait 16.000 mètres, portant à 24 kilomètres la profondeur totale du corps d'armée. On voit que, dans ces conditions, l'infanterie qui se déplace à raison de 4 kilomètres à l'heure, mettrait environ 5 heures pour être entièrement rassemblée à une lieue en arrière du front de combat. Le tableau qui suit montre que l'artillerie serait beaucoup plus tôt disponible.

---

1. L'avant-garde protège aussi le gros des forces qui se rassemble en arrière.

2. Profondeur de cette avant-garde : 6.000 mètres.

Heures d'arrivée des divers éléments au rassemblement.

INFANTERIE (Têtes des régiments.)

1 heure.	3e régiment	) 2e brigade de la
2 h. 15.	4e —	) 1re division.
3 heures	5e régiment	) 1re brigade de la
3 h. 50.	6e —	) 2e division.
4 h. 15.	7e régiment	) 2e brigade de la
4 h. 30.	8e —	) 2e division.

ARTILLERIE (Têtes des groupes [1].)

35 minutes. .	3e groupe	1re division.
45 minutes. .	4e et 5e —	) Art. de corps.
1 h. 5. . . .	6e et 7e —	) Art. de corps.
1 h. 25 . . .	8e, 9e et 10e —	Art. 2e division.

Il s'ensuit qu'au moment où la tête de l'artillerie de la 2e division se présenterait au point de rassemblement du gros des forces, trois régiments d'infanterie seulement (sur huit) seraient disponibles. Il semble que le principe de la poussée de l'artillerie vers la tête de colonne soit ainsi très suffisamment sauvegardé.

Lorsque le corps d'armée marche sur deux

1. Alternant le trot et le pas, l'artillerie peut aisément faire 9 kilomètres à l'heure.

Une artillerie divisionnaire (ou de corps) ne peut marcher d'un seul tenant. Trop longue — 3.000 mètres (4.000) — elle serait exposée aux insultes de la moindre pointe de cavalerie un peu audacieuse ; il la faut fractionner par groupes, ou tout au moins par séries de deux groupes, encadrées entre deux bataillons d'infanterie. On réalise ainsi le double avantage d'assurer la protection des batteries et de rapprocher une partie de l'infanterie de la tête de colonne. Répartis en arrière des premier, deuxième et troisième groupes d'une artillerie de corps, les divers bataillons d'un régiment d'infanterie gagnent respectivement 3.000, 2.000 et 1.000 mètres sur la place qu'ils occuperaient s'ils étaient maintenus à la suite de cette artillerie.

routes parallèles, l'afflux de ses divers éléments est évidemment activé, mais, dans l'hypothèse où l'on ne dispose que d'un seul itinéraire, on peut encore arriver à un résultat du même genre, à la condition que la route présente une largeur suffisante. La solution consiste, non pas à faire marcher l'infanterie sur huit hommes de front au lieu de quatre, et l'artillerie sur deux files de voitures au lieu d'une, ainsi que le préconise le règlement, mais bien à faire progresser les deux armes côte à côte, chacune d'elles conservant sa formation ordinaire de route [1]. En ce cas, l'infanterie du gros de la colonne n'a plus que 9.000 mètres de profondeur, tandis que l'artillerie qui la longe n'en compte que 8.000.

Le gain de temps est mis en évidence par le tableau ci-dessous.

INFANTERIE

1 heure.	3ᵉ régiment	2ᵉ brigade de la
1 h. 25	4ᵉ —	1ʳᵉ division.
1 h. 45	5ᵉ régiment	1ʳᵉ brigade de la
2 h. 10	6ᵉ —	2ᵉ division.
2 h. 30	7ᵉ régiment	2ᵉ brigade de la
2 h. 55	8ᵉ —	2ᵉ division.

ARTILLERIE

25 minutes. .	3ᵉ groupe	1ʳᵉ division.
35 minutes. .	4ᵉ et 5ᵉ —	Art. de corps.
45 minutes. .	6ᵉ et 7ᵉ —	Art. de corps.
1 heure . . .	8ᵉ, 9ᵉ et 10ᵉ —	Art. 2ᵉ division.

1. Dans une colonne organisée réglementairement, l'artillerie ne peut plus doubler l'infanterie qu'en la jetant à travers champs... si les champs s'y prêtent. Dans la formation préconisée, l'infanterie, pour ne pas être incommodée par la poussière que soulèvent les voitures, tient le côté d'où vient le vent. La protection de l'artillerie est assurée, et son appel vers l'avant exécutable au premier ordre.

Quelque soit le dispositif de marche employé, l'artillerie d'une avant-garde restera donc toujours pendant un certain temps, réduite à ses propres forces, et son mode d'emploi est nécessairement influencé par cette circonstance, car, toujours aussi, elle courra le danger de se trouver face à face avec une artillerie supérieure. Aussitôt donc que s'engage l'infanterie de l'avant-garde, et que, se heurtant à une résistance qu'elle ne peut vaincre, elle réclame l'entrée en action des batteries, celles-ci prennent position de manière à satisfaire à cet appel, sans toutefois s'exposer à une ruine prématurée. La fraction désignée pour tirer sur les objectifs qui arrêtent l'infanterie amie, adopte, à cet effet, le défilement maximum compatible avec l'exécution de sa mission[1] ; le reste, largement défilé des vues des crêtes dangereuses, s'établit en surveillance, face à ces crêtes, prêt à riposter au canon que l'ennemi ne manquera pas de révéler, dès l'ouverture du feu, s'il en possède[2]. Batteries d'infanterie et contre-batteries ont, en outre, un égal intérêt à s'étaler sur le sol, autant que la position le permet, afin de diminuer la densité et, par suite, l'efficacité du tir de l'adversaire.

Que si l'artillerie de l'avant-garde, entrée en lutte avec celle de l'ennemi, reconnaît son infériorité, il lui reste toujours, grâce à son défilement, la ressource d'abriter son personnel en demeu-

---

1. Cette fraction peut ne pas être très considérable. Il s'agit, le plus souvent de déloger l'adversaire d'un village, d'un boqueteau, etc. Or, nous savons combien est grande la puissance de feu d'une batterie dans le sens de la largeur.

Une batterie de ce genre est dénommée « batterie d'infanterie ».

2. Les batteries orientées sur l'artillerie ennemie sont dites « contre-batteries ».

rant silencieuse ; sa tâche de reconnaissance est effectuée dans la mesure de ses moyens ; l'artillerie du gros de la colonne est seule désormais en état de la parachever.

Et c'est ainsi — car l'avant-garde, non renforcée, ne peut indéfiniment progresser devant un ennemi décidé à se battre — que ce combat initial oriente peu à peu le commandement et fixe le sens de l'utilisation du gros de l'artillerie. Les positions occupées par les nouvelles batteries mises en ligne, d'autre part, entraînent à leur tour l'organisation d'un système de protection que fournit l'avant-garde aussi longtemps qu'il est possible, et qui finit par jalonner le front de combat du corps d'armée.

Il arrive fréquemment qu'en raison de l'étalement qu'elle a pris dans un but de sécurité, l'artillerie de l'avant-garde occupe précisément une partie des positions qu'il serait avantageux de donner à l'artillerie du gros. L'expérience des guerres passées montre, en effet, que des enchevêtrements sont inévitables et que le meilleur moyen de pallier leurs incontestables inconvénients consiste à organiser des groupements et commandements provisoires.

L'artillerie de l'avant-garde reçoit d'abord le renfort du troisième groupe de la 1re division, puis celui de l'artillerie de corps. Seules, ouvrent le feu, les batteries dont l'emploi est nécessité par les circonstances mêmes qui ont provoqué le renforcement — presque toujours, l'extension du front tenu par l'artillerie adverse. De là, réaction pareille chez l'ennemi, engagement de nouvelles batteries auquel nous répondons de manière analogue. Dès lors, quoiqu'on fasse ou qu'on dise

— l'histoire le prouve et la rapidité du matériel contemporain ne change rien à la valeur de ses leçons — une lutte d'artillerie s'engage.

Si nos batteries en pouvaient sortir décisivement victorieuses, elles seraient maîtresses du champ de bataille. Libres de combiner leur feu avec celui de l'infanterie, rien ne leur résisterait plus. Elles doivent donc ne rien épargner pour atteindre à ce résultat, et le nombre étant un facteur de succès, s'augmenter de l'artillerie de la 2ᵉ division.

Mais on ne peut espérer aujourd'hui réduire à une rapide et complète impuissance une artillerie qui sait user du défilement par le terrain et de la protection offerte par les boucliers. Contre des batteries de ce genre, l'usure sera lente et, contre elles, la lutte durera autant que la bataille elle-même. En revanche, toute batterie qui commettra l'imprudence de se placer à découvert — ne serait-ce qu'en partie, — sans être protégée par des contre-batteries qui obligent les nôtres au silence, devra faire immédiatement l'objet d'un tir à démolir qui la supprime définitivement.

Décisive ou non, la lutte d'artillerie a au moins pour double conséquence de fixer de plus en plus le commandement sur la situation et d'attirer sur nos batteries un feu que notre infanterie n'a plus à subir. Une partie du gros de l'infanterie peut alors s'engager en renforçant et prolongeant l'avant-garde, attaquer de nouveaux points que l'ennemi, pour répondre à la menace, a fait occuper, d'où il tente peut-être de déboucher offensivement. Ainsi se dépense la seconde brigade de la 1ʳᵉ division, puis une partie de la 2ᵉ division ; le commandant du corps d'armée ne conserve plus qu'une réserve fraîche — une brigade par exemple — destinée à donner, plus tard, l'attaque finale.

Un combat général se développe qui durera plusieurs heures, sinon plusieurs jours. « Il exigera une vigueur et une somme d'efforts toujours croissantes. Les chefs des grandes unités reçoivent du commandant en chef l'indication de leurs zones d'action respectives et celle des objectifs particuliers et successifs qu'ils doivent atteindre. Le commandant en chef reste libre d'augmenter l'intensité du combat sur les points où il le juge utile, par l'envoi des renforts dont il croit pouvoir disposer, comme aussi de la diminuer éventuellement sur d'autres points en y prescrivant une attitude provisoirement défensive ou la seule conservation du terrain acquis.

« L'infanterie s'engage en progressant pied à pied de point d'appui en point d'appui, vers les objectifs qui lui sont assignés. Elle y est aidée par l'artillerie qui prépare chacune de ses attaques partielles. L'artillerie entre en action aussitôt que possible, se consacre à la lutte sans ménagements et contrebat avec énergie l'artillerie ennemie qu'elle s'efforce de dominer le plus rapidement possible »[1].

L'artillerie, tout entière au feu, est partagée en deux grandes masses composées chacune d'une artillerie divisionnaire renforcée de tout ou partie de l'artillerie de corps[2]. Dans chaque

---

1. *Règlement sur le service des armées en campagne*, p. 145.

2. Peuvent faire exception quelques batteries isolées, détachées en des points favorables pour battre certaines parties du terrain qui échappent aux coups de toutes les autres.

L'idée de masse n'est aucunement en relation avec celle de bat-

masse, des batteries d'infanterie appuient les attaques partielles, contribuent à refouler ou arrêter celles de l'adversaire ; des contre-batteries s'efforcent de compléter l'usure de l'artillerie adverse et, en tout cas, d'en provoquer le silence. La proportion des unes et des autres est sans cesse variable parce que les manifestations de l'ennemi le sont également. Cette seule considération suffirait à justifier l'existence d'une direction supérieure, par quoi se caractérise la masse, s'il n'était évident que les batteries, livrées à leur propre initiative, ou même affectées, en nombre plus ou moins grand, aux différentes attaques partielles, empiéteraient sur leurs domaines respectifs, d'ailleurs mal délimités, et seraient bientôt incapables de démêler leurs coups [1].

Au fur et à mesure que le combat se développe avec une intensité croissante, l'infanterie progresse et l'artillerie s'efforce de la suivre à distance : à un juste souci du défilement qui, la faisant moins vulnérable et lui épargnant les pertes trop lourdes, lui conserve mieux sa puissance, elle allie la préoccupation de ne jamais manquer de projectiles ; toute accalmie dans la lutte, tout changement de position est prétexte à remplacement des munitions consommées.

Un moment arrive où, des indications fournies par le combat lui-même, le commandement conclut qu'un vigoureux et dernier effort, appliqué

teries nombreuses, étroitement accolées. Une masse peut être largement étalée ; ce qui en fait la valeur, c'est l'organisation de son commandement.

1. Il est impossible de savoir où commencent et où s'arrêtent les troupes ennemies qui font obstacle à une attaque.

sur une certaine partie du front de l'ennemi ébranlé, déterminera la rupture d'équilibre, prélude de la victoire[1]. C'est alors que, son plan d'attaque décisive établi, il fait cheminer sa réserve générale par les couloirs du terrain et l'amène, face à l'objectif à conquérir, jusqu'en arrière du dernier couvert qui la cèle aux yeux de l'ennemi. Soudain, dans la zone d'attaque choisie, le combat se fait plus ardent, le feu plus vif ; grâce à la réserve, les pertes sont plus vite réparées, la progression des tirailleurs se fait plus rapide. L'ennemi, de son côté, sentant la menace toujours plus proche, se montre davantage pour mieux riposter.

L'artillerie qui appuie cette attaque, décisive en espérance, se compose de toutes les batteries qui peuvent trouver place sur les positions d'où l'on découvre le terrain convoité par l'infanterie ; il en vient des divisions voisines ; les corps de réserve, s'il en existe, fournissent les leurs ; l'artillerie d'armée, de gros calibre, s'y ajoute s'il est possible ; pour peu que le terrain s'y prête, on organise deux étages de feu.

Plus encore qu'en toute autre circonstance, le rendement de ces puissants moyens dépend de la judicieuse organisation de leur commandement, condition nécessaire d'une exacte répartition des tâches à une heure où toute faute peut devenir funeste. Toute l'artillerie de l'attaque

---

1. Nous envisageons ici le cas d'un corps d'armée encadré à droite et à gauche, ce qui sera la règle générale dans une bataille entre armées de grandes nations. Toute manœuvre débordante sur l'une ou l'autre des ailes de l'ennemi est donc impraticable. D'ailleurs, une manœuvre débordante, sans attaque, peut bien obliger l'adversaire à se mettre en retraite, mais elle ne le terrasse pas. La question reste en suspens ; elle est simplement ajournée.

décisive obéit donc à un seul chef, à qui incombe le devoir de fixer, dès avant le début de l'attaque, le nombre et la position : 1° des batteries qui auront directement à frayer le chemin de l'infanterie, en couvrant de leurs rafales, violentes et intermittentes, les obstacles vivants qui s'opposent à la progression des tirailleurs ; 2° des batteries qui seront chargées d'opérer la destruction des fortifications de campagnes édifiées par l'ennemi sur le front de l'objectif d'attaque [1] ; 3° des batteries qui devront maintenir dans le silence l'artillerie déjà révélée et celle qui pourrait se révéler encore ; 4° des batteries qui paralyseront les tentatives de l'ennemi pour enrayer, en la contre-attaquant sur une ou deux ailes, cette attaque qui va s'enfoncer comme un coin à l'intérieur de la ligne adverse.

Les projectiles de toutes ces batteries enveloppent l'attaque d'un arc immense de mitraille. Sortie de son dernier couvert, l'infanterie, sans cesse renforcée, joint son feu à celui de l'artillerie ; elle entraîne à sa suite les troupes qui combattaient antérieurement sur le terrain où elle se meut, et se rapproche toujours davantage de la position à conquérir. La fumée des éclatements des obus, quand elle parvient à distance d'assaut, lui fait comme une ceinture protectrice qui la masque aux regards de l'ennemi et dont elle profite pour prendre le pas de charge et chercher le corps à corps. Durant cette phase finale, l'artillerie allonge son tir pour ne pas atteindre ses propres troupes et pour neutraliser les mouvements des réserves adverses ; une

---

1. Cette mission incombe généralement à l'artillerie d'armée.

partie des batteries fait approcher ses avant-trains et se tient prête à se jeter au plus vite sur la position conquise, l'autre reste en situation de parer à un retour offensif.

Par échelons successifs, toutes les batteries s'installent sur le terrain que l'ennemi vient de quitter ; à toutes, le commandement assigne de nouveaux rôles ; elles rendent vain tout effort de l'adversaire pour reprendre ce qu'il a perdu ; elles élargissent la brèche commencée ; elles préparent le forcement des positions de repli qu'un ennemi valeureux ne manque pas d'opposer à l'attaque pénétrant toujours plus profondément dans le cœur de sa position [1]. Une autre lutte commence, plus rapide, tout aussi acharnée, de même forme, au demeurant, que la précédente. La retraite générale ou la fuite de l'ennemi en marquent seules la fin. C'est alors la poursuite, et, avec elle, la course d'une partie des batteries vers les lignes de retraite obligées des fuyards.

L'ARTILLERIE DANS LA DÉFENSIVE ET DANS LE COMBAT EN RETRAITE. — « La défensive se présente sous des formes variées. 1° Ou il s'agit de troupes qui sont dans une situation d'infériorité numérique (détachements ou corps de couverture) telle que toute offensive leur est interdite. Leur mission ne saurait être d'arrêter l'ennemi ; elles ne peuvent que reculer et se dérober devant lui, en gardant le contact, en ralentissant sa marche, ou même en lui disputant le terrain

---

1. Toutes les troupes de la réserve qui n'ont pas été employées en tirailleurs ont suivi, pendant l'assaut, le mouvement de la ligne de feu. Ce sont elles qui, remplaçant les tirailleurs à bout de souffle, entament le nouveau combat contre les lignes de repli de l'ennemi, ou, à défaut, commencent la poursuite.

pied à pied. Ces troupes font de la « manœuvre en retraite » plutôt que de la défensive proprement dite ; 2° ou il s'agit de forces qui, malgré leur infériorité numérique, acceptent de parti pris la lutte avec la volonté de vaincre. Comme par le passé, ces dernières ont deux procédés à leur disposition : chercher la victoire, en dépit de la disproportion des moyens, dans une offensive audacieuse qui en imposera à l'adversaire, ou l'attendre d'une riposte qui succédera à l'attaque de l'ennemi. Les armes changent, les formes de la guerre restent. On marche à l'ennemi pour recueillir tous les bénéfices de l'offensive — force morale exaltée, liberté de manœuvre, choix de la direction d'attaque —, ou on l'attend pour le laisser s'engager d'abord et le frapper ensuite plus sûrement, dans une situation que l'on espère rendre favorable. C'est encore l'offensive, mais l'offensive retardée, la « contre-offensive » comme on l'appelle communément [1] ».

La défensive ainsi comprise — et c'est la seule qui puisse prétendre au succès final — comporte donc deux phases. Pendant la première, on résiste ; au cours de l'autre, on devient soi-même offensif. Celle-là seule pourrait entraîner des modifications aux principes d'emploi de l'artillerie sur le champ de bataille, tels qu'ils viennent d'être exposés. En fait, les différences sont minimes : néanmoins, elles existent. Elles résultent : 1° de ce que la défense dispose, le plus souvent, d'un certain temps pour s'organiser à loisir ; 2° de ce que le but provisoire qu'elle s'assigne est d'annihiler tous les efforts de l'assail-

---

1. FAYOLLE. *Loc. cit.*, ch. VII, p. 3.

lant pour entamer le front défensif, aussi longtemps que la contre-offensive n'a pas produit son plein effet.

Dans l'offensive, toutes les reconnaissances de l'artillerie s'effectuent sous la poussée des événements et sous la menace du danger ; la défensive permet de les faire à l'avance, en tout loisir, en pleine sécurité ; on y tire du terrain tout le parti possible ; on sait en quels points les batteries pourront se placer, comment elles devront s'établir, quel rôle elles pourront jouer, quels dangers elles auront à redouter. Le plan général d'occupation du front défensif, les travaux de campagne édifiés, les garnisons des divers points d'appui de la ligne, sont autant de données qui, connues de tous, mettent l'artilleur en excellente situation pour apporter un concours efficace à une infanterie dont il connaît exactement les dispositions. Tels sont les avantages conférés par la défensive à l'artillerie qui, par ailleurs, est tout entière et presque instantanément disponible. Il y a aussi des inconvénients.

Plus faible, au total, que son adversaire présumé, justement désireux de réserver le maximum de ses forces pour l'acte capital du combat — la contre-offensive, — le commandant de la défense doit s'attendre à être attaqué de front par un ennemi très supérieur. Pour garantir l'inviolabilité de ce front aussi longtemps qu'il est indispensable, il ne suffit pas de le couvrir par un obstacle et de le renforcer par la fortification, d'y mettre des fusils et des mitrailleuses. Le canon est indispensable pour battre les couloirs du terrain qui y donnent accès et dont beaucoup échappent au feu de l'infanterie comme aux rafales d'une artillerie installée sur les hauteurs en arrière [1]. Des batteries seront spécialisées dans ce rôle ; leurs emplacements feront même souvent l'objet d'une occupation préventive, dans la crainte qu'ils soient inutilisables, une fois la bataille engagée, car, en mainte circonstance, le ravitaillement en munitions sera difficile. En résumé, la défensive comporte généralement une division préalable de l'artillerie en batteries d'infanterie et contre-batteries, ces dernières étant représentées par le canon non employé à l'appui direct de l'infanterie du front de combat.

L'intérêt des contre-batteries sera, comme dans l'offensive, d'agir par masses, afin de profiter de l'arrivée successive de l'artillerie ennemie, pour tenter d'en écraser séparément les diverses fractions [2]. Dans cette lutte, il leur faut se défiler au maximum, la conservation de leur liberté ultérieure de mouvement est à ce prix. S'il arrivait que le feu du canon adverse les clouât au sol, l'issue de la lutte ne serait plus douteuse ; sans artillerie, la contre-offensive serait vouée à l'insuccès. Aussi, la conformation du terrain peut-elle entraîner le maintien en réserve de toutes les batteries qui doivent appuyer la contre-attaque. Le plus souvent d'ailleurs cette solution s'impose, soit parce que la position des contre-batteries est trop éloignée de

---

1. Les ruisseaux constituent de bonnes lignes de défense, et ils sont souvent utilisés. Des batteries doivent alors s'installer sur les berges descendant vers l'ennemi, si elles veulent pouvoir battre les approches de la rivière. L'artillerie des hauteurs, sous peine de se découvrir entièrement et de s'exposer à une destruction certaine, ne peut généralement pas tirer dans les fonds.

2. Ce sera l'inverse à partir du moment où le canon ennemi aura nettement acquis la supériorité.

la région où doit se jouer l'acte décisif, soit parce que, le moment de passer à la contre-offensive, qui dépend surtout des agissements de l'ennemi, étant indéterminé, le commandement entend conserver toujours disponibles toutes ses troupes de contre-attaque, artillerie comme infanterie. Dans l'un ou l'autre cas, il faut, ou retirer prématurément des contre-batteries de la lutte, ou se résoudre à ne pas les engager sur le front. Cette force importante qui reste momentanément inutilisée, constitue l'une des faiblesses inhérentes à la forme défensive de la bataille.

Les « combats en retraite » sont menés par des détachements d'importance diverse (corps de couverture, avant-garde, flanc-garde, arrière-garde) dont l'intention n'est nullement d'arrêter un ennemi, par définition très supérieur, et encore moins de le battre, mais plus simplement de retarder sa marche en l'obligeant à cheminer à travers champs, à prendre des formations, à « mettre quatre heures pour faire une lieue », suivant l'expression de Napoléon. D'où il résulte qu'un détachement de ce genre ne doit avoir qu'une crainte, celle de se laisser approcher au point qu'il ne lui soit plus possible de se dégager, et qu'une préoccupation, celle de se retirer sur une nouvelle position, occupée à l'avance par une troupe de repli, dès le moment où la précédente commence à être serrée de trop près. Son unique argument est le feu, et tout spécialement le feu qui frappe à grande distance, celui du canon. L'artillerie est, en effet, l'arme principale des combats en retraite ; l'infanterie est réduite au minimum indispensable pour assurer la protection des batteries. La cavalerie assume la mission importante de déjouer les tentatives de l'ennemi pour déborder le détachement par ses ailes.

Le premier devoir de l'artillerie est de se défiler au maximum, car son action ayant à s'exercer sur une série de positions, il importe qu'elle conserve toute sa liberté de mouvements. Le grand défilement entraîne l'existence d'un « espace mort », c'est-à-dire d'une zone que les projectiles ne peuvent atteindre [1]. On s'efforce de la réduire (1.000 à 1.500 mètres) de manière telle qu'au moment où l'ennemi s'y engage, l'infanterie amie commence son mouvement de retraite.

Disposée dans le seul but d'atteindre efficacement les couloirs par où peut s'approcher l'infanterie adverse, l'artillerie n'a pas à se former en grandes batteries dont l'utilité se manifeste surtout dans la lutte contre l'artillerie; or, le canon de l'ennemi est très supérieur; tout duel est inutile et dangereux. Il s'en suit que souvent groupes et même batteries, sont isolés, mais le front de combat est si vaste, comparé à l'effectif du détachement, que le commandement n'a pas de peine à fixer les tâches de chaque groupement et craint peu que les zones d'action se confondent. L'infanterie ennemie est l'unique objectif intéressant [2]; son artillerie, sans doute, s'efforcera de neutraliser les effets de la nôtre, mais il lui est impossible de tirer d'une manière continue, et nous pouvons toujours intercaler nos salves

---

1. Il est clair que toute la zone située au-dessous de la trajectoire qui rase la crête couvrante, est un espace mort, mais il ne faudrait pas croire que l'artillerie soit impuissante à tirer sur ce terrain. Elle peut, adoptant la hausse de la trajectoire rasante, agir sur le correcteur et promener les éclatements sur toute cette trajectoire. L'efficacité est diminuée, mais elle est loin d'être négligeable.

2. Sauf faute commise par une batterie ennemie.

ou nos rafales entre les siennes. Pendant tout le reste du temps, notre personnel s'abrite derrière les boucliers.

Le moment de quitter une position étant marqué par les progrès de l'ennemi, il importe que le chef de chacun des groupements soit tenu toujours au courant de la situation ; officiers orienteurs et éclaireurs ont une tâche particulièrement importante à remplir. Le changement de position s'effectue sous la protection de l'infanterie qui tient la crête que viennent d'abandonner les batteries jusqu'au moment où elles sont parvenues sur la crête plus en arrière. A son tour, l'infanterie se retire et, lorsque l'ennemi couronne l'ancienne position, il est assailli, alors que son propre canon ne l'a pas encore rejoint, par le feu de nos batteries. Ainsi les deux armes se prêtent, comme toujours, un mutuel appui.

§ 3. — Parcs d'artillerie et ravitaillement en munitions.

Parc d'artillerie de corps d'armée. — L'une des questions les plus graves qu'ait à résoudre l'artillerie moderne est celle de son ravitaillement en munitions. L'expérience des dernières campagnes, et notamment de la guerre russo-japonaise où les deux adversaires n'étaient cependant armés que de canons à tir accéléré, ont nettement montré que l'engagement, le développement et la décision d'une grande bataille sont affaire de plusieurs journées, que le total des munitions consommées atteint des chiffres colossaux s'élevant pour un certain nombre de batteries jusqu'à 500 coups par canon et par jour.

Sans doute, les 30 batteries de nos corps d'armée ne trouveront pas toutes l'occasion de s'employer avec une pareille intensité; mais il n'est pas exagéré de compter, dans l'avenir, sur des consommations moyennes de 200 à 300 coups par canon et par journée de combat. A ce taux, les approvisionnements que les batteries ont à leur immédiate disposition (312 coups par bouche à feu) satisferont à peine aux besoins des premières vingt-quatre heures de la lutte, après quoi, faute d'un actif service de ravitaillement, l'artillerie ne serait plus qu'un amas de personnel et de matériel inutile et encombrant. Chaque corps d'armée traîne donc à sa suite un arsenal roulant, commandé par un colonel, actionné par le général commandant l'artillerie, et qu'on appelle « parc d'artillerie du corps d'armée [1] ».

Le parc d'artillerie se divise, aussi bien pour faciliter son fonctionnement que pour éviter les accumulations de chevaux et de voitures à proximité des troupes combattantes, en trois parties ou « échelons », numérotés de 1 à 3, et placés chacun sous les ordres d'un chef d'escadron. Le premier est le plus proche du champ de bataille dont il se tient à quelques kilomètres seulement; les 2e et 3e en sont respectivement éloignés de 10 à 15 kilomètres [2].

Les 1er et 2e échelons se composent de « sections de munitions », semblables entre elles, commandées par des capitaines et subdivisées intérieurement, à la manière des batteries, en un

---

1. Le parc d'artillerie est aussi chargé du ravitaillement des troupes d'infanterie en cartouches de fusil.

2. Chiffres théoriques. dépendant de la tournure du combat.

certain nombre de pièces[1]. Les projectiles qu'ils transportent sont contenus dans des caissons du modèle réglementaire, attelés à six chevaux, tout à fait analogues, quant à la mobilité, aux voitures des batteries. Le 3e échelon diffère des précédents en ce qu'il est constitué par des « sections de parc ». L'organisation intérieure de ces unités est bien encore pareille à celle des sections de munitions, mais les projectiles, au lieu d'être chargés dans des caissons, sont enfermés dans des caisses de bois portées par des « chariots de parc ». Ces voitures, robustes, traînées par trois chevaux attelés de front, conduites en guides, ne peuvent se déplacer qu'au pas, sur les routes ou dans des terrains plats et résistants ; en revanche elles ont un rendement plus grand que les caissons et facilitent le transbordement des munitions apportées, en caisses, par les trains de chemin de fer[2].

Chacun des trois échelons du parc d'artillerie de corps d'armée transporte 63 cartouches pour toute bouche à feu de 75 dont dispose le corps d'armée, soit, pour le parc entier, 189 coups par canon[3].

Le fonctionnement du ravitaillement repose sur un principe aussi simple qu'important à respecter : maintenir au complet l'approvisionnement des batteries, dans le double but de leur conserver le maximum de puissance et de pré-

---

1. Généralement 5, plus une 6e pièce de fourgons (train régimentaire).

2. Un chariot de parc transporte 126 coups ; un caisson 96 seulement.

Un train de munitions se déverse quatre à cinq fois plus vite dans des chariots de parc que dans des caissons.

3. Chaque canon de 75 est donc approvisionné, dans le corps d'armée, à 501 coups, dont 312 aux batteries et 189 au parc.

server leurs chefs de la préoccupation obsédante née du spectacle des coffres qui se vident.

A cet effet, les trois échelons du parc de corps d'armée sont disposés en arrière du front de combat, en des points que fixe le général commandant l'artillerie, compte étant tenu de la forme prise par la lutte et des positions occupées par les principaux groupements de batteries [1].

Le commandant du parc, mis au courant de la situation par l'officier qu'il détache en permanence auprès du général, se tient avec le premier échelon, près d'un nœud de routes ou de chemins donnant des communications faciles avec les échelons de combat des batteries engagées. Les 2e et 3e échelons, rassemblés à des distances variables, au bord d'une route qui les joint au premier, organisent entre eux, et avec celui-ci, un service d'agents de liaison.

Le point de stationnement du 1er échelon est porté à la connaissance des artilleries divisionnaires et de corps, et, réciproquement, le commandant du parc est avisé des positions occupées par ces artilleries. Il dépêche à chacune un agent qui revient porteur des demandes indiquant les batteries à ravitailler, les emplacements de leurs échelons de combat et le nombre de caissons nécessaires. Une section, ou plus, du 1er échelon est aussitôt dirigée en arrière des points désignés; le vide créé par son départ est comblé par l'appel d'une section du 2e échelon.

---

1. Si engagées qu'elles soient, les batteries mettent quelque temps pour entamer sérieusement leur approvisionnement immédiat de 312 coups; il n'y a donc pas lieu de fixer hâtivement les points de rassemblement des échelons du parc.

Après avoir pris contact avec les échelons de combat des batteries et s'être débarrassée de ses projectiles à leur profit, la section de ravitaillement s'achemine sur le 3ᵉ échelon (sections de parc) où elle se recharge à son tour. Ceci fait, elle rentre au 2ᵉ échelon, d'où elle peut être appelée de nouveau sur le 1ᵉʳ. Toute autre section du 1ᵉʳ échelon envoyée vers l'avant, procède d'une manière identique : lorsque toutes ont effectué le cycle complet, elles ont entièrement épuisé le 3ᵉ échelon dont la capacité est précisément égale à celle du 1ᵉʳ. Le jeu automatique du ravitaillement a donc pour résultat de vider successivement les trois échelons du parc, dans l'ordre 3ᵉ, 2ᵉ, 1ᵉʳ. Lorsqu'ils en sont à ce point, ils n'ont cependant encore livré aux batteries que 189 coups par canon, c'est-à-dire une quantité de projectiles inférieure à la consommation journalière probable (200 à 300 coups). Si donc on veut, se conformant au principe initial du ravitaillement, maintenir au complet l'approvisionnement des batteries, force est de pousser au contact du parc de corps d'armée de nouvelles munitions. C'est à cette nécessité que répond l'existence du « grand parc d'artillerie », ou « parc d'artillerie d'armée[1] ».

Parc d'artillerie d'armée. — Cet organe, « destiné à assurer le ravitaillement des parcs d'artillerie de corps d'armée et à leur fournir des pièces et caissons de 75 de rechange ainsi que des approvisionnements spéciaux[2] », est com-

---

1. Chaque échelon du parc de corps d'armée, sauf le 3ᵉ, comprend un certain nombre de sections de munitions d'infanterie qui opèrent, vis-à-vis des régiments de cette arme, comme les sections d'artillerie vis-à-vis des batteries.

2. *Règlement de manœuvre de l'artillerie de campagne*, I, p. 286.

mandé par un colonel. Il est scindé en autant de « divisions » semblables que l'armée compte de corps d'armée. On peut donc considérer que chacun des corps dispose d'un grand parc particulier. Toutes les munitions qu'il porte sont contenues dans des caisses.

La division comprend cinq lots égaux de munitions [1]. Le premier est chargé sur voitures militairement attelées et commandées, aptes par conséquent à prendre le contact du parc de corps d'armée ; les quatre autres, arrimés sur rames de wagons, sont échelonnés le long de la voie ferrée qui dessert l'armée depuis le point le plus rapproché des troupes jusqu'à l'arsenal où prend sa source le courant de munitions à destination de cette armée. La contenance d'un lot ne dépasse guère 40 coups par canon de 75, en sorte que le grand parc tout entier ne représente qu'un approvisionnement de 200 coups [2].

Lorsqu'une bataille est prévue, le premier lot est poussé, sur les routes, dans le voisinage du parc de corps d'armée ; quant aux lots sur wagons, ils sont acheminés sur les gares qui peuvent être facilement atteintes par les caissons et les chariots du même parc [3]. La puissance de ravitaillement minime que possède, en effet, le seul lot de munitions qui puisse se déplacer à

---

1. Plus une « section de réserve » (canons, caissons et approvisionnements spéciaux de rechange). Chaque lot contient à la fois des munitions pour artillerie et pour infanterie.

2. Au total, il est donc constitué pour chaque canon un approvisionnement de 701 coups dont 312 aux batteries, 189 au parc de corps d'armée, 200 au grand parc.

3. L'arsenal, autant que le lui permettent ses réserves et sa puissance de fabrication, reconstitue de nouveaux lots et s'efforce de maintenir le parc d'armée au grand complet.

la suite des troupes, oblige les échelons du parc de corps d'armée, vidés au profit des batteries, à violer le principe qui voudrait que les munitions allassent toujours de l'arrière vers l'avant. La majeure partie du parc de corps d'armée est contrainte de rétrograder vers la voie ferrée pour y aller prendre un chargement qui ne peut parvenir jusqu'à elle.

La substitution prochaine de camions ou trains automobiles aux voitures à chevaux du 3ᵉ échelon du parc de corps d'armée et du 1ᵉʳ lot de minutions de grand parc diminuera considérablement les fatigues imposées aux chevaux des deux premiers échelons tout en assurant un ravitaillement plus prompt et plus intensif.

CHAPITRE V

L'ARTILLERIE D'ARMÉE

§ 1. — L'origine de l'artillerie d'armée.

L'artillerie d'armée qu'on appelait tout récemment encore « artillerie lourde d'armée », est à peu près aussi vieille que le premier canon monté sur des roues. Durant des siècles, elle fut seule à exister et justifia amplement cette double dénomination. Longtemps, en effet, la totalité de l'artillerie demeura sous les ordres immédiats du commandant de l'armée qui la fractionnait suivant les besoins entre son centre et ses ailes ; plus longtemps encore, elle resta lourde pour être puissante, le système de guerre de positions et de forteresses en honneur l'exigeant ainsi. Lorsque les généraux firent un appel plus pressant à la manœuvre, basèrent davantage leurs combinaisons sur le mouvement, comprirent mieux que tout terrain est bon pour s'y battre pourvu que l'ennemi n'ait pas le temps d'y édifier des fortifications trop solides, force leur fut de doter leurs troupes de canons légers qui les pussent suivre dans tous leurs déplacements, et Gribeauval, le premier en France, établit une distinction entre les matériels de campagne et ceux de siège ou place.

A vrai dire, l'artillerie d'armée ne disparut pas immédiatement ; à peu près toujours, les commandants en chef se réservèrent la disposition d'une certaine quantité de bouches à feu, et il est exact que cette réserve fut surtout faite des calibres les plus lourds, mais ces pièces ne différaient guère, quant à la mobilité, de celles entrant dans la composition des unités inférieures ; souvent même elles étaient identiques. Puis une époque vint (1870) où le besoin se fit sentir d'engager, dès le début d'une bataille, tous les canons, jusqu'au dernier ; des armées se battirent alors et remportèrent de grandes victoires, qui n'eurent aucune réserve d'artillerie d'armée ; une large part de leur succès fut, à bon droit, attribuée au judicieux et complet emploi qu'elles avaient su faire de leurs batteries. L'artillerie d'armée parut avoir vécu.

Après la guerre de 1870-71, on la vit néanmoins renaître, et sa renaissance se fit en Allemagne, dans le pays même qui avait si bien prononcé et justifié sa condamnation. C'est que des circonstances nouvelles étaient survenues qui mettaient les armées allemandes dans l'obligation d'ouvrir une seconde campagne contre la France par des sièges de forteresses, tout comme cela se passait deux cents ans plus tôt. Notre pays, démembré, dépourvu de frontière tracée selon les obstacles naturels du sol, s'efforçait de protéger son territoire par une barrière artificielle. Il renforçait et élargissait les défenses des places de Belfort, d'Epinal, de Toul et de Verdun ; entre les deux premières, il édifiait une série de forts barrant toutes les voies d'accès vers la Haute-Moselle ; l'intervalle qui sépare les deux dernières, il le jalonnait d'une autre chaîne de forts construits tout exprès pour battre les routes menant à la Meuse moyenne. Ainsi, deux digues puissantes, Belfort — Épinal, Toul — Verdun, terminées chacune par deux grandes forteresses, musoirs solides pourvus de toutes les ressources de la fortification, devaient être impunément battues par le flot de l'invasion qui ne trouverait plus pour s'épancher que deux passes relativement étroites : la trouée comprise entre Toul et Epinal d'une part, le terrain qui, au nord de Verdun, confine à la Belgique d'autre part. Les armées ennemies ne pourraient désormais s'enfourner dans l'une ou l'autre qu'au risque d'être prises en flanc, en pleine période de déploiement, par les forces françaises rassemblées en arrière de la barrière protectrice des Hauts de Meuse.

Les Allemands n'eurent point d'hésitation ; l'espace libre manquant d'ampleur, ils résolurent de passer, et de passer vite, au travers de la ligne fortifiée. Ils se pourvurent donc des moyens propres à déterminer la chute rapide, non d'une grande place — il eût fallu, pour ce faire, trop de matériel et trop de temps, — mais celle d'un certain nombre de forts d'arrêt. Ils construisirent donc des canons courts, de gros calibres, courts pour donner un tir plongeant, de gros calibre pour produire des effets d'écrasement sur les voûtes en maçonnerie des fortifications, et amener, grâce à leur forte charge d'explosif, le bouleversement des escarpes et des parapets. Ils eurent des batteries de mortiers de 15 et 21 centimètres qu'ils munirent d'attelages pour les rendre aptes à suivre leurs troupes en campagne.

L'œuvre accomplie, pour laquelle on l'avait créé,

ce pesant matériel devait devenir « artillerie lourde d'armée », et l'on pensait qu'il trouverait son emploi dans les luttes décisives, en exerçant son action dévastatrice sur les modestes fortifications en terre des champs de bataille.

La France n'avait aucune raison apparente de suivre sa puissante voisine dans la voie où des circonstances spéciales l'avaient entraînée ; elle n'en imita pas moins son exemple ; en 1890, nous eûmes à notre tour une artillerie lourde d'armée, attelée, faite de canons courts de 120 et de 155, ceux mêmes dont nous avons naguère donné la description succincte[1]. Il n'y a pas lieu de trop le regretter, car, si l'esprit d'imitation a décidé de la construction de ce matériel, le désir de faire mieux que l'adversaire a conduit à l'adoption d'un modèle qu'on est en droit de considérer comme un intermédiaire, obligé peut-être, entre les canons d'autrefois et ceux d'aujourd'hui. En 1890, on se préoccupa de résoudre, et l'on y parvint approximativement, les questions de l'immobilité de l'affût pendant le tir, de l'indépendance et du déplacement latéral de la bouche à feu par rapport à son principal support. Les créateurs du canon de 75 n'ont fait qu'appliquer à ces idées, déjà nées, des solutions parfaites.

Par voie de conséquence, on a songé, depuis 1897, à doter l'artillerie « lourde » des mêmes perfectionnements que l'artillerie de campagne, et d'une mobilité qui rendit désormais caduc le qualificatif dont elle n'avait encore jamais pu prétendre à se séparer. On doit au comman-

---

1. Voir page 112.

dant Rimailho le canon actuel de 155 court T. R.
(tir rapide) qui entre, depuis 1904, dans la composition des artilleries d'armée. Il allie à une
rare perfection l'avantage d'avoir fait son apparition à une époque où l'Allemagne s'étant mise,
elle aussi, à élever des barrières fortifiées, l'adoption d'une artillerie d'armée par notre pays trouva
une justification qui lui faisait défaut jusqu'alors.

§ 2. — Le matériel de 155 court T. R.

Tous les dispositifs qui font la supériorité du
canon de 75 : ligne de mire indépendante de la
hausse, bêche de crosse et patins de roues immobi-

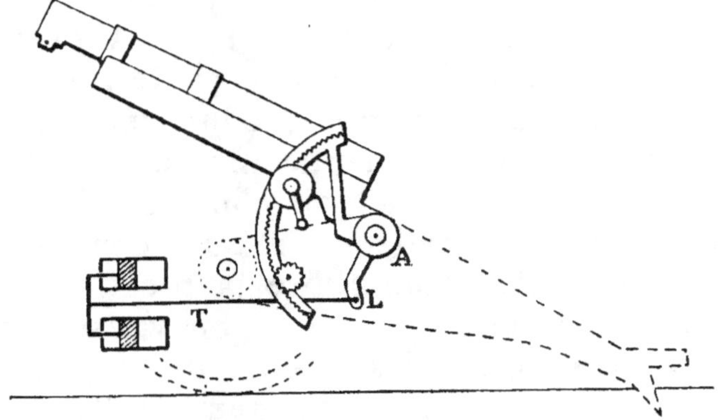

Fig. 63.

lisateurs de l'affût, coulissement sur l'essieu, etc.,
sont reproduits dans le 155 court T. R.; il semble
inutile d'en renouveler la description. Les particularités que renferme ce matériel résultent du
genre de tir auquel on l'a destiné (tir courbe
nécessitant le pointage sous de grands angles) et
de la manière dont on a résolu le problème de
sa mobilité.

Le canon proprement dit glisse, comme le 75, sur la partie supérieure du corps de frein, mais celui-ci ne tourillonne plus autour d'un axe situé à égale distance de ses deux extrémités ; il tourne autour d'un axe A (fig. 63), placé un peu en arrière de la tranche du manchon. Cette disposition est nécessitée par l'importance des angles de tir ; elle laisse au recul un vaste espace disponible [1] ; elle maintient la culasse à une hauteur qui en rend le chargement facile. En revanche, le centre de gravité où s'applique le poids considérable du système canon-frein, est assez éloigné de A, et il semble qu'un puissant effort soit indispensable pour relever le canon jusqu'à l'inclinaison désirée. Il n'en est rien, grâce à l'adoption d'un ingénieux « stabilisateur ». A l'extrémité d'un levier L qui fait corps avec le frein et peut tourner en même temps que lui, une tige T est articulée ; elle commande directement les pistons de deux pompes à air comprimé ; l'appareil est organisé de telle sorte que le moment du poids à soulever équilibre la pression de l'air dans les corps de pompe ; on y est parvenu, sinon pour toutes les valeurs des angles de tir, du moins pour un certain nombre d'entre elles, et l'effort à déployer par le pointeur, chargé de la manœuvre du volant de pointage en hauteur, est nul ou très faible.

Pendant le recul, la culasse s'ouvre automatiquement et la douille s'éjecte ; au cours du mouvement de la bouche à feu pour revenir en batterie, la culasse s'arrête à une certaine distance de son logement. Dans l'intervalle, sur des supports

---

1. La partie centrale de l'affût est évidée.

appropriés, on dispose le projectile et la charge[1], et le tireur n'a plus qu'à manœuvrer un volant pour amener l'un et l'autre à leur position de chargement et provoquer la fermeture de la culasse.

Tous autres avantages mis à part, et ce ne sont pas les moins importants, la vitesse du canon de 155 court s'est accrue dans des proportions qu'il semblait impossible d'atteindre avec une bouche à feu pesant, en batterie, plus de trois tonnes et lançant des projectiles de 40 kilogrammes. Alors que le canon de 155 de siège, système de Bange, monté sur plate-forme, donne à grand'peine un coup toutes les quatre minutes, et que le modèle de 1890 exige un personnel exercé pour tirer un coup à la minute, le matériel Rimailho tire couramment, dans ce même temps et dans des conditions de précision infiniment supérieures, quatre à cinq obus. Les nombres 1 et 16 représentent donc l'augmentation de vitesse réalisée dans le tir des canons de 155 court en l'espace de trente ans.

Les perfectionnements apportés à la mobilité de ces lourdes machines ne sont pas moins remarquables. Il ne fallait pas songer à traîner en campagne, dans tous les terrains, une bouche à feu qui, sans son avant-train, représente un poids de 3.200 kilogrammes. L'ingéniosité de la solution a consisté, non seulement à partager la charge entre deux voitures, l'affût et le frein d'une part, le canon d'autre part, mais à combiner l'organisation de ces deux voitures de manière telle que le chargement de celle-ci vînt s'adapter sur celle-là, en bonne place, sans aucune manœuvre de force, sans uti-

---

1. Le tir courbe exige l'emploi de charges de différents poids.

lisation d'accessoires, en un temps très court. A
cet effet, pendant les routes, le canon repose sur
l'arrière-train d'un chariot C (fig. 64) dont la partie supérieure est munie de glissières semblables
à celles du frein F et qu'on peut amener dans
leur prolongement exact. Lorsque l'affût A est à
sa position de tir, le chariot porte-canon, préalablement séparé de son avant-train, est conduit,
à reculons, au-dessus de la flèche B ; des becs D
sont mis en prise avec des tenons qui prolongent
les tourillons du frein ; un vérin V, soumis à

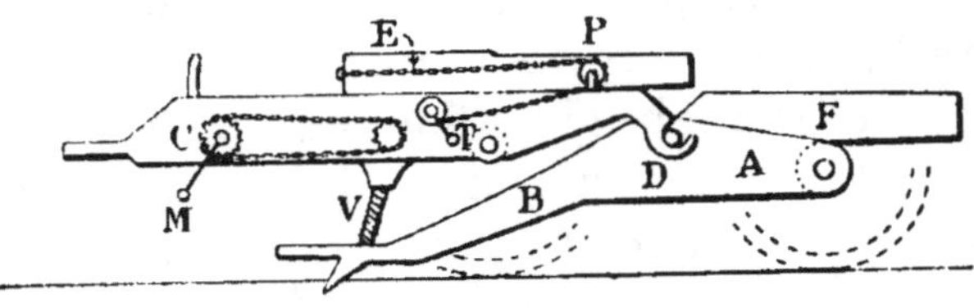

Fig. 64.

l'action de la manivelle M par l'intermédiaire
d'une chaîne sans fin, est amené à reposer sur
la crosse de l'affût. En agissant sur la manivelle
M les glissières du porte-canon viennent dans le
prolongement de celles du frein ; le vérin cesse
automatiquement de fonctionner dès que ce
résultat est obtenu. Maniant alors la manivelle
du treuil T, on actionne la chaîne E, qui, après
avoir suivi la gorge de la poulie P (fixée au chariot) est accrochée à la tranche postérieure du
manchon ; le canon est attiré vers l'avant et conduit, en glissant, vers sa place définitive. Le
porte-canon enlevé, la bouche à feu clavetée avec
le frein, l'opération est terminée ; elle dure
moins de deux minutes ; le canon de 155 du
modèle 1890 ne se met pas en batterie en moins

de sept minutes ; quant à la pièce de siège, il faut huit à douze heures pour l'établir sur sa plate-forme. Les deux voitures du matériel 1904 ne pèsent pas, attelées, plus de 2.400 kilogrammes ; elles sont donc aptes à suivre partout les troupes en campagne ; la pièce modèle 1890 pesait 3.400 kilogrammes et celle de siège, avec ses bois de plate-forme, 4.400.

Le caisson est organisé sur le même type que celui de l'artillerie de 75 ; il est blindé comme lui, et n'est pas plus lourd ; le personnel de service auprès de la bouche à feu est protégé par des boucliers d'affût. Une échelle observatoire pouvant atteindre une grande hauteur, forme le complément nécessaire d'un matériel dont la courbure de la trajectoire autorise la mise en batterie dans les dépressions du sol les plus profondes.

§ 3. — Emploi, effets et ravitaillement de l'artillerie d'armée.

L'artillerie d'armée trouve d'abord son emploi contre les forts ou toute autre position renforcée selon les règles de la fortification permanente ; elle constitue un équipage léger de siège immédiatement disponible, et précieux, par conséquent, en cas d'attaque brusquée d'un ouvrage. En ce cas, elle fait surtout usage d'obus explosifs, munis ou non de bouchons porte-retard.

Dans les terres rapportées des parapets, ces projectiles produisent des entonnoirs pouvant atteindre 6 mètres de diamètre et 2 mètres de profondeur ; il n'en faut pas plus de 5 à 6, bien groupés, pour ouvrir, dans un retranchement de sable, un passage de plusieurs mètres de largeur. Les maçonneries non recouvertes d'une grande épaisseur de terre sont rapidement ébranlées, puis crevées ; les escarpes ou contrescarpes, soumises à un feu d'enfilade sont jetées dans les fossés par les coups qui tombent à proximité de leur parement intérieur ; un coup bien placé suffit à faire une brèche de 3 mètres. Les murs de façade des casernes donnant sur les cours centrales, sont détruits plus sûrement encore. Lorsque plusieurs coups atteignent le ciel d'un cuirassement métallique, ils déterminent des fendillements, des criques, puis des ruptures; en tout cas, l'ébranlement est souvent assez fort pour occasionner des avaries qui rendent le service impossible ; ils déchaussent le pourtour des tourelles au point de mettre à nu leurs œuvres vives par affouillement du sol au-dessous de l'avant-cuirasse. Seul, le béton de ciment, de bonne qualité, employé sous de grandes épaisseurs ($2^m,50$ à 3 mètres) oppose aux obus explosifs une résistance à peu près invincible ; les premiers coups produisent une excavation plus ou moins profonde, mais ne dépassant pas 50 centimètres ; les débris retombent dans cet entonnoir et protègent la couche inférieure contre les projectiles suivants.

A leurs effets destructeurs, les obus explosifs ajoutent des propriétés asphyxiantes qui sont d'autant plus dangereuses qu'elles trouvent à s'exercer dans des locaux fermés, comme c'est le cas dans les forts [1]. Enfin, la violence de la

---

1. A Port-Arthur, les gaz d'un projectile japonais de gros calibre qui avait percé une première casemate, se répandirent dans une seconde où conversait le général russe Kondratenko avec quelques officiers : tous furent asphyxiés.

détonation, le souffle puissant qui l'accompagne, les débris de terre et de pierres qui sont projetés en tous sens, influent défavorablement sur le moral des défenseurs.

Dans la guerre de campagne, les travaux de fortification, édifiés à la hâte, se réduisent à de la terre remuée (tranchées), à des villages organisés, à des bois protégés par des abatis d'arbres ou de branches. De toutes ces défenses passagères, les tranchées paraissent être les seules qui justifient l'emploi de canons de gros calibre, à tir courbe ; nous savons, en effet, l'impuissance, en ce cas, du projectile de 75 [1]. Mais, sur un vaste champ de bataille, les tranchées seront un peu partout répandues, tandis que l'artillerie d'armée sera, au contraire, peu nombreuse ; il y aura donc lieu de localiser sa puissante action matérielle et morale sur la partie du front de l'ennemi qu'on se propose d'attaquer décisivement ; les tranchées feront, à volonté, l'objet d'un tir à obus à balles ou à obus explosifs ; les bois seront uniquement soumis aux ravages des projectiles de ce dernier genre.

Au cours même du combat, certaines circonstances spéciales de terrain entraîneront quelquefois la mise en œuvre de l'artillerie d'armée, non point d'ailleurs parce qu'elle est puissante, mais parce qu'elle est à tir courbe. Veut-on, par exemple, partant des hauteurs qui limitent l'un des versants d'une vallée, marcher à l'attaque d'une ligne de défense organisée sur le ruisseau même ? Il arrive fréquemment que les altitudes relatives

---

1. Impuissance concernant exclusivement le bouleversement des terres, car le même projectile est loin d'être inefficace contre le personnel abrité dans la tranchée.

du point de départ et de l'objectif ne permettent
point d'utiliser le canon de campagne — dont la
trajectoire est tendue — autrement qu'en l'avan-
çant sur la berge descendante, où il s'étale aux
yeux de l'artillerie ennemie déployée en arrière
des collines de l'autre rive (fig. 65). Pour peu
que cette artillerie soit plus nombreuse que celle
de l'assaillant, pour peu même qu'en raison de
la distance, une lutte engagée entre des batteries couvertes, les unes par la crête A, les autres
par la crête B, ne puisse amener aucune décision,

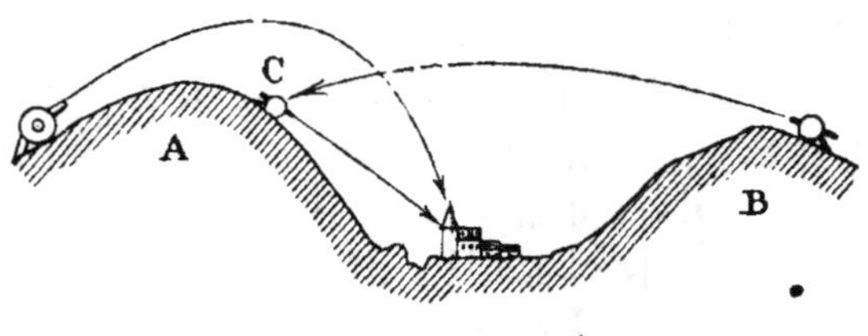

Fig. 65.

l'attaque devient impossible[1]; toute artillerie
amenée en C est vouée à la destruction. En ce
cas, il est tout indiqué de faire appel aux canons
courts; invisibles, ils n'en lanceront pas moins
leurs volumineux obus sur les points d'appui
du fond de la vallée; l'attaque redevient possible.
C'est, en vérité, beaucoup de fracas pour détruire
quelques maisons et mettre l'incendie dans
un malheureux village, et des projectiles moins
lourds feraient le même ouvrage; aussi verrons-
nous que les Allemands, dans des circonstances
semblables, font usage d'un obusier léger, du
calibre de 105 millimètres seulement, dont ils ont

---

1. Ce fut exactement le cas, le 6 août 1870, à Wœrth-Frœsch-
willer.

armé trois des batteries de chacun de leurs corps d'armée.

Nous n'avons pas, cette fois, imité leur exemple, et il semble que nous ayons bien agi. Notre canon de 155 court T. R. est aussi mobile, plus puissant, et infiniment plus rapide que leur obusier de 105; s'il est relativement moins nombreux, il l'est assez pour répondre aux cas toujours exceptionnels où il devra, dans le courant de la bataille, parer à l'impuissance du canon de campagne; la lenteur des combats modernes nous donne la certitude que son rattachement à l'armée, et non aux corps d'armée, ne saurait l'empêcher d'apporter son concours, en temps opportun, aux troupes de l'attaque décisive; il nous évite enfin l'introduction dans notre armement d'une bouche à feu d'un nouveau calibre, source de complication dans les approvisionnements et ravitaillements en munitions.

Organes d'armée, les groupes de batteries de 155 court T. R. sont appelés à s'engager dans la zone d'action de l'un quelconque des corps de l'armée; les parcs d'artillerie de ces corps ne peuvent cependant leur fournir tous des munitions complémentaires, car il serait illogique de les surcharger de projectiles lourds et encombrants dont ils ne trouveraient qu'occasionnellement à se défaire. Chaque groupe, outre l'approvisionnement immédiat de ses batteries, dispose donc d'une section spéciale de munitions de 155 qui l'accompagne à courte distance; plus en arrière, un deuxième échelon suit; il va lui-même se ravitailler aux voies ferrées, près des trains de munitions expédiés par les arsenaux.

CHAPITRE VI

LES ARTILLERIES ÉTRANGÈRES

§ 1. — L'artillerie allemande.

L'artillerie de campagne allemande attelle deux espèces de bouches à feu : le canon de 77 millimètres N. A. (neuer art), à tir rapide, et l'obusier léger de 105 millimètres, à tir accéléré, auxquels il convient d'ajouter les obusiers de 15 et 21 centimètres. Ces derniers sont, à la vérité, servis par l'artillerie à pied, mais, attelés dès le temps de paix, ils sont emmenés en campagne, sous le nom d'artillerie lourde.

Le canon de 77 millimètres N/A. a tir rapide. — « Nous avons enfin réparé l'erreur de 1896 ! » Ainsi s'exprima publiquement un colonel de l'armée allemande [1], le jour où l'artillerie de son pays, abandonnant le canon à tir accéléré, se vit pourvue d'un matériel à tir réellement rapide. Cette phrase est plus qu'un aveu, une rétractation ! Des années durant, la presse germanique n'avait pas eu assez de sarcasmes pour railler les boucliers, la lourdeur et la fragilité du canon français de 75. Mais chaque jour, ce canon tant décrié faisait ses preuves de robustesse et de mobilité ; force fut bien de se rendre à l'évidence et de se convaincre enfin que le canon de 77, à

---

1. Colonel Gædke. *Berliner Tageblatt*, 9 juin 1907.

tir accéléré, modèle 1896, était déjà vieilli au lendemain de sa naissance. On chercha mieux, et de la collaboration des constructeurs Krupp et Ehrhardt, sortit un canon à tir rapide, à boucliers et à long recul sur l'affût qui fut mis en service à partir de 1906.

Mais si riche que se prétende une nation, il lui est difficile de refaire à neuf, tous les dix ans, son matériel d'artillerie. L'expérience précédente était trop rapprochée, elle avait coûté trop de millions, pour qu'on ne cherchât pas à l'utiliser partiellement et à en tirer économie. On conserva donc le tube du canon modèle 1896, les roues de son affût et ses caissons [1]. On changea le mécanisme de culasse et l'on refit entièrement l'affût. Muni d'une large bêche de crosse, il se décompose en deux parties : un petit affût, supérieur, portant le berceau, le frein et son récupérateur à ressorts, l'appareil de pointage en direction [2] ; un affût inférieur, ou affût proprement dit, avec vis de pointage en hauteur, bêche, sièges pour le pointeur et le tireur pendant le tir, sièges d'essieu pour deux servants pendant les marches, frein à corde et à patins (tir et route), boucliers d'acier articulés en trois morceaux [3].

1. Au tube, on adapta trois frettes terminées par des griffes qui embrassent les rebords du berceau et guident la bouche à feu pendant son recul.

Le couvercle supérieur du caisson, relevable, a été blindé ; une plaque de blindage à rabattement, pouvant s'abaisser jusqu'au sol a été ajustée au-dessous du coffre.

2. La hausse, non indépendante du niveau, quoique portée par le berceau, est comme fixée au canon, ces deux pièces ne pouvant jamais tourner verticalement l'une sans l'autre.

3. Le service de la bouche à feu et le remplacement exigent 10 hommes, plus le chef de pièce ; 5 d'entre eux sont transportés sur le canon (dont 2 sur les sièges d'essieu) et 5 sur le caisson.

Le mécanisme de culasse comprend un bloc, ou coin, prismatique (fig. 66), se manœuvrant avec la manivelle M, laquelle est mobile autour d'un axe vertical A fixé au canon. Un simple coulisseau C, dépendant du levier et se dépla-

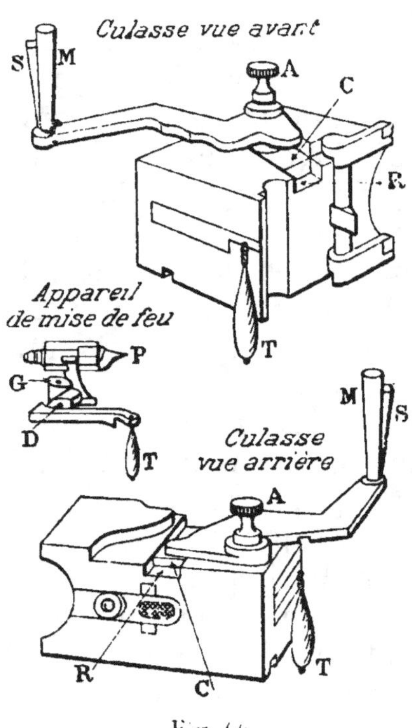

Fig. 66.

çant dans une rainure courbe R pratiquée sur la surface supérieure du prisme, imprime à celui-ci un mouvement de translation vers la droite ou vers la gauche, et provoque l'ouverture ou la fermeture du système. La pièce de sûreté S commande un loquet qui maintient la culasse fermée ; il faut, en saisissant la manivelle M, appuyer sur S pour dégager ce loquet et procéder à l'ouverture.

L'appareil de mise de feu se compose d'un percuteur P mis en action au moyen d'une poignée tire-feu T, par l'intermédiaire d'une détente à noix D et d'une gâchette G. Le bec de la gâchette ramène vers l'arrière le manchon porte-percuteur et bande complètement le ressort intérieur qu'il renferme. Le moment venu, le manchon est abandonné et le ressort, libéré, projette la pointe du percuteur contre l'amorce de la cartouche. Un ressort antagoniste agit alors sur la gâchette et la détente pour les replacer à leur position de départ ; on peut donc renouveler à volonté la mise de feu.

L'extracteur est simplement formé d'une plaque à rainure semi-circulaire dont le diamètre vertical est fixé au tube, en avant de la face antérieure du coin. Lorsque la cartouche est à sa place, cette plaque est appliquée dans son logement et le bourrelet de la douille se trouve au contact de la rainure. Vers la fin du mouvement d'ouverture, un ressaut du coin vient buter contre un ergot de l'extracteur qui bascule vers l'arrière et éjecte la douille.

Ces divers mécanismes sont simples, robustes, et tout à fait comparables, comme facilité de maniement, à ceux de notre matériel de 75. Le système de pointage en hauteur, au contraire, est assez compliqué, en raison de la non-séparation de la hausse et du niveau.

La tige de la hausse H (fig. 67), graduée en distances, est circulaire et s'engage dans un fourreau de même forme dont le centre est au guidon G ^{1}. Lorsque la hausse est au zéro, en A, la ligne de mire (naturelle) passant par l'œilleton et le guidon, est parallèle à l'axe de la bouche à feu. En outre, est accolé à la partie supérieure de la hausse, un limbe vertical, fixe, gradué en degrés de telle sorte que, par construction, sa ligne 0-180 soit précisément normale à l'extrémité de la tige ; d'où il résulte que cette ligne est toujours parallèle à la ligne de mire quelle que soit la position de la hausse dans son fourreau. Enfin, un niveau NN′ peut se déplacer devant la gra-

1. La figure 67 est purement schématique.

duation en degrés, en tournant autour du centre du limbe.

Pour tirer sur objectif visible et situé à distance D, il suffit évidemment de laisser le niveau à la position 0-180, de faire marquer à la hausse la distance D, puis de ramener la bulle du niveau entre ses repères en agissant sur le volant de pointage en hauteur. Si le but est invisible, et placé à un certain site S au-dessus ou au-dessous

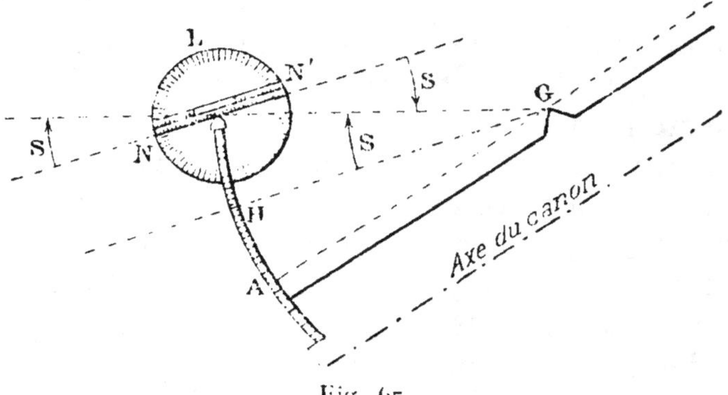

Fig. 67.

du plan horizontal, il faut après avoir donné la hausse, déplacer le niveau dans le sens convenable, de la valeur de S, puis seulement alors ramener la bulle à sa position normale, par le moyen du volant de pointage en hauteur. Ce faisant, on possède bien sur l'appareil, l'angle de site et l'angle de tir séparés, mais ils ne le sont pas dans l'inclinaison totale du canon, laquelle représente toujours la somme de ces deux angles. Si donc la distance change, on est contraint de procéder à nouveau à deux opérations : amener la hausse à la division voulue, mettre la bulle du niveau entre ses repères ; on sait que notre matériel est organisé de manière à n'exiger que la première, la plus facile, de ces deux manipulations d'instruments, ce qui autorise le tir progressif en profondeur ; l'artillerie allemande ne peut normalement rien faire de pareil.

A la hausse telle qu'on vient de la décrire, s'ajoute un dispositif spécial, appelé « correcteur » destiné à permettre le réglage du tir fusant.

Le principe de ce réglage est, en Allemagne, tout différent de ce qu'il est en France ; à coup sûr, il est infiniment plus compliqué [1]. Supposons que le but ait été préalablement encadré entre deux hausses percutantes H et H_1 (fig. 68), le capitaine fait disposer les évents des fusées de ses six canons pour

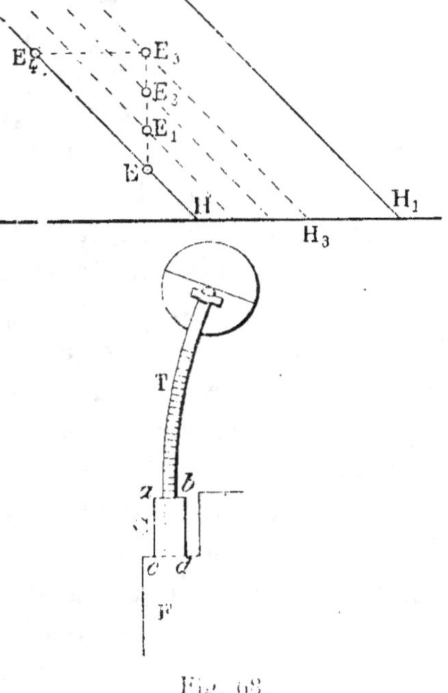

Fig. 68.

la distance H, car les fusées allemandes sont graduées, non en durées de trajet, mais en distances [2]. Admettons encore que l'éclatement du premier coup se produise en E et soit considéré

1. Nos fusées sont graduées en durées de trajet. Il suffit de les faire éclater plus ou moins loin sur une trajectoire pour avoir des coups à la hauteur-type.

2. La batterie allemande comprend 6 pièces. Le débouchage des évents s'opère non pas mécaniquement, mais à la main. Le réglage de la hauteur d'éclatement s'opère par séries de 6 coups.

comme trop bas; il faut relever cet éclatement et, comme on ne peut modifier la distance pour laquelle cinq obus sont déjà disposés, c'est sur la hausse qu'il faut agir. A cet effet, la tige T de cet instrument n'entre dans son fourreau que par l'intermédiaire d'une gaine graduée C, dite « correcteur », dans laquelle on peut la faire coulisser. De son côté, le correcteur peut se déplacer dans le fourreau en entraînant la hausse. Le premier coup a été tiré avec la hausse lue par rapport à *a. b.*, le correcteur marquant lui-même zéro par rapport à *c. d.* Pour relever le second point d'éclatement, le capitaine fait monter le correcteur d'une division, la hausse monte d'autant et le coup, cette fois, bien que débouché pour la distance D, éclate en E_1, sur la verticale de E^1. Si ce nouvel éclatement n'est pas encore assez haut, on continue jusqu'à ce qu'on obtienne un coup E_3 qui, après n modifications du correcteur, se trouve à bonne hauteur. Mais finalement, ce n'est pas sur la trajectoire $E_3 H_3$ qu'il faut commencer le tir, c'est d'abord sur la limite courte de la fourchette, c'est-à-dire sur la trajectoire E. H., ce qui implique la nécessité de ramener l'éclatement en E_4. Ceci revient à descendre la hausse, dans le correcteur immobile, de n fois la valeur en mètres d'une division de ce correcteur et à déboucher les évents nouveaux à la distance désormais marquée par la hausse. La correspondance entre distance-hausse et distance-évent se trouve rétablie. Ainsi, grâce au correcteur, on supprime l'inévitable confusion qui ne manquerait pas de se produire entre ces deux

---

1. Les divisions du correcteur sont traduisibles en mètres.

distances, mais au prix de quelle complexité !

L'œilleton de la hausse est monté sur une planchette (ou cylindre) horizontale et mobile, portant une graduation et servant à faire les petites corrections en direction [1]. Une fois l'œilleton déplacé de la quantité ordonnée, la ligne de mire est ramenée sur le but (ou le repère) par rotation du petit affût. Ce dernier est, en effet, formé d'un berceau supportant le canon et lui servant de chemin de glissement [2]. Au berceau est rivée une crapaudine et, à l'essieu, un pivot qui s'y engage, tandis qu'à la partie arrière et inférieure, une glissière de cuivre, graduée, porte sur une semelle assujettie à deux bras articulés, d'une part à l'essieu, d'autre part à la vis de pointage en hauteur [3]. Le volant de pointage en direction commande le petit affût qui peut ainsi prendre sur sa glissière un mouvement de rotation de 4 degrés (70 millièmes environ) à droite et à gauche de sa position médiane.

Malgré que le champ total du fauchage du canon allemand soit de 140 millièmes tandis qu'il n'est que de 100 dans notre 75, la disposition relative des deux affûts crée, au détriment du premier, une cause certaine d'infériorité. Alors que le coulissement de notre canon sur son essieu a pour effet de reporter toujours l'action du recul dans l'axe de la flèche, il n'en est plus de

1. L'œilleton peut être remplacé par une lunette.

2. Poutre d'acier emboutie en U et fermée, à la partie supérieure, par une plaque de recouvrement qui porte la bouche à feu.

3. Pour soulager le support de pointage en hauteur pendant les marches, la glissière vient s'appuyer sur un coussinet que portent deux bras rivés sur l'entretoise reliant, vers l'avant, des deux flasques du grand affût.

même dans le matériel de 77 N A ; au fur et à mesure que tourne le petit affût, le recul tend à déverser le système ; l'altération du pointage est permanente ; aussi le règlement recommande-t-il de n'utiliser que la moitié environ du champ disponible, soit moins de 100 millièmes.

Le frein est placé à l'intérieur du berceau ; il est hydraulique, avec ressorts récupérateurs entourant le cylindre de leurs spires. Au départ du coup, le cylindre, claveté au canon, recule, tandis que le piston reste immobile ; les ressorts sont comprimés, puis à la fin du mouvement, se détendent et ramènent le canon à sa position de tir. Pour que le retour en batterie soit complet, quel que soit l'angle de tir, on a donné aux ressorts une tension initiale, en sorte qu'ils sont constamment en travail.

Pour repérer la direction d'un canon, dans le tir indirect, on fait usage d'un nouvel appareil, dit « plaque de repérage ». Un demi-cercle, gradué en millièmes, de 0 à 3.200, porte, en son centre, une alidade munie d'une ligne de visée et d'un trait de repère ; il est monté horizontalement à l'extrémité d'une tige verticale qui s'engage dans un logement correspondant du berceau[1]. Par construction, lorsque l'alidade marque 1.600, sa ligne de visée est parallèle au plan de tir. Dans le prolongement de cette ligne, à quinze pas au moins en arrière de la bouche à feu, on plante un jalon ; le canon est repéré.

S'il s'agit de le déplacer d'un certain angle, on fait marquer à l'alidade la division convenable,

---

1. En raison de la hauteur des boucliers, le point de repérage est généralemennt pris en arrière ; toutefois, une rallonge permet de repérer vers l'avant.

on repointe sur le jalon, puis on repère de nouveau en ramenant le jalon sur la ligne de visée de l'alidade replacée elle-même à 1.600. Ces opérations compliquées ne nuisent pas peu à la mobilité du feu du canon allemand dans le sens de la largeur; aussi, les batteries qui ont à tirer sur des objectifs sujets à de fréquents changements de direction, se placent-elles le plus souvent à découvert, de manière à faire du pointage à la hausse. Cette nécessité, confirmée par le règlement, n'est pas de nature à rehausser à nos yeux la valeur d'un matériel qui, par ailleurs, n'est pas exempt de critiques.

Le grand affût est en tôle d'acier emboutie, à bords rabattus; les flasques qui vont en diminuant de hauteur et d'écartement depuis la tête jusqu'à la crosse, sont reliés par quatre entretoises et renforcés près des essieux. Ils portent deux sièges d'affût, qui, pivotant autour d'un axe vertical, facilitent les mouvements du pointeur et du tireur, et deux sièges d'essieu occupés, pendant les routes, par ces deux mêmes servants. La rotation du volant de pointage en hauteur se transmet, par une série d'engrenages, au support de pointage et, de là, au berceau et au canon.

La lunette de crosse est protégée contre l'usure par une fourrure en acier; un levier de pointage métallique pouvant se rabattre sur la flèche pendant les marches, sert à donner la première direction; la bêche de crosse, quoique large et aidée par un frein à patins et à cordes, n'empêche cependant pas la bouche à feu de n'être assise qu'au bout de trois coups; jusque-là, un servant doit appuyer vigoureusement sur le levier de pointage et les autres se cramponner aux diverses parties du matériel. Les boucliers sont pleins, sauf une petite embrasure ménagée pour le passage de la ligne de visée de la hausse ; ils offrent au personnel une protection supérieure à celle que donnent à nos servants les plaques de blindage du 75. Ils sont complétés par les dessus et dessous du caisson.

Le service de la bouche à feu est exécuté par huit hommes dont le chef de pièce C[1] (fig. 69) ; 1 (tireur) ouvre et ferme la culasse, refoule le projectile et met le feu ; 2 (pointeur) manie les instruments de pointage ; 3 est préposé au levier de pointage (pointeur servant) et aide, au besoin, le chargeur à sortir les munitions des paniers qui les renferment[2] ; 4 (chargeur) retire les projectiles et les cartouches des paniers, dispose les fusées pour la distance indiquée et charge[3] ; 5 vient en aide à 4 ; 6 et 7 (pourvoyeurs) apportent les paniers de munitions qu'ils tirent du caisson.

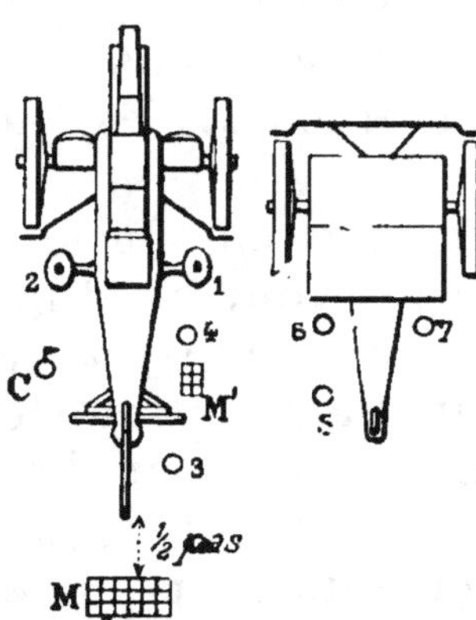

Fig. 69.

De cette brève énumération, il résulte que si la protection du personnel est parfaitement assu-

---

1. En réalité 11, mais 3 des servants repartent, après la mise en batterie, avec l'avant-train de caisson sur lequel ils sont venus. Ils servent de personnel de remplacement.

2. Les paniers contiennent 4 charges en cartouches métalliques et 4 projectiles. Ceux provenant de l'avant-train de caisson sont déchargés en M, au moment de la mise en batterie.

3. Charges et obus sont encore séparés ; leur réunion est affaire de temps (réorganisation des coffres).

Les fusées sont graduées jusqu'à 5.600 mètres.

rée aussi longtemps que les servants restent immobiles, il n'en est plus de même au cours du tir; de nombreux va-et-vient s'opèrent autour du canon et augmentent sensiblement la vulnérabilité des servants.

Les données numériques qui suivent permettent de comparer les deux matériels français et allemand :

	CANON de 75.	CANON de 77.
Calibre	75 $^{m}/_{m}$	77 $^{m}/_{m}$
Poids du projectile	7 kg. 2	6 kg. 8₅
Poids par unité de section	163	147
Vitesse initiale	520^{m}	465^{m}
Vitesse à 1.000 m.	413^{m}	369^{m}
— 2.000 m.	334^{m}	310^{m}
— 3.000 m.	290^{m}	279^{m}
Force vive à la bouche.	103.5	75
— 2000 m.	40.9	33,6
Nombre et poids des balles du shrapnel	300 à 12 gr.	300 à 10 gr.
Zone dangereuse pour but de 1 mètre de haut : à 1.000 m.	41^{m}	31^{m}
— 2.000 m.	15^{m}	12^{m}
— 3.000 m.	7^{m}.6	6^{m},5
Poids de la pièce en batterie	1100 kg.	950 kg.
Poids de la pièce sur avant-train . .	1900 kg.[1].	1800 kg.[1].
Poids du caisson chargé	1950 kg.[1].	1850 kg.[1].

1. Moins les servants (5 en Allemagne, 3 en France).

En résumé, le canon de 77 n'est supérieur au nôtre que par la protection qu'il donne à son personnel et par sa mobilité en batterie; attelé, il paraît être plus léger, mais comme chaque voiture porte cinq servants au lieu de trois, il est en réalité plus pesant; il est notoirement inférieur comme stabilité, facilités de pointage, fauchage, réglage des fusées, tir en profondeur, et même rapidité de tir sur hausse unique, aussi longtemps du moins que l'usage des cartouches complètes ne sera pas devenu courant ; quant à ses propriétés balistiques, elles sont restées tout à fait comparables à celles de notre ancien canon de 80 modèle 1877, son aîné de près de trente ans.

Cette différence, toute à notre avantage, est encore accusée, tant par les formations et les méthodes de tir adoptées par l'artillerie allemande sur le champ de bataille, que par la quantité de munitions dont elle dispose.

La batterie est à six pièces ; elle se forme en trois fractions : une colonne de six canons, une colonne de six caissons, un échelon de combat formé par un chariot de batterie et des chevaux de complément. La mise en batterie s'effectue en deux temps ; les canons prennent d'abord position puis, quand leurs avant-trains ont dégagé le terrain, arrivent les caissons, généralement en colonne par voitures, qui longent les pièces déjà installées, s'arrêtent à hauteur de leurs places où ils sont amenés par mouvement à bras [1]. Opération qui, dans les prises de positions insuffisamment défilées, laisse la batterie trop longtemps exposée sans défense aux coups de l'adversaire !

Le réglage collectif est fort peu usité dans l'artillerie allemande ; on règle, le plus souvent, avec des obus percutants et avec un seul canon ; la hauteur d'éclatement et la répartition

---

1. L'échelon reste en arrière, avec la colonne légère de munitions dont il sera bientôt parlé.

ne sont réglées qu'après la portée ; chaque bouche à feu bat la partie de l'objectif qui lui fait face. Tout changement de but nécessite la remise au zéro des appareils, une nouvelle désignation aux pointeurs, un réglage etc. Le bénéfice inappréciable que tire l'artillerie française du fait de pouvoir transporter et adapter son tir à un objectif quelconque par des commandements simples et pratiques, sans aucun discours, est inconnu de nos voisins. Les tirs d'efficacité sont assez analogues à ceux dont on se sert en France, avec cette différence toutefois que l'accablement instantané d'une zone profonde par une série de rafales mécaniquement réparties (tir progressif) est rendu impraticable par la non-indépendance de la hausse et du niveau.

Chaque batterie porte dans ses coffres 780 projectile, soit 130 par canons [1]. En outre, le groupe de trois batteries comporte une unité spéciale de ravitaillement, la « colonne légère de munitions », forte de 21 caissons et contenant au total 1.848 coups (dont 792 explosifs) ; l'approvisionnement immédiat de chaque batterie est ainsi augmenté de 616 coups, 102 par canon, et porté à 232 obus par bouche à feu ; en France, il est de 312. Les « colonnes de munitions », une par groupe, qui représentent notre parc d'artillerie de corps d'armée, peuvent, à leur tour, livrer 141 nouveaux coups par canon ; total : 373 (en France, 501 [2]).

---

1. 12 avant-trains à 30 coups 432
   6 arrière-trains de caissons à 52 coups. 312
   1 avant-train de chariot de batterie à 36 obus
      explosifs. 36
                           780

2. Les renseignements concernant l'artillerie allemande sont

L'OBUSIER DE 105, A TIR ACCÉLÉRÉ. — Le corps d'armée allemand comprend 24 batteries de de 6 pièces (144 bouches à feu) parmi lesquelles trois sont armées d'obusiers légers de 105 millimètres. Ce matériel dont l'adoption remonte à 1898, a été construit pour atteindre, par le tir courbe, l'infanterie abritée dans des tranchées, ou l'artillerie couverte par des boucliers. Il a été fait aussi semblable que possible au canon de 1896.

L'affût est rigide, à bèche de crosse, et ne possède ni berceau, ni boucliers ; l'absence de frein à long recul fait de l'obusier une bouche à feu à tir simplement accéléré (4 coups environ à la minute). La culasse, à coin prismatique, n'exige qu'un seul mouvement pour sa fermeture ou son ouverture ; la rotation d'une vis dont les filets sont en prise à la fois avec deux séries d'autres filets ménagés à l'intérieur du coin et sur la surface interne du tube, provoque le glissement rapide du bloc de culasse.

Le pointage en hauteur s'exécute au moyen d'une manivelle latérale et d'une vis sans fin qui actionne un arbre denté assemblé avec le canon. Il n'existe pas d'appareil de pointage en direction, hormis un levier fixé à la flèche. L'angle de tir maximum est de 40 degrés, l'angle minimum de 10 degrés, la portée extrême supérieure à 6.000 mètres.

Les instruments de pointage sont analogues à ceux du canon ; néanmoins, la hausse ne pouvant plus convenir pour de très grands angles, on lui substitue, en ce cas, un niveau de pointage spécial.

extraits de la : *Revue d'artillerie*, LXXI. p. 273 ; LXXIII, p. 257 : LXXIV, p. 437 ; *Revue militaire des armées étrangères* ; de l'ouvrage du commandant CHATIN.

Le socle du niveau N (fig. 70) s'applique par sa base PP′ sur la génératrice supérieure de l'obusier ; il se termine par un arc de cercle de grand rayon DD′ gradué en distances et fabriqué de telle sorte que la tangente à la division A fasse précisément avec PP′ l'angle de tir de la distance A. Le bâti du niveau est mobile sur le cercle, et un trait de repère permet de le fixer en face de l'une ou l'autre des divisions, mais le

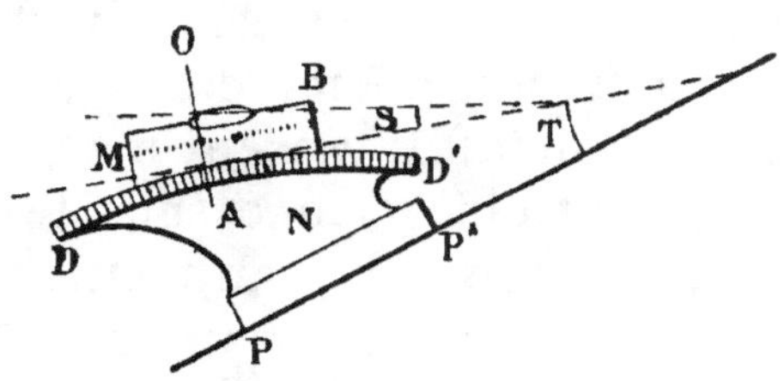

Fig. 70.

niveau lui-même n'est pas invariablement fixé à son bâti ; il peut prendre, de part et d'autre du trait de repère — position dans laquelle sa directrice est parallèle à la tangente en A — des déplacements que mesure une graduation M. Il est dès lors possible de faire marquer séparément au niveau l'angle de site S du point à battre et l'angle de tir T qui convient à la distance A de ce point. Il suffit de décaler le niveau de S divisions dans le sens convenable, de placer le trait de repère en face de la distance A, puis de ramener la bulle entre ses repères ; l'obusier est incliné de S + T.

Lorsque la hausse est inutilisable, dans le cas du tir indirect par exemple, la direction est donnée au moyen de la plaque de repérage[1].

1. Voir page 304.

Le projectile et la charge sont séparés ; celle-ci contient sept rondelles qui permettent d'en faire varier le poids et, par conséquent, d'obtenir des vitesses initiales comprises entre 130 et 300 mètres. Le shrapnel, pesant 12^{kgr},800, est analogue à celui du canon, mais il renferme 500 balles de 10 grammes au lieu de 300 ; l'obus brisant, du poids de 15^{kgr},7, transporte 1^{kgr},840 d'explosif ; il est muni, soit d'une fusée à double effet graduée jusqu'à 5.600 mètres, soit d'une fusée percutante à bouchon porte-retard [1].

L'obusier et son affût pèsent 1.090 kilogrammes ; la voiture attelée, 1.950 sans les servants.

La batterie a la même composition que celle du canon de 77 ; elle dispose immédiatement de 154 coups (dont 90 explosifs) [2] ; la colonne de munitions d'obusiers du corps d'armée lui en peut fournir 70 autres (dont 58 explosifs), ce qui porte l'approvisionnement de chaque obusier à 224 coups (dont 148 explosifs).

OBUSIER LOURD DE 15 CENTIMÈTRES. — L'obusier de 15 centimètres [3], adopté en 1902, est à recul sur l'affût avec frein hydraulique et ressorts récupérateurs. Obtenu par transformation d'un matériel antérieur dont on a conservé le tube et simplement modifié l'affût, il unit les avantages de quelques perfectionnements aux inconvénients d'une imparfaite adaptation des dispositifs nouveaux au bâti existant. Les tourillons du frein

---

1. Les Allemands espèrent en faisant éclater fusants, leurs obus explosifs, obtenir des gerbes en retour qui atteindront le personnel d'une artillerie, même blotti contre ses boucliers.

2. Dont 86 (32 explosifs) à la batterie et à l'échelon de combat, et 68 (58 explosifs) à la colonne légère du groupe d'obusiers.

3. Exactement 14^{cm},97.

par exemple, ont été nécessairement placés à la manière ordinaire, ce qui conduit à l'adoption du recul variable avec l'inclinaison de la bouche à feu [1] ; de là complication, fragilité et fonctionnement irrégulier du frein, obligation de relever la culasse pour en effectuer le chargement, vitesse de tir réduite à deux coups à la minute malgré que le mécanisme de culasse ait été simplifié et n'exigeât plus qu'un mouvement pour la fermeture comme pour l'ouverture.

A l'imitation du canon de 77 N/A, le petit affût support de l'obusier est à pivot; d'où instabilité de l'ensemble dans le sens latéral, enfoncement inégal des roues, tous phénomènes qui ne sont pas négligeables avec des canons légers mais qui acquièrent une grande importance lorsqu'il s'agit du maniement de bouches à feu de plusieurs milliers de kilogammes. Les faibles dépointages successifs amènent, en effet, très vite le petit affût à l'extrémité de son champ de rotation ; il faut alors faire avancer l'obusier, le remettre en meilleur terrain, ramener tout le système de pointage à sa position normale et recommencer les opérations du repérage.

Les instruments servant à cet objet sont analogues à ceux de l'obusier de 105 millimètres. L'affût n'a pas de boucliers.

L'obusier de 15, tire sous l'angle maximum de 42 degrés, un projectile de 40 kilogs, renfermant $7^{kgr},3$ d'un explosif analogue à la mélinite, muni d'une fusée percutante avec ou sans bouchon porte-retard. La cartouche est métallique

---

1. En même temps qu'augmente l'inclinaison du canon, les orifices du frein se rétrécissent automatiquement de manière à fournir une résistance croissante.

et peut contenir sept rondelles de poudre faisant différentes charges ; la vitesse initiale maxima est de 320 mètres et la portée supérieure à 7.000 mètres.

En batterie, l'obusier pèse 2.035 kilogs ; attelé, sans compter les servants qui sont au nombre de cinq, il atteint le poids considérable de 2.710 kilogs ; le caisson, plus lourd encore quoiqu'il ne transporte que 36 obus, pèse 2.910 kilogs. Ce matériel ne peut bien évidemment prendre le trot, même pendant de courtes minutes, que dans des terrains très résistants.

La batterie d'obusiers de 15 se décompose en une batterie de combat (4 canons, 4 caissons, un chariot-observatoire) et un échelon (4 caissons, un chariot de batterie et des chevaux de complément). Le « bataillon d'obusiers » comprend 4 batteries et une colonne légère de munitions ; la batterie dispose de 72 coups par bouche à feu, la colonne de 54 ; enfin une colonne de munitions d'artillerie lourde en peut encore fournir 306, ce qui porte à 432 coups les ressources particulières à chaque obusier. Ce nombre, considérable pour un canon à tir relativement peu rapide, montre qu'à n'en pas douter, les Allemands ont l'intention de dépenser leurs projectiles, dès le début de la guerre, avec prodigalité. S'il nous était permis d'avoir des hésitations sur le premier rôle réservé aux obusiers, les auteurs militaires d'Outre-Vosges se chargeraient de nous les enlever : « Cette pièce, écrit le général Rohne, a un projectile très pesant, car elle doit, avant tout, contrebattre les forts d'arrêt, et son approvisionnement normal exige un grand nombre de voitures [1] ».

1. Général ROHNE. *Les progrès de l'artillerie de campagne.* Revue d'artillerie, LXVI, p. 47.

Le mortier de 21 centimètres. — Cette bouche à feu, de très gros calibre, plus lourde encore, —la voiture-canon ne pèse pas moins de 5.600 kilogrammes, — lente à se déplacer, incapable de se mouvoir sans dispositions particulières en dehors des routes excellentes, n'est certainement traînée à la suite des armées que dans un but bien déterminé; tout porte à croire que si la France n'avait pas de forts d'arrêt, les mortiers de 21 centimètres seraient relégués dans les équipages de siège.

Pour donner quelque mobilité à cette pièce pendant les marches, on sépare le canon de son affût et on le transporte sur un chariot spécial qui, attelé, atteint encore le poids respectable de 4.200 kilogrammes. Ces deux voitures se complètent par deux autres portant les bois nécessaires à la construction des plates-formes, car l'affût du mortier est à glissement et ne saurait reposer directement sur le sol, si consistant qu'il puisse être.

Le projectile, de 120 kilogrammes, contient 18 kilogrammes d'explosif.

La batterie de mortiers se divise en deux échelons[1] : des plates-formes et un observatoire d'une part (9 voitures), les 4 affûts et les 4 canons d'autre part (8 voitures). L'observatoire et les plates-formes marchent naturellement en tête, car la reconnaissance de la position et la mise en place des planchers constituent les préliminaires d'une installation qui n'exige pas moins de quatre heures.

Deux batteries de mortiers et une colonne de

1. Sans parler des voitures de service et des chevaux de complément.

munitions forment un « bataillon de mortiers ». Une unité de même ordre, provenant de l'infanterie, fournit des auxiliaires pour les travaux préparatoires à la prise de position ; la colonne de munitions — les batteries n'ayant pas de caissons — décharge ses obus à la queue des plates-formes.

EMPLOI DE L'ARTILLERIE SUR LE CHAMP DE BATAILLE. — L'arrivée de l'artillerie, tout entière, dès le début de l'action, dans le minimum de temps, à proximité immédiate du champ de bataille, caractérise de façon saisissante la violence avec laquelle les Allemands entendent commencer la lutte. Lorsque le commandement juge le moment venu, toute cette artillerie est déployée, par grandes masses, qui occupent tout le terrain disponible, et, s'il fait défaut, n'hésitent pas à s'établir sur deux lignes étagées ; l'essentiel est, pour nos voisins, de se présenter toujours au combat avec la possibilité de donner immédiatement à leur feu son entière puissance. Il ne leur a pas échappé que de l'issue de la lutte d'artillerie engagée sur une zone du champ de bataille, dépend généralement le sort de l'infanterie qui combat sur ce terrain : « La possibilité de passer à l'attaque décisive, dit le général de Reichenau, appartient au parti dont l'artillerie est victorieuse. Les exceptions à cette règle, déjà rares, le deviendront de plus en plus [1] ». Sans doute, ils n'espèrent pas détruire toute l'artillerie qui leur sera opposée, mais ils ne négligent rien pour y parvenir. Canons, obusiers légers et obu-

---

1. Général REICHENAU. *Influence du bouclier.* Revue d'artillerie, LXVIII. p. 315.

siers lourds, il n'est aucune de leurs pièces qu'ils consentent à exempter de la participation à la lutte d'artillerie. Ce faisant, ils escomptent une supériorité qui leur permettra de pousser jusqu'aux bords des crêtes, à découvert s'il est nécessaire, suffisamment avant en tout cas pour qu'ils puissent faire usage de la hausse, une grande partie de leurs canons ; ceux-ci seront dirigés contre l'infanterie devenue leur principal objectif, tandis que les autres assureront leur protection contre les batteries encore valides de l'adversaire. Aux canons de 77 la mission d'atteindre les troupes en mouvement, aux obusiers légers celle de frapper les buts abrités dans des retranchements, aux obusiers lourds la tâche de détruire les fortifications préparées de longue main.

La zone d'attaque fixée, c'est un effet « d'écrasement » qu'il faut réaliser contre elle ; tout y doit concourir, et notamment les obusiers lourds. S'il faut que l'artillerie change de position pour mieux observer ou plus sûrement distinguer les amis des ennemis, elle ne doit pas hésiter à se déplacer ; des batteries isolées, en tout cas, accompagneront l'attaque jusqu'aux distances les plus rapprochées.

Dans la défensive, les principes d'emploi de l'arme ne diffèrent pas sensiblement de ceux qui précèdent. « En principe, on engage d'abord la lutte avec l'artillerie de l'assaillant » ; l'infanterie ne devient le but essentiel qu'à partir du moment où elle est menaçante ; c'est alors sur elle que doivent être concentrés tous les coups.

« L'artillerie est l'arme par excellence de la poursuite, parce qu'elle joint la mobilité à la puissance du feu. Elle doit exploiter brutalement la victoire », laquelle « ne serait qu'une demi-victoire si elle n'était complétée par une poursuite dont le but est l'anéantissement de l'ennemi ». Elle est aussi l'arme de la retraite, car « seule, elle permet de modérer la puissante efficacité du feu de l'ennemi engagé à la poursuite des troupes battues ». La ténacité est, pour elle, une vertu ; « elle n'a pas à s'inquiéter de la perte de ses canons [1] ».

Ces brèves considérations paraissent de nature à mettre en relief l'énergie sauvage que les artilleurs allemands comptent apporter dans les luttes futures pour les dominer et les conduire aux fins qu'ils ambitionnent.

§ 2. — L'artillerie autrichienne.

Il est peu vraisemblable qu'après s'être si souvent rencontrés comme adversaires sur de nombreux champs de bataille, Français et Autrichiens se retrouvent de longtemps face à face. Cependant, il n'a pas semblé inutile de donner ici une succincte description du matériel autrichien, ne fût-ce que pour permettre une comparaison avec les moyens dont fait usage l'artillerie russe, son adversaire désigné.

L'Autriche possède trois bouches à feu de campagne ; un canon de $76^{mm},5$ à tir rapide, un obusier léger de 104 millimètres à tir accéléré, un obusier lourd de 15 centimètres.

Le canon de $76^{mm},5$ a tir rapide. — « L'Autriche, après avoir transformé, en 1887, le maté-

1. Ces diverses citations sont empruntées aux § 510, 515, 516, 519, 520 du règlement de l'artillerie allemande portant la date du 26 mars 1907.

riel de 9 centimètres en bronze par l'adjonction d'une bêche de crosse élastique, a considéré ce résultat comme suffisant pour lui permettre de se livrer à une longue série d'essais, sans être obligée d'y apporter une précipitation fâcheuse. Elle a tenu ainsi, d'après l'*Extra-Blatt*, à voir comment la question se développerait à l'étranger afin d'éviter ces maladies du jeune âge qui sont parfois si graves chez les armes nouvelles [1] ». Et bien lui a pris d'observer cette prudente discrétion car elle s'est dispensée de l'expérience coûteuse faite par son alliée du Nord et imitée en partie par la dernière des trois puissances de la Triple Alliance.

Après nombreuses hésitations, elle s'est décidée, en 1905, à l'adoption d'un canon de $76^{mm}5$, en bronze forgé selon le procédé dû au général Thiele, car l'Autriche conserve pour ce métal une prédilection qu'expliquent mieux des raisons sentimentales que toute question de bas prix, de conservation et de durée ; elle tient à lui rester fidèle, l'ayant été pendant des siècles, et pouvant véridiquement alléguer qu'elle fut seule à le rendre utilisable avec les projectiles modernes ; elle se rend ainsi, par ailleurs, indépendante de l'industrie allemande jusqu'au jour où les usines de Pilsen suffiront à ses besoins.

Le mécanisme de culasse est tout à fait analogue à celui du canon allemand. Quant au petit affût, il ne diffère de celui de Krupp que par un détail : le couvre-essieu est mobile autour de l'essieu et il est rendu solidaire du berceau par le moyen d'une lunette coiffant un pivot de ce der-

---

1. Campana. *Loc. cit.*, p. 407.

nier ; le système de pointage en direction imprime au berceau une rotation de trois degrés (53 millièmes) de part et d'autre de sa position médiane. Le mécanisme de pointage en hauteur permet de soulever berceau et canon.

Le recul est limité par un frein hydraulique et le retour en batterie assuré par des ressorts récupérateurs télescopiques, moins encombrants que les ressorts simples, plus faciles à remplacer en cas de détérioration, mais aussi plus sujets à la fatigue.

L'affût principal est du modèle général ; il a deux bêches de crosse, l'une fixe et massive, pour les terrains durs, l'autre large et mince, amovible, pour les terres ordinaires. Il est complété par un frein à patins et à cordes, un levier de pointage, des boucliers articulés en trois parties, des sièges de tir et de route pour les servants.

L'appareil de pointage est une hausse panoramique Korrodi qui allie les propriétés de la hausse-niveau allemande à celle de la plaque de repérage, ou goniomètre. A ce titre, elle mérite une description.

L'instrument se place sur la tête de la hausse ; il comporte une lunette panoramique coudée, dans laquelle les images, après avoir passé par l'objectif O (fig. 71), sont redressées puis ramenées sur l'oculaire O' par un prisme P à réflexion totale. La partie supérieure de l'appareil, renfermant encore deux autres prismes P' et I dont il sera bientôt parlé, peut tourner autour du tube supportant l'objectif, en sorte que le pointeur, sans quitter sa place, est en situation de viser un point quelconque de l'horizon. Un prisme à réflexion totale P' sert de réflecteur ; il est monté dans un tube solidaire d'une boîte B qui remplace, ainsi qu'on va le voir, le plateau d'un goniomètre, ou encore celui de l'appareil de pointage français. La boîte porte, en effet, une graduation en 64 centaines de millièmes et son pourtour est garni d'une dentelure engrenant avec une vis sans fin commandée par le tambour T; celui-ci est gradué en 100 parties (millièmes).

Les graduations du plateau se lisent au travers d'une fenêtre ménagée dans la boîte du réflecteur; si l'on veut déplacer rapidement le plateau d'un certain nombre de divisions (dans le cas de changement d'objectif indiqué par un écart angulaire, ou du pointage sur un objet différent du but), on débraie la vis sans fin au moyen d'un levier spécial.

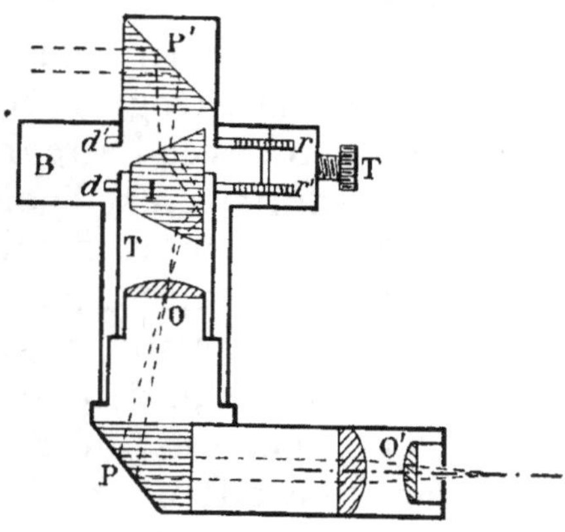

Fig. 71.

Ainsi conçu, ce dispositif aurait l'inconvénient de faire tourner les images en sens inverse de la rotation du prisme P'; pour y remédier, on a intercalé entre P' et O un nouveau prisme I, isocèle, qui se meut en même temps que P', dans le même sens que ce dernier. Mais à son tour, ce prisme, s'il dévie les images dans la bonne direction, les fait aussi tourner d'une quantité double de celle qui serait nécessaire. Il a donc été indispensable de régler sa vitesse à la moitié de celle de P'. Dans ce but, il est monté sur un tube particulier T portant une couronne de dents d que fait tourner une double roue rr', commandée elle-même par une couronne dentée d' de la boîte B. Les vitesses des roues en prise étant inversement proportionnelles à leurs rayons, on peut faire que la vitesse de d soit égale à la moitié de celle de d'.

Cet appareil est sans conteste très ingénieux, mais il est non moins compliqué, et le réglage optique exact qu'il exige est peu fait pour s'accommoder des vibrations violentes supportées pendant le tir. En tout cas, des instruments d'une telle fragilité ne sauraient soutenir la comparaison avec l'appareil de pointage français dont la simplicité est égale à la rusticité.

La hausse autrichienne est encore munie d'un niveau permettant de corriger l'influence de l'inégale inclinaison des roues, sans avoir à manier la planchette des dérives. En outre, un cercle de repérage, destiné à suppléer la hausse Korrodi accidentellement détériorée, peut s'adapter sur le tonnerre de la bouche à feu.

Le canon en batterie pèse 1.010 kilogrammes; attelé, avec avant-train chargé de 30 coups, 1.750; avec cinq servants, 2.100. Il tire, à la vitesse de 500 mètres, un shrapnel de 6ᵏˢ,680 contenant 316 balles de 9 grammes seulement, et un obus de même poids renfermant 535 grammes d'ammonal et d'une composition fumigène[1]. Dans les deux cas, la douille métallique portant la charge est réunie au projectile, lequel est armé

---

1. L'ammonal est un mélange de nitrate d'ammonium et d'aluminium en poudre (20 p. 100). Son action est basée sur la grande chaleur dégagée par l'oxydation de l'aluminium qui donne aux gaz une force d'expansion considérable. Il faut noter cependant que le nitrate d'ammonium est très déliquescent et que l'ammonal détone très difficilement. (CAMPANA. *Loc. cit.*, p. 408.)

La composition fumigène renferme de l'antimoine et du phosphore.

d'une fusée à double effet, graduée jusqu'à 6.100 mètres.

Le caisson se met en batterie à côté du canon, la flèche en avant ; la cloison antérieure est blindée ainsi que les plaques de dessus et de dessous de coffres qui se relèvent ou s'abaissent à volonté ; il transporte 90 coups (dont 60 dans l'arrière-train) et pèse 1.844 kilogrammes ou 2.054 avec trois servants.

L'OBUSIER LÉGER DE 104 MILLIMÈTRES ET L'OBUSIER LOURD DE 15 CENTIMÈTRES. Ces deux bouches à feu qui sont seulement à tir accéléré ne présentent aucune différence notable avec les matériels allemands de calibres similaires ; il n'y a donc pas lieu d'en reproduire la description.

A chacun des corps d'armée autrichiens qui sont au nombre de 16 et qui comptent deux divisions actives et une division de landwehr, sont rattachés :

> Un régiment de 4 batteries à 6 canons[1] $24 \times 3 = 72$
> Un régiment d'obusiers de même composition.   24
> Un groupe de 3 batteries à cheval de 4 canons, ou de 3 batteries d'obusiers lourds à 4 obusiers   12
>   108

Parmi ces 108 bouches à feu, les obusiers entrent donc dans une proportion considérable ; aucune autre armée ne l'a encore atteinte.

§ 3. — L'artillerie italienne.

L'artillerie italienne est passée, pendant une dizaine d'années, par une crise qui montre com-

---

1. 4 canons en temps de paix.

bien peuvent être dangereux, et surtout coûteux, les résultats d'une détermination hâtive en fait de réarmement.

En 1897, à l'imitation de l'Allemagne, l'Italie décida la transformation de son ancien matériel en bronze de 7 et 9 centimètres qu'elle tenait de Krupp, en un matériel à tir accéléré. L'adjonction d'une bêche de crosse élastique à l'affût du canon de 9 centimètres rendit à cet engin, pour un temps, un cachet apparent d'actualité. En 1900, alors que certaines puissances, dont la France, étaient déjà munies de canons à tir rapide, ou s'efforçaient de se créer une artillerie de ce genre, le Parlement italien vota un crédit extraordinaire de soixante millions pour le remplacement d'une artillerie démodée avant d'avoir vécu. Un canon de 75 millimètres dont Krupp fournissait encore le modèle mais dont il avait consenti à vendre les brevets, donnait, disait-on, toute satisfaction et la construction devait en être entreprise dans les usines nationales. Une commission d'études se réunit, discuta beaucoup, rencontra, dans son sein même, d'ardentes oppositions. On ne saurait s'en étonner si l'on songe que ses travaux aboutirent, en 1901, à l'adoption d'un matériel très peu différent du canon allemand de 77 millimètres modèle 1896, à tir purement accéléré par conséquent. L'opinion publique et militaire, stupéfaite, manifesta aussitôt son mécontentement avec une telle force qu'il fallut bien l'entendre et suspendre la fabrication ; mais 105 batteries dont on constata bientôt la médiocre valeur, étaient déjà construites et mises en service en 1904.

A la fin de cette même année, une nouvelle commission fut nommée pour procéder à des expériences comparatives entre un canon Krupp de 75, à tir rapide cette fois, mais dont l'inventeur se réservait la propriété des brevets, et un canon proposé par l'arsenal de Turin. Ce dernier se montra nettement inférieur, et le reliquat du premier crédit fut affecté à l'achat de 105 batteries Krupp du plus récent modèle. Restait à compléter l'armement d'un nombre encore considérable de batteries. Lorsque le ministre de la guerre demanda au parlement de voter les fonds nécessaires, le débat se fit mouvementé et aboutit à la nomination d'une commission d'enquête qui se chargea de comparer le matériel Krupp à ceux de Schneider (Creusot) et d'Ehrhardt (Dusseldorf). Malgré que cette commission n'ait pas ménagé ses critiques aux marchés passés avec Krupp, elle dut convenir que la commande précédente avait déjà engagé l'avenir et qu'il n'était plus possible de confier à un autre fournisseur que celui d'Essen, le soin de parfaire l'armement de l'artillerie italienne. En février 1909, 430 nouveaux canons dits « 75 A. modèle 1906 », auxquels différentes modifications de détail devaient néanmoins être apportées, furent donc commandés; la livraison doit en être terminée en novembre 1911.

Le canon de 75 A. a tir rapide. — D'après une brochure officielle publiée en 1907, le canon modèle 1906 tire à une vitesse initiale de 510 mètres un shrapnel de 6^{kgr},500 contenant 360 balles de 9 grammes, et un obus brisant de même poids renfermant 140 grammes d'acide picrique. Ses fusées sont graduées jusqu'à 6.000 mètres; dans l'appareil de pointage, la ligne de mire est indépendante du niveau; l'affût est muni de boucliers.

Le canon en batterie pèse 1.010 kilogrammes ; attelé, 1.700 kilogrammes. Le caisson blindé, renferme 94 projectiles (dont 30 dans l'avant-train) ; son poids est de 1.750 kilogrammes.

Chacun des 12 corps d'armée (à deux divisions) compte :

Un régiment de corps à deux groupes de 4 batteries de 6 canons	48
Et un régiment divisionnaire de même force .	48
	96

Le nombre des bouches à feu serait porté à 120 si une division de milice était rattachée au corps d'armée actif.

L'OBUSIER DE 149 MILLIMÈTRES. — La fabrication de 14 batteries d'obusiers du calibre de 149 millimètres a été confiée à l'usine Krupp, au début de l'année 1909. On peut être assuré que ce matériel ne différera pas essentiellement de l'obusier lourd de 15 centimètres réglementaire en Allemagne.

§ 4. — L'artillerie russe.

De 1898 à 1900, la Russie s'était mise à l'œuvre pour rechercher un matériel d'artillerie de campagne à tir rapide. Désireuse de se soustraire aux exigences de l'industrie allemande dont elle avait été jusque-là tributaire, elle résolut de faire construire dans ses propres ateliers (usine Poutilov) un canon conçu d'après les plans du général Engelhardt. L'idée en était originale en ce que le retour en batterie y devait être assuré par des rondelles alternatives de caoutchouc et de métal. Mis en service en 1900, ce matériel fit la preuve, en Mandchourie, de propriétés balistiques remarquables mais donna prise aussi à d'assez graves critiques : par suite de son échauffement rapide, le caoutchouc perdait de son élasticité et le canon ne revenait plus que partiellement à sa position de tir ; le caoutchouc encore, absorbant trop rapidement la force du recul, fonctionnait avec brutalité, en sorte que l'affût se soulevait pendant le tir, et cela d'autant plus que la vitesse initiale était très élevée (588 mètres) ; la voiture-canon et la bouche à feu en batterie étaient lourdes et n'avaient pas toujours évolué avec facilité dans certains terrains montagneux ainsi que dans les terres détrempées ; enfin l'absence de boucliers avait occasionné des pertes en hommes si considérables que certains commandants de batterie avaient fait installer sur leurs voitures des boucliers de circonstance.

Dès avant la fin de la guerre, les Russes adoptèrent un nouveau matériel (modèle 1902) du calibre de 76 $^{m}/^{m}$ 2 (3 pouces) à frein hydraulique et récupérateurs à ressorts. Trois batteries furent envoyées en Extrême-Orient mais elles y parvinrent trop tard pour prendre part à la lutte. Depuis ce moment, d'ailleurs, le matériel de 1902 a été perfectionné en quelques points : adjonction de boucliers, suppression des sièges d'essieu, adoption d'une hausse panoramique avec goniomètre ; il est devenu « matériel modèle 1903 ».

Le canon de 76 m/m 2 (3 pouces) a tir rapide. — Le canon, en acier nickel, est renforcé à l'arrière par une jaquette reliée au cylindre du frein ; il repose sur la partie supérieure d'une boîte renfermant ce dernier. La fermeture de culasse est du système Schneider[1] ; le percuteur et l'extracteur présentent de grandes analogies avec les mécanismes similaires du canon français.

Le frein est enfermé à l'intérieur d'une boîte métallique dont la partie supérieure porte des rainures longitudinales qui servent de chemins de glissement au canon. Le récupérateur se compose de six ressorts hélicoïdaux, à section rectangulaire plate, enfilés sur le cylindre du frein.

L'affût, en acier, est formé de deux flasques en U reliés par quatre entretoises et deux plaques de dessus et de dessous de flèche ; une plaque de crosse porte l'anneau du levier de pointage, la lunette et une large bêche. Les boucliers sont complets et s'étendent d'une roue à l'autre.

Le pointage en direction se complète par glissement de l'affût sur l'essieu ; il donne au canon une rotation de 2°,45 (50 millièmes environ) de part et d'autre de l'axe du système, mais le mouvement est rendu difficile dans les terrains tendres par l'absence de patins de roues. La hausse courbe à niveau, est du modèle Korrodi ; elle permet donc le repérage en avant et en arrière, ainsi que les modifications rapides de direction.

La longueur du recul de ce canon étant trop faible pour la grande vitesse initiale du projectile (588 mètres), l'affût recule, au premier coup,

---

1. Vis cylindrique à filets interrompus (deux secteurs lisses et deux secteurs filetés correspondant à des secteurs analogues de l'écrou), portant à sa partie arrière une série de dents en prise avec une crémaillère ; la manœuvre d'un levier entraîne cette crémaillère et fait tourner la vis d'un quart de tour. La vis est alors supportée par un volet que la continuation du mouvement du levier fait ouvrir. L'ouverture et la fermeture s'effectuent donc en un seul temps.

s'enfonce et se soulève partiellement. Sur un sol ferme, les déplacements atteignent 10 à 15 centimètres vers l'arrière et $1^{cm}5$ à 9 centimètres pour le soulèvement ; dans les terrains mous, le canon peut se déplacer de 75 centimètres, les roues s'enfoncer de 10 à 15 et la crosse entrer en terre de 25 centimètres ; le pointage est à recommencer. Pour les coups suivants, l'usage des volants de pointage en direction et en hauteur suffit à compenser les déplacements de l'affût qui deviennent beaucoup moins considérables.

Le poids du canon de $76^{mm},2$ en batterie est de 1.040 kilogrammes ; attelé, de 1.965, sans boucliers ; l'addition de plaques de blindages augmente encore ces nombres malgré la suppression des sièges d'essieu ; le matériel est donc plus pesant encore que le canon du modèle 1900 (1884 kilogs) trouvé trop lourd en Mandchourie.

Le projectile fusant, $6^{kgr},500$, est un shrapnel à charge arrière, relié à une douille en laiton ; il renferme 260 balles de $10^{gr},6$ en plomb durci ; sa fusée est du système à cadran usité en Allemagne[1].

Le caisson est blindé ; son coffre unique contient 48 cartouches rangées par compartiments et porte-obus de 4 ; l'avant-train porte 40 projectiles. Total : 98[2]. Le poids de la voiture dépasse 2.000 kilogrammes.

---

1. Le principe de cette fusée est le suivant. Sur le socle, une graduation en distances : au-dessus, un anneau mobile, portant un trait de repère, se manœuvrant avec une clef spéciale. Si l'on amène le trait de repère en face de la division 3.000 par exemple, l'anneau mobile entraîne la composition fusante intérieure et la dispose pour que l'éclatement se produise précisément à bonne hauteur sur la trajectoire de 3.000 mètres.

2. L'avant-train de canon ne porte que 36 cartouches.

Le mortier de 152 millimètres (6 pouces). — Bien que le mortier de 152 millimètres soit de création relativement ancienne (1886) et paraisse devoir être prochainement remplacé par un matériel plus moderne, il est intéressant à connaître car il repose sur des principes originaux.

L'affût se compose de deux parties : le corps d'affût, l'essieu et les roues; le corps d'affût est relié à l'essieu par deux séries de tampons T (fig. 72) dont les tiges sont fixées à charnière aux

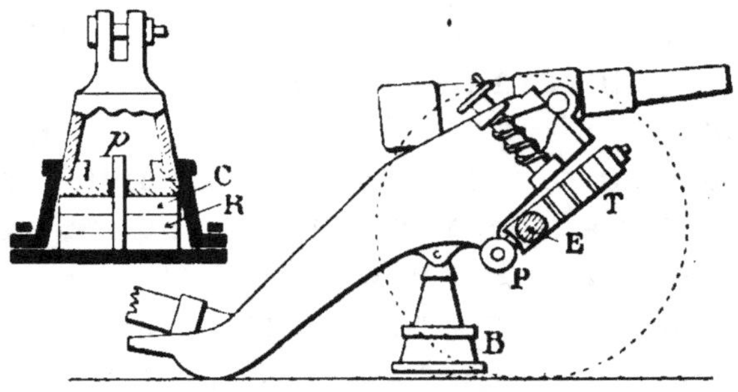

Fig. 72.

pattes P et traversent l'essieu en E. Deux béquilles B (relevées pendant les routes) pendent sous le corps d'affût, à 12 millimètres environ au-dessus du sol; elles sont réunies par une semelle et chacune se décompose en une partie supérieure p formant piston, une partie inférieure C formant corps de pompe, et une série de rondelles en caoutchouc R. Au départ du coup, l'affût commence par reculer, en glissant sur l'essieu; les béquilles s'abaissent et leur semelle vient prendre contact avec le sol, puis s'arrêtent; leur piston continue à descendre en comprimant les rondelles R; elles supportent dès lors tout l'effort.

Le mortier lance un shrapnel à charge arrière de 31 kilogrammes, un obus explosif de 26 kilogrammes et un obus éclairant. Sa vitesse initiale est de 232 mètres donnant une portée assez faible, 3.500 mètres environ. La mobilité de ce matériel est très grande pour son calibre, attendu que le mortier en batterie ne pèse que 820 kilogrammes, et, attelé, 1960.

La batterie russe représente une agglomération de personnel et de matériel dont aucune autre puissance n'a jamais imité la composition. Commandée par un lieutenant-colonel, elle ne compte pas moins de cinq autres officiers, capitaines ou lieutenants; elle a 8 canons[1] et 12 caissons[2], sans parler d'un affût de rechange, de nombreuses voitures du train d'artillerie et du train de l'intendance, de 2 cuisines de campagne et des fourgons à vivres ou effets. Réunies au nombre de deux ou trois, les batteries forment un groupe placé sous les ordres d'un colonel, et deux groupes constituent une brigade.

Chaque division d'infanterie d'un corps d'armée normal comprend :[3].

Une brigade de 8 batteries (1re division) . .   64
Une brigade de 6 batteries (2e division). . .   48

                                    112

Il n'existe pas d'artillerie de corps; la batterie est approvisionnée à 252 coups par canon;

1. Les batteries à cheval et les batteries de mortiers n'en ont que 6.

2. 18 pour les batteries de mortiers.

3. La Russie n'a pas moins de 22 corps d'armée européens, 2 corps du Caucase, 2 corps du Turkestan, 3 corps sibériens, et de nombreuses troupes irrégulières.

en outre, trois « parcs volants », transportant à la fois des munitions pour l'artillerie et pour l'infanterie, sont rattachés à chaque division.

§ 5. — **L'artillerie anglaise**.

L'artillerie anglaise sert deux canons de campagne, l'un du calibre de $76^{mm},8$, l'autre du calibre de $83^{mm},8$; le premier arme les batteries à cheval, le second est affecté aux batteries montées; tous deux sont du même modèle 1903.

LE CANON DE 83^{mm}, 8 A TIR RAPIDE. — Ce canon est à long recul sur l'affût. Le frein, à deux cylindres d'eau et de glycérine, le récupérateur, à ressorts télescopiques, sont tous deux placés à la partie supérieure de la bouche à feu qui prend, de ce fait, une physionomie inaccoutumée. Le mécanisme de culasse est à bloc oscillant; normalement, sa fermeture provoque le départ automatique du coup, mais un dispositif spécial peut rendre facultatif cet automatisme; le percuteur est alors actionné par un tire-feu. L'affût est garni de boucliers; l'appareil de pointage est du système Korrodi.

Le canon tire à une vitesse initiale de 490^{m}, 7, une cartouche avec shrapnel, ou un obus à la lyddite, de $8^{kgr},4$. En batterie, il pèse 1.208 kilogrammes, sur roues 1.958; son caisson blindé, 1.918.

La batterie est à 6 canons et 12 caissons; elle est commandée par un major assisté de quatre officiers. Le groupe monté comprend 3 batteries; il est sous les ordres d'un lieutenant-colonel.

Les batteries à cheval sont armées du canon de $76^{mm},8$ qui ne diffère en rien du précédent quant à la construction. La vitesse initiale de son projectile (5^{kgr}, 7), est de 505 mètres ; son poids en batterie, de 920 kilogrammes; attelé, de 1.530 kilogrammes. Le caisson pèse 1.520 kilogrammes. Ce matériel est donc très apte à suivre les mouvements des deux armes auxquelles il est destiné : la cavalerie et l'infanterie montée. La batterie à cheval a la même composition que la batterie montée, mais le groupe n'est qu'à deux batteries.

L'OBUSIER DE 127 MILLIMÈTRES (5 POUCES). — Cet engin est comparable au canon de 120 court français, modèle 1890, comme vitesse de tir, puissance et mobilité. Ses projectiles sont : un obus brisant et un obus allongé chargés en lyddite, un shrapnel à charge arrière pesant 23 kilogrammes comme les deux précédents, et une boîte à mitraille. A la vitesse initiale maxima de 238 mètres, la portée extrême est d'environ 5.000 mètres. Cet obusier a paru pour la première fois sur un champ de bataille, en 1898, à Ondurman. Employé dans des conditions très favorables à son efficacité, il rendit de grands services et devint l'objet d'un véritable engouement; durant la campagne sud-africaine, ses obus à la lyddite furent à peu près sans effet contre les tirailleurs boers tapis dans leurs tranchées. La batterie d'obusiers est à 6 pièces et 9 caissons; le groupe, à 2 batteries.

LES CANONS AUTOMATIQUES (POM-POMS). — Outre les mitrailleuses, les Anglais emploient des canons automatiques, système Maxim, du calibre de 37 millimètres. Ces petites bouches à feu, bien connues depuis la guerre de l'Afrique du Sud, sous le nom de « pom-poms », sont attelées à quatre ou à six chevaux suivant les cas ; leurs servants sont à cheval. Chaque régiment de cavalerie en possède une.

Le mécanisme est analogue à celui des mitrailleuses ; la vitesse du tir atteint 4 coups à la seconde et peut se soutenir pendant plusieurs minutes.

On sait que l'Angleterre s'est récemment décidée à constituer un « corps expéditionnaire » en vue d'une guerre continentale. Six divisions, une division de cavalerie et des « troupes d'armée » (infanterie montée), doivent entrer dans la composition de ce corps de débarquement. L'artillerie d'une division d'infanterie est forte de 3 groupes d'artillerie montée (54 canons), 1 groupe d'obusiers (12 canons), 1 batterie d'artillerie lourde (4 canons) et 1 colonne de munitions. La division de cavalerie a 2 groupes de 2 batteries à à cheval (24 canons) ; enfin les troupes d'armée (2 brigades d'infanterie montée) disposent de 2 batteries à cheval (12 canons). L'ensemble de la force expéditionnaire compte donc un total de 456 bouches à feu [1].

§ 6. — L'artillerie des petites puissances européennes.

BELGIQUE, DANEMARK, HOLLANDE, ROUMANIE, SUÈDE, SUISSE, TURQUIE. — Toutes ces puissances ont adopté un canon de 75 sortant des usines de Krupp et très comparables au type allemand comme mécanisme, mais supérieur quant aux

---

[1]. Renseignements extraits des *Artilleries étrangères*, du commandant CHATIN.

propriétés balistiques. Les caractéristiques en sont les suivantes :

Projectile : 6^{kgr},350 (Suisse) à 6^{kgr},750 (Danemark ;

Vitesse initiale : 500 mètres (Suisse : 485) ;

Poids de la voiture-canon : 1.750 (Suisse) à 1.865 kilogrammes (Danemark) ;

Poids du caisson : 1.740 (Roumanie) à 2.050 kilogrammes (Danemark).

La Roumanie, la Suède et la Suisse possèdent des obusiers Krupp à tir accéléré du calibre de 12 centimètres.

De toutes les petites puissances, celles qui font l'objet de cet alinéa furent les premières à donner le signal du réarmement en matériel à tir rapide ; les plus récents modèles qu'elles acquirent (Roumanie, Turquie) remontent à 1904, et les plus anciens sont de 1902 (Hollande, Danemark). Jusqu'en 1904, le monopole de la fabrication d'artillerie de campagne pour exportation appartenait donc incontestablement à Krupp ; la Roumanie et la Turquie s'étaient adressées à cette importante maison, sans même procéder à des épreuves comparatives avec les productions similaires des usines françaises. D'ailleurs, la concurrence de Saint-Chamond, en Suède, et du Creusot (Schneider) en Belgique, Danemark, Hollande et Suisse, avait été vaine ; le modèle allemand l'avait partout emporté ; le matériel français qu'on lui opposait n'était pas encore au point.

A partir de 1904, il se produisit un revirement complet ; le Creusot présenta aux expériences comparatives, organisées dans divers pays, un canon tout à fait comparable au canon de 75 réglementaire, un peu plus léger même quoique mieux protégé par ses boucliers. Mis en parallèle avec le matériel Krupp, il accusa, dans des épreuves que nous aurons l'occasion de rappeler, une si manifeste supériorité que la clientèle des petits États délaissa de plus en plus l'usine d'Essen. Ce fut un grand succès pour l'industrie française, autorisée depuis 1885 seulement à exporter du matériel de guerre.

BULGARIE, ESPAGNE, GRÈCE, PORTUGAL, SERBIE. — La Bulgarie et le Portugal en 1904, l'Espagne et la Serbie en 1905, la Grèce en 1907, adoptèrent un canon de 75 portant la marque Schneider-Canet, ayant les caractéristiques suivantes : le tube est en acier spécial, renforcé par un manchon et des frettes ; la fermeture est, soit à vis à filets interrompus avec un seul mouvement de levier, soit à vis excentrée ; la mise de feu est à répétition ; le frein est hydraulique, avec récupérateur séparé[1] ; le récupérateur est généralement à air, mais il peut aussi comporter des ressorts (Serbie) ; l'affût est pourvu de boucliers, d'un frein de route, d'une bèche mobile à rabattement et d'une petite bèche pour les terrains rocheux ; le pointage en direction est obtenu par coulissement de l'affût sur l'essieu avec ou sans patins de roues ; la ligne de mire est indépendante du niveau ; les instruments de pointage comprennent un goniomètre, un collimateur et un niveau ; les avant-trains portent leurs projectiles, réunis à la charge, dans des alvéoles horizontales ; le caisson blindé est à renversement et, sur sa flèche, peut

---

1. L'industrie privée n'a pas réussi à renfermer dans une même enveloppe, de faible volume, le frein et le récupérateur, ainsi que cela existe dans le matériel réglementaire.

être installé un observatoire ; la fusée est à cadran avec clef de réglage.

Tous les canons du Creusot tirent, à la vitesse de 500 mètres, un projectile de 6^{kgr},500 contenant 309 balles de 10 grammes. Le poids du canon en batterie est de 1.050 à 1.100 kilogrammes ; la voiture-canon pèse de 1.750 (Bulgarie, Portugal) à 1.800 kilogrammes (Grèce) et le caisson de 1.720 (Bulgarie) à 1.820 kilogrammes (Portugal). L'avant-train de canon porte en moyenne 38 coups, et le caisson 98.

Norvège. — La Norvège est le seul pays qui n'ait commandé son matériel de campagne ni à Krupp, ni à Schneider. Elle a procédé en 1901 à son réarmement avec un canon de 75 Erhhardt (Dusseldorf).

CONCLUSION

Une lente évolution a conduit le matériel de l'artillerie de campagne au point de perfection où nous le voyons aujourd'hui parvenu. Dans cette marche vers le progrès, la France fut la première, en 1897, à franchir l'ultime étape. Cette circonstance serait de nature à faire craindre que depuis quatorze ans elle n'ait été dépassée par des concurrents ingénieux, enflammés du désir de satisfaire à la fois leurs intérêts et leurs sentiments patriotiques. Nous avons pu constater qu'il n'en est heureusement rien et que notre pays n'a jamais eu à diagnostiquer de « ces maladies du jeune âge qui sont parfois si graves chez les armes nouvelles ». Hormis l'exiguïté de ses boucliers à laquelle il sera bientôt paré, le canon de 75 français demeure le plus parfait de tous les canons de campagne connus.

Une telle affirmation, provenant d'un homme qui est partie et se fait juge, pourrait paraître empreinte de partialité malgré les évidentes qualités dont notre matériel a maintes fois donné les preuves, si elle n'était corroborée par des témoignages étrangers.

Nous avons pu déjà recueillir l'opinion des artilleurs russes sur la valeur des méthodes de

tir de l'artillerie française[1], voici maintenant ce
que pensent du matériel Schneider-Canet — celui
qui se rapproche le plus du matériel réglementaire, sans l'égaler — les officiers d'autres nations
qui ont eu à l'expérimenter comparativement
avec ceux « des établissements constructeurs les
plus renommés de l'Europe ».

En 1903-1904, une commission d'artilleurs
portugais, réunie à Vendas-Novas, procéda, pendant huit mois, à des expériences comparatives
entre les canons Krupp et Schneider. L'un des
membres de la commission, après avoir défini les
caractéristiques d'un matériel moderne — adaptation à tous les terrains; immobilité de l'affût
pendant le tir; protection du personnel aussi bien
par la présence de boucliers que par l'utilisation
généralisée du tir indirect; mécanismes spéciaux
de pointage et de tir; grande rapidité de feu —
exprima son sentiment dans la Revue militaire
de son pays en date du 15 avril 1904 : « Les
deux matériels expérimentés à Vendas-Novas
étaient-ils dans des conditions identiques en face
de ces divers problèmes ? Ainsi que le sait la
grande majorité des artilleurs portugais, la commission d'expériences a exprimé son opinion par
une négation formelle. Pour elle, les différences
ne sont pas de simples questions de forme dans
la résolution d'un problème ou d'un autre; elles
affectent l'essence propre des principes de construction des deux matériels et présentent, par
suite, une importance fondamentale.

« Il n'y a pas de doute sérieux quant à la supériorité des principes théoriques sur lesquels se

1. Voir page 133.

fondent les mécanismes de pointage, de récupération et de recul du matériel Schneider-Canet. Il n'y en a pas non plus au sujet de son fonctionnement pratique. En est-il de même pour le matériel Krupp ? A première vue, on remarque immédiatement une infériorité théorique de son système de pointage en direction : l'obliquité *forcée* de l'axe de la pièce par rapport à celui de l'affût dans le tir fauchant — qui s'impose de façon absolue à une pièce moderne de campagne — est une cause permanente de déviation, et *d'instabilité* bien démontrée par l'expérience dans les différentes séances de tir de Vendas-Novas ».

En ce qui concerne l'appareil de pointage, l'auteur de l'article se plaint que le canon Krupp « ne possède aucun organe rendant facile et rapide le tir progressif ». Il trouve que, dans le recul, l'affût fatigue toujours considérablement, même avec le frein de route appliqué comme frein de tir, « ce qui montre que le frein de recul est encore mal étudié, tandis que, dans la pièce Schneider-Canet, il fonctionne de façon irréprochable ». Quant au récupérateur, « l'infériorité de son fonctionnement est non seulement manifeste mais peut même être considérée comme absolument constitutionnelle ». Le long ressort travaille sans cesse à un taux élevé — 700 kilogrammes au moment du tir, — il est exposé à rupture ; « deux fois, à Vendas-Novas, il s'affaiblit, des dizaines de fois il a manqué de ramener la pièce en batterie, soit dans le tir rapide, soit dans le tir lent de précision ».

« Incontestablement, l'école française qui, disons-le en passant, a donné, il y a sept ans, une orientation encore suivie en Allemagne quant aux qualités à exiger du nouveau matériel de campagne, est victorieuse, en ce moment, de l'école allemande, tant par la large compréhension des nouvelles méthodes de tir que par les matériels imaginés pour les rendre pratiques et d'un usage courant à la guerre ». Puis, par crainte d'être accusé de partialité : « On peut citer des rapports étrangers contenant un éloge des ressorts (récupérateurs) allant jusqu'à l'hyperbole, mais les faits que nous rappelons sont absolument récents, se sont passés devant des dizaines d'officiers et sont par conséquent, avérés et non suspects [1] ».

L'Espagne, en 1906, termina, des expériences prolongées par une conclusion analogue : « Le type Schneider est parvenu à réaliser toutes les conditions que l'on exige, à l'heure actuelle, du canon de campagne, et il les réunit à un degré tel que l'on peut affirmer, sans crainte de se tromper, qu'il est le premier parmi tous les types (dont celui de Krupp), qui ont été soumis à l'expérience. Les qualités exceptionnelles de cette pièce ont déterminé le choix qu'en a fait la commission d'officiers d'artillerie parmi toutes celles, provenant des établissement constructeurs les plus renommés de l'Europe, qui furent examinées et essayées dans des expériences concluantes [2] ».

La Grèce, un an plus tard, convia les maisons Armstrong, Ehrhart, Krupp et Schneider, à lui fournir un canon de campagne. Des épreuves extrèmement sévères concernant la résistance, les facilités de roulement, les procédés et la vitesse de tir, ne laissèrent bientôt plus en présence que

---

1. Traduction de la *Revue d'artillerie*, LXIV, p. 281.
2. Traduction de la *Revue d'artillerie*, LXVII, p. 142.

les matériels Krupp et Schneider. La commission d'expériences redoubla de sévérité ; le canon allemand ne put la supporter et son auteur, reconnaissant son infériorité, se retira du concours. Le conseil hellénique de la défense nationale, à l'unamité, décida l'adoption du matériel Schneider[1].

Plus récemment enfin, ce même matériel trouva dans la campagne hispano-marocaine l'occasion de montrer que ceux-là ne s'étaient pas trompés qui avaient contribué à en doter leur pays : « Tout le monde parle de l'effet merveilleux et des résultats parfaits de notre nouveau matériel de campagne Schneider, qui subit actuellement sa première épreuve de guerre. Le matériel a dépassé les espérances et les appréciations les plus optimistes, non seulement par la puissance bien connue de ses feux, mais encore par sa résistance et sa mobilité[2] ».

Insister semble inutile : *facta, sicut verba, loquuntur.*

1. *Revue d'artillerie*, LXXI, p. 353.
2. *Memorial de artilleria*, novembre 1909.

TABLE DES MATIÈRES

PREMIÈRE PARTIE

**Les ancêtres et les aînés du canon à tir rapide.
Aperçu historique sur le matériel et l'organisation
de l'artillerie.**

CHAPITRE PREMIER

DU XIVe AU XVIIIe SIÈCLE

CHAPITRE II

XVIIIe SIÈCLE. — VALLIÈRE ET GRIBEAUVAL

CHAPITRE III

DE 1789 A 1858

CHAPITRE IV

DE 1858 A 1897. — LES RAYURES ET LE CHARGEMENT PAR LA CULASSE

DEUXIÈME PARTIE

Les canons à tir rapide et leur emploi sur le champ de bataille.

CHAPITRE PREMIER

LE CANON FRANÇAIS A TIR RAPIDE DE 75 MILLIMÈTRES

CHAPITRE II

LES PROJECTILES ET LEUR EFFICACITÉ

CHAPITRE III

ORGANISATION ET TACTIQUE DE LA BATTERIE

CHAPITRE IV

COMPOSITION. TACTIQUE ET RAVITAILLEMENT DE L'ARTILLERIE D'UN CORPS D'ARMÉE

CHAPITRE V

ARTILLERIE D'ARMÉE

CHAPITRE VI

LES ARTILLERIES DE CAMPAGNE ÉTRANGÈRES

ÉVREUX, IMPRIMERIE CH. HÉRISSEY, PAUL HÉRISSEY, SUCCʳ